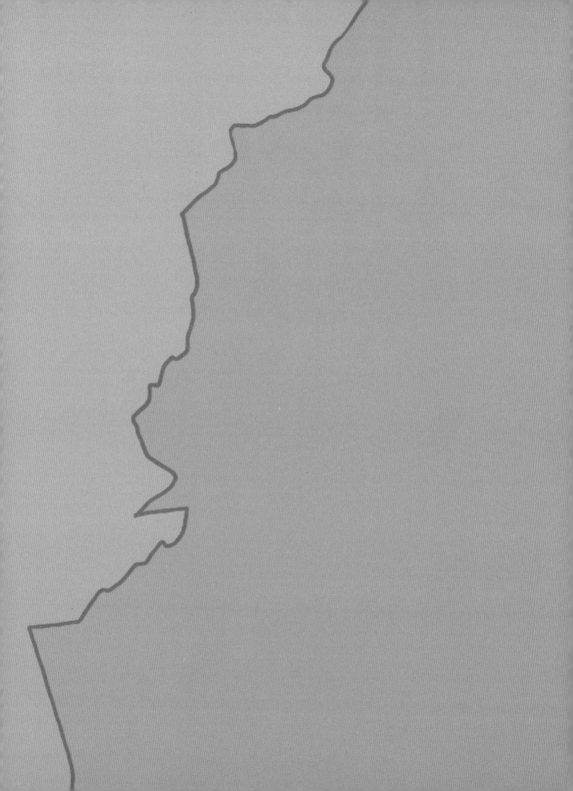

AMERICAN

FRONTIER STRUCTURE
AND NATIONAL DEVELOPMENT

美国的边疆

的——

李朝辉

著

社会科学文献出版社
SOCIAL SCIENCES ACADEMIC PRESS (CHINA)

国家社会科学基金重大项目"我国边疆治理体系和治理能力现代化的系统理论及其指数化研究"（16ZDA058）阶段性成果

本研究受到云南大学边疆治理与地缘政治学科（群）特区高端科研成果培育项目（Y2019-02）资助

序

随着中国的快速发展，边疆在国家发展中的意义日益凸显，边疆治理在国家治理中的作用日渐突出。这样的现实状况将边疆及边疆治理研究的地位及重要性前所未有地凸显了出来。面对现实的迫切需求，社会科学研究者们纷纷从各自学科视角开展研究，产出了不少高质量的学术成果。在此背景下，政治学学科更应该承担起相应的责任，积极回应这种国家发展需要所带来的现实诉求，从国家发展和国家治理的角度对古今中外的边疆及边疆治理展开全面深入的研究，对国家发展中的边疆及边疆治理进行全面的阐释。

云南大学的政治学研究团队，率先从政治学的视角对边疆及边疆治理展开了研究。2005 年获得的教育部重大课题攻关项目"边疆多民族地区构建社会主义和谐社会研究"，拉开了云大政治学开展边疆及边疆治理研究的序幕。在该项目的研究中，我们提出了"边疆治理"这一学术概念，进而将其拓展为一个特定的研究领域，并得到了学界的认可和支持。2011 年和 2016 年两个国家社会科学基金重大项目（"中国边疆及边疆治理理论研究"和"我国边疆治理体系和治理能力现代化的系统理论及其指数化研究"）的获得及其研究的开展，进一步拓宽了边疆及边疆治理研究范畴，巩固了边疆治理的概念和框架。除了重大项目，还有近 10 项国家社科基金一般项目以及多项教育部项目陆续落户云大政治学，共同聚焦边疆及边疆治理研究。在研究全面推进的过程中，持续产出了一批高质量的学术成果，在学界产生了不错的反响，并逐渐创造出了一个既符合国家发展需要同时又富有自身特色的学术品牌。

在持续的研究中，我们发现对边疆及边疆治理的研究不能缺少国外视角。这一方面缘于边疆自身的特征。边疆是国家疆域的边缘性部分，与其他国家的疆域相接或相邻。这一基本特征决定了对本国边疆及边疆治理的研究不能忽视其他相关国家。另一方面缘于国家发展的需要。对中国边疆和边疆治理的研究，不仅应该关注相关的国家，还要重视对国际政治舞台上的大国和强国的边疆及边疆治理进行研究，尤其是在当今国家利益溢出本国主权管辖范围的现象广泛存在的时代。它关乎本国国家利益的维护和拓展，进而影响国家发展。

现有的边疆及边疆治理研究，针对其他国家的研究成果很少。而李朝辉博士撰写的《美国的边疆》一书，是在这方面进行补充和完善的有效尝试。本书以美国的边疆架构与国家发展之间的互动关系作为研究对象，梳理了美国自建国至奥巴马政府时期的历史进程中二者之间的互动关系。

作者选取美国作为研究样本，有其独特的研究视角和学术关怀。美国作为当今世界唯一超级大国，既是考察国家发展独特而典型的案例，又是探究边疆架构构建及发展的有效对象。更为重要的是，美国的边疆架构与国家发展在美国整个历史中实现了良性的互动。在本书中，作者既不单独研究美国的边疆架构，也不仅仅着眼于美国的国家发展，而是从二者之间的关系视角来展开研究。此外，选取美国作为研究样本，体现了作者面向现实的学术关怀。随着中国持续数十年的飞速发展，国家发展到了新的历史阶段，如何处理好与美国的关系愈加重要，事关中国未来长远而持续的发展。因此，多视角更深入地了解和认知美国至关重要。本书从边疆视角来研究美国，是一次值得鼓励的尝试和探索。

《美国的边疆》一书，将对美国的边疆架构与国家发展二者之间关系的考察融入美国整个历史进程中。全书依据美国边疆构建的形态分为陆地边疆架构时期、海洋边疆架构时期、立体化边疆架构时期，以及超主权性边疆架构时期，涉及美国的国家发展阶段为北美陆权强国、世界海权霸主、争霸全球时代，以及美国单极时代。在研究过程中，朝辉并未落入历史考究的窠臼中，而是充分利用多学科已有的研究美国的学术成果，紧紧围绕"美国的边疆架构与国家发展之间如何互动"这一中心问题，展开有理有据的阶段性论证和中长时段的聚焦性考察。这是一种视角宏大但是具有历史纵深感的考察，其分析逻辑和得出的结论是能够成立的。

总体来看，本书所研究的选题具有较强的理论和现实意义，同时亦具有较强的学术价值。选择以"美国的边疆架构与国家发展"作为研究主题，既是边疆治理研究视域的创新，又是对"边疆架构"这个新概念和新理论的拓展性研究工作。本书综合运用了政治学、国际关系学、历史学、地理学等学科的理论知识对研究论题进行了跨学科综合研究，体现了开阔的视野和扎实的理论基础。从形式上看，本书引用参考文献丰富、引文规范，学风严谨，结构简明而严密，逻辑性强。总之，呈现在读者面前的这部著作是一项扎实的研究成果，也不失为从边疆视角了解美国发展进程的知识读本。

周　平

2020 年 8 月 19 日

自　序

　　美国很年轻，从 1776 年《独立宣言》发表至今，才 244 年。但在短短的两百多年中，它"从英属北美 13 个殖民地壮大为一个独立的民主共和国、从一个位于大西洋西岸的孤立国家演进为一个影响巨大的世界大国、从一个并不先进的农业国发展成为一个世界顶级的工业强国"[①]，它的崛起"呈逐步上升的'阶梯型'"[②]。我们不禁要问，为什么是美国？美国何以发展如此迅猛？

　　近年来，随着边疆在国家发展中的意义日益凸显，边疆及边疆治理的研究逐渐兴起并俨然成为一个学术前沿课题，吸引着不少学者对其展开研究。随着边疆研究的日渐深入，关于边疆研究的成果不断涌现。通过文献梳理发现，已有成果大多属于历史地理以及民族视角的研究。当然也不乏从其他学科视角展开的研究成果，比如政治学。在政治学视野下，边疆是国家疆域的边缘性部分，边疆治理是国家治理体系中的重要组成部分，边疆及边疆治理对国家发展至关重要。

　　当将以上两方面的研究兴趣结合在一起思考时，可否从边疆的视角来研究美国呢？这个问题一直萦绕于心。通过大量的文献阅读，我发现美国

---

① 石庆环：《从"大陆边疆"到"全球边疆"——美国走向世界的历史进程》，《辽宁大学学报》（哲学社会科学版）2005 年第 4 期。

② 何顺果：《美利坚文明论：美国文明与历史研究》，北京大学出版社，2008，第 293 页。

的飞速发展的确离不开边疆因素，那到底边疆因素和美国的发展之间存在何种关系呢？如何来界定本人冥思苦想的问题，将其提炼成学术命题，即选题呢？2013 年周平发表的两篇论文——《中国的崛起与边疆架构创新》和《边疆在国家发展中的意义》给了我启发。这两篇论文提出了两个核心概念——"边疆架构"与"国家发展"，给我醍醐灌顶之感。当用这两个概念来追问之前的问题并再次大量阅读之后，美国的边疆架构发展演变脉络逐渐清晰，从陆地边疆到海洋边疆，从空中边疆到太空边疆，从利益边疆到信息边疆，从主权性边疆到超主权性边疆，阶段分明。而美国的国家发展阶段也很明显，从英国的殖民地发展为北美陆权强国，从海权强国到海权霸主，从资本主义世界霸主发展为全球霸主，脉络清晰。关键是，美国的边疆架构与国家发展之间存在某种互动关系。于是，我决定将选题定为"美国的边疆架构与国家发展"。

"美国的边疆架构与国家发展"是学界未曾专门研究的问题。一切学术研究莫不发端于问题，提出新问题本身就是学术价值的有效体现。对"美国的边疆架构与国家发展"的研究，将始终围绕"两条主线、一个问题"展开，两条主线是指美国的国家发展历程以及美国边疆架构的演变进程，一个问题是指美国边疆架构与国家发展如何相互影响。

美国的边疆架构问题纷繁复杂，而其国家发展也面临复杂情况，既关涉政治和经济层面，也牵连社会及民族层面，还涉及文化及军事层面。多种因素交织在一起，使得美国的边疆架构研究具有学科的交叉性、综合性。本研究引入边疆政治学研究范式，从边疆架构的视角来观照美国的国家发展，是一种有价值的学术探索，也为美国问题研究提供了一种新的视角。希望通过对美国的研究，总结其边疆架构的经验教训，提炼边疆架构对国家发展所起作用的规律性、特殊性和普遍性，进而丰富国家发展和边疆架构研究。

对于很多人来说，美国既熟悉又陌生。美国是当今世界唯一的超级大国，我们经常可以听到关于它的报道，因而美国对我们来说是熟悉的。然而，美国距离我们很遥远，文化背景不同，政治体制及意识形态差异很大，美国对我们来说又是陌生的。一直以来，我国在处理与其他国家尤其是美国的关系上，取得过很大的成就，但有时由于战略性考量不足，造成对外关系上的被动局面。在经济全球化以及网络信息技术飞速发展的今天，国家利益开始突破本土地理边疆向全球拓展，"利益边疆""信息边疆"纷纷出现，我们维护国家的主权就具有两方面的意义：一是维护国家的领土边疆，二是维护国家的利益边疆、战略边疆以及信息边疆。而对美国的态度，我们既要借鉴其国家发展和边疆架构的成功之处，也要警惕其打着维护"人权"的幌子，肆意拓展其"利益边疆"，以及利用其网络信息技术优势推行网络霸权，侵犯我国主权。

中国要谋求进一步的国家发展，就必须营造良好的地缘政治环境，处理好与周边国家之间的关系，而本书将全面地分析美国如何构建边疆架构，进而对美国国家发展起到积极作用，尤其是美国如何从一个由英属北美殖民地组成的国家迅速发展起来，并通过推行有效的边疆战略，塑造良好的地缘政治环境，积蓄力量顺利崛起，这些都能够给予我们一定的启示。

我国长期以来的边疆治理，主要重视处理边疆民族关系，甚至用民族政策取代边疆政策。我国边疆治理采取的是一种"族际主义"的治理模式①，这种治理模式与我国的国家发展进程不相符，不适应目前国家全面发展的需要。而美国边疆战略以及边疆治理模式的选择整体上是适应于各个发展阶段的，希望通过对美国的研究，为我国的边疆治理提供一些有益的启示。

---

① 周平：《中国的边疆治理：族际主义还是区域主义？》，《思想战线》2008 年第 3 期。

摘　要

　　边疆是国家基于客观条件而主观构建的产物，是一个不断发展变化的概念。在前主权时代，边疆指国家疆域的边缘性部分；及至主权时代，边疆则是国家领土的边缘性部分；而到全球化时代，边疆不仅指国家领土的边缘性部分，还包含超越主权管辖范围的超主权性边疆，如利益边疆、信息边疆。边疆架构是一个描述和分析国家关于边疆的认知、现状及实践的整体性概念，包括边疆观念、边疆理论、边疆现实、边疆治理、边疆战略等要素。边疆架构一旦形成，会随着国家实力及人类活动范围的变化而变化，并影响国家发展。而国家发展反过来又构成边疆架构调整的基础和动力，由此，边疆架构与国家发展在历史中不断互动，相互影响，构成一幅二者互动的历史长卷。

　　作为当今世界唯一的超级大国，美国的边疆架构与国家发展的互动贯穿了其整个历史进程，具有"双螺旋上升"式的互动特点。

　　1776 年，《独立宣言》发表，北美殖民地开始谋取独立。1783 年的《巴黎和约》，标志着美国的正式建立。自建立起，美国就具备世界眼光，并确立起孤立主义的外交原则。为解决面临的内部矛盾及外部危机，谋求良好的经济发展及地缘政治环境，美国开始陆地边疆拓展，并展开卓有成效的边疆治理。当特纳的"边疆假说"形成时，美国的陆地边疆架构也构建成功，并对国家发展产生了深远的影响：成倍扩大了国家规模，促进了经济和民主政治发展，营造了良好的地缘政治环境，协助北方取得内战胜利，迅速发展为北美陆权强国。不过，也存在负面影响，如驱赶、屠杀印第安人，生态问题严重。

1898 年，美西战争打响，美国开始构建海洋边疆架构。经历了内战的美国实现了统一，形成了垄断资本主义，发展为世界头号工业强国。这些都为其海洋边疆架构的构建打下坚实的基础。而国家发展面临的商品输出、资本输出以及原材料问题，成为开拓海疆的强劲动力。

在"新天定命运说"和马汉"海权论"的影响下，美国积极增强海上力量，发动美西战争，并取得胜利，同时，将菲律宾、波多黎各、关岛、古巴、夏威夷、巴拿马运河、海地、多米尼加等纳入其边疆架构中。在两次世界大战期间，美国布局海军基地，开展海军扩建，增强了海权力量。以上举措促进了国家发展：扩大了疆域规模，优化了疆域结构；陆、海一体的疆域结构有利于保障国土安全；促进经济发展；促使国家转型，使美国从北美陆地强国转型为海陆复合型强国；提升了国际地位，使美国发展为海权强国，进而成为海权霸主。

第二次世界大战结束时，美国不仅成为世界首屈一指的政治强国，还成为全球排名第一的经济强国，军事及科技实力也跃居全球第一。全面而超强的国家实力助推美国成为资本主义世界的霸主，并给美国构建立体化边疆架构提供了坚实的政治、经济及人才技术基础。为实现称霸全球的目标，必须先战胜苏联，国家发展的诉求成为美国构建立体化边疆架构的动力。

在杜黑的"制空权论"以及米切尔的"空权"思想影响下，美国大力发展空军以管控空中边疆，并开始建设早期预警系统，加强战略空军海外军事基地的部署。而高边疆的构建则经历了艾森豪威尔、肯尼迪以及里根政府时期，最终使得美国的边疆架构实现立体化，并促进了美国的国家发展：影响了美国的疆域，为国家安全提供了立体化保障，赢得美苏争霸，促进了经济和科技的飞速发展。

1991年，苏联解体，美国成为全球霸主。美国军事及科技实力全球第一，虽然由于和苏联争霸而使经济发展受到影响，但其经济实力还是居全球首位。此种国家发展成就给美国构建超主权化边疆架构提供了坚实的基础。而此时美国的国家发展目标是维持全球霸主地位，变单极时刻为单极时代。在全球化快速推进的时代，此国家发展诉求构成了超主权化边疆架构构建的动力。

美国超主权化边疆包括利益边疆和信息边疆。利益边疆构建的逻辑起点是如何有效地维持其全球霸权。在此基础上，构建认知及现实层面的利益边疆，以实现美国全球性的国家利益。利益边疆的构建及发展，经历了克林顿、小布什以及奥巴马政府时期。利益边疆的构建分为三大块：欧亚大陆、美洲、非洲。三人的执政理念及所面临的内外情势不同，对国家利益的认知和界定存在差异，导致利益边疆的构建和调整存在差别。总之，利益边疆的构建和调整既有成功一面，也不乏失败之举。信息边疆的构建由政治、技术以及企业精英合力完成。政治精英立法、出台政策、组建机构；技术精英提供技术支撑、制定技术标准；企业精英则将信息边疆及行业标准推向全球，并从中获取巨额财富。

美国超主权化边疆架构的构建及其发展，促进了国家发展：影响了疆域规模和结构，使得美国疆域"软""硬"结合；影响了美国经济实力，克林顿政府对利益边疆和信息边疆的构建促进了美国经济的发展，而小布什政府对利益边疆的维护和拓展则阻碍了美国的经济发展；影响了美国的科技实力，信息边疆的构建推动了美国高新技术尤其是信息技术的飞速发展；影响了美国的全球霸权地位，克林顿政府时期美国全球霸主地位得以加强，而小布什政府时期其全球霸主地位则被削弱了。

综上所述，美国边疆架构与国家发展互动紧密、环环相扣，形成了"双螺旋上升"式的互动模式。虽然存在二者的消极互动，但积极互动占主导。它推动了美国的边疆架构和国家发展，使美国从当初英国的殖民地快速发展为当今全球霸主。

综上可见本书的演绎逻辑：美国存在边疆架构与国家发展的互动关系→纵向历史中美国边疆架构与国家发展如何互动→美国边疆架构与国家发展互动关系的回顾及总结。

对应的分析框架可归结为以横向研究起头和收尾，中间以纵向研究为主横向研究为辅。横向研究是指对美国边疆架构与国家发展之间互动关系的研究，而纵向研究是指将美国边疆架构与国家发展的互动放到整个美国纵向的历史进程中来展开研究。只有在具体的历史走向中研究美国边疆架构与国家发展的关系，才可能抓住本质。

本书具体的章节安排如下。第一章，着重阐明边疆架构与国家发展确实存在互动关系，以及美国的边疆架构与国家发展存在历史逻辑互动关系。这是理论的厘清和构建章，目的是搭建一个研究的分析框架。该部分可视为边疆架构与国家发展的横向关系研究。

第二至五章分别研究美国陆地边疆架构、海洋边疆架构、立体化边疆架构以及超主权性边疆架构共四个时代的边疆架构与国家发展的互动。这四个部分组成一个整体，从历史角度纵向梳理边疆架构与国家发展之间的互动关系，纵横交错，以纵向研究为主、横向研究为辅。这是本研究最为重要的内容。

第六部分以横向研究收尾，对应第一部分的横向关系研究，首尾呼应，主要对美国边疆架构与国家发展互动关系展开整体性回顾，并总结经验教训。

目　录

第一章
国家发展与边疆架构互动的逻辑

本书的中心问题是"美国的边疆架构与国家发展是如何互动的",鉴于边疆架构与国家发展之间的互动研究缺乏先行的理论分析工具,因此需要构建一种恰当的理论分析框架,先做好理论的构建和阐释工作。具体而言,需要在对核心概念进行厘清界定的基础上,确定国家发展与边疆架构的逻辑互动假设,在此基础上将目光聚焦于美国,将国家发展与边疆架构在美国历史进程中的互动划分出不同阶段,以便接下来展开历时性论证和分析。

第一节 边疆架构的含义

核心概念的界定是研究的基础。"边疆架构"这个概念的核心是"边疆"。要界定"边疆架构",必须先界定"边疆"概念,在此基础之上,确定"边疆架构"的内涵及基本要素。

一 边疆的含义

不同的国家由于历史发展、文化、体制存在巨大差异,对边疆的认识必然存在差别甚至截然不同,比如中国和美国对于边疆的认识就存在巨大差异，所形成的边疆观念也截然不同，边疆观念打上了深深的国家烙印。

（一）中国的边疆观念

秦汉之际，中国的边疆观念形成，这与王朝国家的出现以及随之产生的国家统治需要密不可分。公元前 221 年，秦始皇建立起中国历史上首个大一统的中央集权制国家，其疆域东至东海，西至陇西，南至岭南，北至河套、阴山、辽东。如此庞大规模的疆域，给秦王朝提出了一个现实的问题：如何统治这片广阔的疆域？秦王朝采取的是郡县制，以配置国家权力，实现国家统治。然而，仅存在 15 年的秦王朝未能有效解决差异巨大的区域之间治理问题。这种须对国家不同区域进行区别对待的治理要求，得到了先秦"一点四方"和"五服"、"九服"等观念的支持。先秦时期的政治、经济和文化中心都集中于中原地区，这促使人们形成以中原为中心，渐次向四周推进的认识世界的方式，外围区域被划分为"四夷"（东夷、北狄、西戎、南蛮）。在此观念的影响下，继秦而起的汉朝将庞大的疆域划分为核心区（中原）和边缘区（夷狄区），并分别采取不同的措施进行治理，如东汉的班固就强调"内诸夏而外夷狄"，这个夷狄区即中国最早的边疆。

随着历史的演进及王朝的更迭，中国的国家治理方式不断变化，使得基于国家治理而形成的边疆观念得以继承和发展，逐渐获得稳定的政治、文化、经济和地理、军事、战略等多重内涵。首先，边疆是王朝国家统治的边缘性区域或王朝国家统治能力所及的外围性区域，王朝国家有必要在这些地方设置机构，实施政治统治并进行开发和经营活动。其次，边疆是华夏之外的其他民族生活的区域，有着完全不同于中原文化的夷狄文化，有待于中原文化的传播并对其开化。再次，边疆为山川所阻隔，是偏远之地，不易通达、人烟稀少、经济落后。最后，边疆是国家的外防区和腹心区的缓冲地带，拱卫着国家的中心地带，是军事设防的重要区域，具有重要的战略意义和军事意义。①

　　历代王朝的边疆处于不断变动中，这种边疆现实的调整和变动对边疆观念造成了实质性影响，导致边疆观念发生变化。而边疆的变动则取决于各朝代的君主们是否具有开疆拓土的雄心及相匹配的实力。边疆的拓展与收缩受王朝国家内部力量的制约，这种内部力量体现为君主的雄心、国家的实力、辉煌的文明。在受到沙俄这个外部力量的制约之前，中国的边疆观念基本上是模糊、封闭、感性的。在与沙俄交锋之后，清政府与沙俄政府于 1689 年和 1727 年分别签订了《中俄尼布楚条约》和《布连斯奇条约》。这两个条约的签订具有划时代的意义，不仅使王朝国家有了相对固定的边界，而且使中国认识和确定边疆的角度发生巨大改变。在此之前，王朝国家认识和确定边疆是由中心至边缘区、从中原到夷狄区，是一种由内而外的思维。而自从以边界确定国家疆域进而确定边疆以后，外部力量迫使一种由外而内地认识和划定边疆的思维出现，对中国边疆观念而言，具有革命性的意义。1762 年，《乾隆内府舆图》绘制完成，此图确定中国当时的疆域达 1270 万平方公里。可伴随着鸦片战争的打响，王朝国家在与西方强大的民族国家正面交锋中节节败退，被迫签订了众多不平等条约，丧失了大片边疆领土。王朝国家和民族国家这两种国家形态的交锋所产生的现实影响，一方面推动了国人从主权、边界和条约的角度来认识边疆，另一方面催逼中国开始民族国家的构建。

　　民族国家发源于西欧，其首先是欧洲国家形态演进过程中保障民族认同于国家的一整套制度安排②，是用来取代之前的王朝国家的，随后推广开来而导致世界近代史以来的世界体系由民族国家体系主宰。中国民族国家构建的历史进程起于辛亥革命，成于中华人民共和国的建立。中华人民

①　周平：《国家视阈里的中国边疆观念》，《政治学研究》2012 年第 2 期。

②　周平：《对民族国家的再认识》，《政治学研究》2009 年第 4 期。

共和国的成立，标志着中国民族国家建构的基本完成。中国的国家形态所产生的划时代变化，导致了认识和界定边疆的视角发生变化，换句话说，王朝国家和民族国家认识和确定边疆的视角是截然不同的，虽然其中也包含一定程度的联系。王朝国家对边疆的认知和确定是由内而外的思维，注重文化和军事考量，强调华夷之别，强调边疆对核心区的拱卫功能。而民族国家对边疆的认知和确定是由外而内的思维，更为注重地域因素，强调以领土和边界来划分边疆，将民族国家领土内的与核心区存在明显区别的边缘性区域确定为边疆。

通过审视中国民族国家构建进程中边疆观念的变化，可以发现中国特殊的民族构成和地理分布、国族构建的曲折和复杂、中国少数民族大多分布于边疆地区且民族问题成为边疆问题中最突出的问题，以及中国共产党对民族问题的高度重视和对边疆地位的理性认知，促使当代中国边疆观念"形成了一个文化因素和地域因素相结合的二元结构"①。在论及边疆问题的时候，"边疆民族地区"概念被频繁使用，甚至用"民族地区"来指称边疆，于国家层面推动的"兴边富民"行动的主体就是国家民族事务委员会，且是在民族政策的框架下加以推动和实施的。从历史纵向的角度来看，当代中国边疆观念的新变化就是将海疆纳入边疆观念中，不管是国民政府还是中华人民共和国成立后的中央政府都给予了海洋高度的关注。但是横向尤其是和美国进行比较，中国不仅没有从国家治理和发展战略的高度给予海洋边疆足够的重视，更没有形成全面的边疆观念，太空边疆、利益边疆以及信息边疆还仅停留在学术研讨的阶段。总而言之，当代中国的边疆观念还停留在传统的海陆空边疆时代。

（二）美国的边疆观念

美国边疆观念的形成与美利坚合众国这个民族国家的建立、国家治

---

① 周平：《国家视阈里的中国边疆观念》，《政治学研究》2012 年第 2 期。

理以及西进运动密切相关。可以说，正是美利坚合众国的成立，以及随之而来的国家治理需要所导致的西进运动，这种卓有成效的边疆拓展与开发实践，再加上特纳在 19 世纪末提出的"边疆假说"的影响，使得美国的边疆观念得以形成并深入人心，并为以后的发展演变奠定了坚实的基础。

美国是英国殖民扩张在北美的副产品。"英属北美殖民地本身形成的历史，实际上就是一个由东向西不断扩展的过程，这一点决定着美国版图形成的总趋势"①。英国的清教徒受到迫害后乘坐"五月花号"由东往西来到"新世界"，即北美的东部海岸，经过多年发展形成了 13 个殖民地。某种意义上，这 13 个殖民地可算作英国的海外边疆。随着殖民地资本主义工商业的发展，政治和经济独立逐渐成为 13 个殖民地的共同呼声。而刚开始工业革命的英国则要求独占北美市场，加上英法七年战争使得英国国债激增，将沉重的国债负担转嫁到殖民地的行径激化了英国与 13 个殖民地的矛盾。1776 年，《独立宣言》发表，美国此时只包括原英国在北美大西洋沿岸的 13 个殖民地，共 90 多万平方公里②。而经过长达 7 年的战争，1783 年《巴黎和约》签订，英国承认了美国的独立，美国的领土面积由东往西"扩大到 230 余万平方公里，增加了近 1.5 倍"③。此后，从 1803 年于法国手中购买路易斯安那地区，到 1867 年从俄国购买阿拉斯加地区，这 64 年间美国的版图又扩大了约 700 万平方公里，比 1783 年增加了 2 倍有余④，从而基本奠定了美国的版图。

领土的快速扩张为美国的飞速发展奠定了坚实的基础。托马斯·杰斐

① 何顺果：《美国边疆史——西部开发模式研究》，北京大学出版社，1992，第 17 页。
② 白建才、戴红霞：《美国：从殖民地到惟一超级大国》，三秦出版社，2005，第 11 页。
③ 白建才、戴红霞：《美国：从殖民地到惟一超级大国》，三秦出版社，2005，第 15 页。
④ 此数据根据黄安年著《美国的崛起》（中国社会科学出版社 1992 年版）一书第 502 页的"美国领土扩张表"统计并换算得出。

逊曾说过，"要是我们的领土只有现在的 1/3，我们真完蛋了。"① 美国在短时间内的边疆扩张是其能够把握时局、抓住机遇的表现，从道德层面来审视，乏善可陈，但对于美国的国家发展至关重要，对于美国边疆观念的形成意义重大。换句话说，美国本无边疆观念，美国人对边疆的看法是来源于实践的，而这个实践指的就是西进运动②。假如没有西进运动，那么美国版图则只限于大西洋沿岸，没有越过密西西比河。西部丰富的资源以及其他各种机会都不属于美国，"美国的国力和发展速度都会受到极大的影响，不可能在 19 世纪末赶上欧洲列强，跻身于世界强国之林。其后，美国也很难发展成为像今天这样的超级大国。从这个意义上说，西进运动决定了美国的命运。"③

　　关于边疆的认识，即边疆观念，在 1890 年的美国人口调查报告中被定义为"每平方英里两人或两人以上六人以下这样一个人口密度的定居地"④，这是美国官方对边疆所作的人文地理性的界定。而学界对边疆的关注和认识则首推弗雷德里克·杰克逊·特纳（Frederick Jackson Turner）。在其最为经典的论文《边疆在美国历史上的重要性》（*The Significance of the Frontier in American History*）中，他认为，"美国边疆的

　　① 〔美〕劳埃德·加德纳等：《创造美利坚帝国》，芝加哥，1976，第 63 页；李庆余：《美国外交史——从独立战争至 2004 年》，山东画报出版社，2008，第 19 页。

　　② 关于"西进运动"的界定，中国的学者存在争议。张友伦教授认为"西进运动就是美国拓展西部疆域和开发广阔的西部的过程，历时大约一个世纪。"（张友伦：《美国西进运动探要》，人民出版社，2005，第 1 页。）黄安年教授认为"西进运动是美国人民由阿巴拉契亚山脉向西部地区开发、移殖的缓慢发展过程，自 18 世纪 80 年代到 19 世纪 90 年代经历了 100 年以上时间。它是大规模的、群众性的经济开发和社会迁移运动，是领土扩张的前奏、动因和结果"。（黄安年：《美国的崛起》，中国社会科学出版社，1992，第 213 页。）何顺果教授认为西进运动是"一个大规模的人口迁徙和移民运动"。（何顺果：《美国边疆史——西部开发模式研究》，北京大学出版社，1992，第 33 页。）本书认为西进运动是指美国拓展西部疆域和移殖、开发西部的长达一个世纪之久的复杂过程。

　　③ 张友伦：《美国西进运动探要》，人民出版社，2005，第 3 页。

　　④ 何顺果：《美国边疆史——西部开发模式研究》，北京大学出版社，1992，第 10 页。

最重要的一点是，它位于自由土地这一边的边缘上。……边疆是向西方移民浪潮的前沿——即野蛮和文明的会合处……边疆是一条极其迅速和非常有效的美国化的界限"。① "起初，边疆是大西洋沿岸。真正说起来，它是欧洲的边疆。向西移动，这个边疆才越来越成为美国的边疆。"② "从这些接连改变的边疆里，我们发现作为标志，甚至构成边疆特点的自然界线，最初是'瀑布线'；其次是阿勒格尼山脉；其次是密西西比河；其次是流向大致从北到南的密苏里河；再其次是大约处在西经90°的干旱地带；最后是落基山脉"。③ 由此可见，特纳的边疆观念有两大特点，即"模糊"和"移动"。特纳认为对边疆"不需要明确的界说"④，边疆概念是模糊的、不确定的；而"移动"是指随着西进运动的推进，美国的疆域从大西洋沿岸一直延伸到太平洋沿岸，边疆随之移动。特纳的边疆假说的基调就是扩张，自然契合美国的扩张主义，从而受到扩张主义者们的赞赏和追捧，比如布鲁克斯·亚当斯、亨利·卡伯特·洛奇、西奥多·罗斯福、伍德罗·威尔逊，甚至"二战"以后的哈里·杜鲁门、约翰·肯尼迪以及林登·约翰逊。

1890年，美国人口调查局的报告宣称"现在未开发的土地大多已被各个独自为政的定居地所占领，所以已经不能说有边境地带了"⑤。这一官方说明，标志着美国的陆地疆域基本形成，西进运动结束。在陆地边疆扩张的进程中，美国领导人就开始对亚洲和太平洋垂涎三尺，"加菲尔德总统在1881年宣称，美国应该成为太平洋的'仲裁者'，成为'其商业的支配者和存在于海岸上的国家中的佼佼者'……海军准将罗伯特·舒

① 杨生茂：《美国历史学家特纳及其学派》，商务印书馆，1984，第5页。
② 杨生茂：《美国历史学家特纳及其学派》，商务印书馆，1984，第6页。
③ 杨生茂：《美国历史学家特纳及其学派》，商务印书馆，1984，第11页。
④ 杨生茂：《美国历史学家特纳及其学派》，商务印书馆，1984，第5页。
⑤ 杨生茂：《美国历史学家特纳及其学派》，商务印书馆，1984，第3页。

菲特，想象着有朝一日，整个太平洋将成为'美国的商业禁脔'。"① 在西进运动中，美国就向往着疆域能够扩张到太平洋，美国陆地边疆形成及移动的过程就强烈地反映出海洋因素。实践中，在 1898 年美西战争之前，美国就占领中途岛（1867 年）；19 世纪 70 年代，从萨摩亚统治者手中获得了在帕果帕果建立海军基地的权利。而 1890 年，马汉出版了《海权对历史的影响（1660～1783）》（*The Influence of Sea Power upon History,1660—1783*）这一轰动世界的经典著作，提出了"海权"（Sea Power）概念及相关理论。由于"海权论"符合美国海外扩张的需要，因此一出现就产生了强烈反响。美国总统西奥多·罗斯福认为这本书是"我所知道的这类著作中讲得最透彻、最有教益的大作"②。对海疆的重视，促使美国加大提升海上力量的力度，为 1898 年的美西战争奠定了坚实的基础。而 1898 年美西战争以后，美国展开海外扩张，相继将夏威夷（1898 年）、菲律宾（1899 年）、波多黎各（1899 年）、威克岛（1899 年）、关岛（1899 年）、萨摩亚（1899 年）、巴拿马运河区（1904 年）、科恩群岛（1914 年）、维尔京群岛（1917 年）等纳入其势力范围。

20 世纪是战争和革命的世纪。两次世界大战不仅没有阻碍美国发展的脚步，反而令其大发战争财，国家实力也激增，美国实现跳跃式发展，在国际上的地位由区域性大国上升为全球性大国。尤其是第二次世界大战之后，形成以美国为首的西方资本主义国家阵营和以苏联为首的社会主义国家阵营对峙的局面。基于时代背景及国家实力的美国对全球霸权的争夺，使得其边疆观念发生巨大变化。美国不再满足于陆地和海洋边疆的扩张，而是着眼于全球扩张，只是这种扩张与传统殖民主义帝国的扩张存在差异，美国展开的是基于国家利益的经济和战略扩张，而非领土扩张。在

---

① 〔美〕罗伯特·卡根：《危险的国家：美国从起源到 20 世纪初的世界地位（下）》，袁胜育等译，社会科学文献出版社，2011，第 425 页。

② 于沛：《全球化境遇中的西方边疆理论研究》，中国社会科学出版社，2008，第 118 页。

这种背景下，美国的边疆开始向全球甚至宇宙空间扩张，尤其以肯尼迪政府的"新边疆"政策和里根政府的高边疆战略为甚。

20世纪50年代以来，美国经济增长缓慢，苏联的军事实力日益迫近美国，在某些方面甚至超过美国，加之第三世界的民族独立和不结盟运动日益高涨，在这样的时代背景下，肯尼迪于1960年首次提出"新边疆"（new frontier）概念。他认为，"新边疆"是"未知的科学与空间领域，未解决的和平与战争问题，尚未征服的无知与偏见的孤立地带，尚无答案的贫困与过剩的课题"①。根据此战略，美国要极力防止欧亚大陆边缘地带上的任何国家加入社会主义阵营，其间还发动了越南战争。在新技术方面，1969年美国阿波罗登月计划的成功具有划时代的意义。

20世纪70年代，随着美苏两国核力量的发展，势均力敌的局面形成。核武器的巨大毁灭性，迫使美国重新考量如何确定其全球优势。20世纪80年代，里根政府提出高边疆（high frontier）的概念，在丹尼尔·奥·格雷厄姆率领的团队努力下，具有军事意义和经济意义的高边疆战略得以出台，1984年被正式列入国家战略目标。"星球大战"计划的实行就是对高边疆战略的有力贯彻。高边疆对于美国开发、利用太空并抢占太空的战略控制权意义重大。正如格雷厄姆所说，"在人类历史上，一个国家若能从人类活动的一个领域最有效地迈向另一个新的领域，就能取得巨大的战略优势"②。美国在适时调整边疆观念、实施边疆战略的过程中，充分发挥了战略优势，最终战胜苏联而登上全球唯一超级大国的宝座。

随着苏联的解体以及全球化的发展，美国的国家利益超越主权国家的边界，其边疆观念又发生了重大变化。"20世纪80年代中期，美国等

① 于沛：《全球化境遇中的西方边疆理论研究》，中国社会科学出版社，2008，第311页。
② 〔美〕丹尼尔·奥·格雷厄姆：《高边疆——新的国家战略》，张建志等译，军事科学出版社，1988，第1页。

西方大国从维护自身利益的需要出发确定战略控制范围，首先使用了
'利益边疆'概念"①。与国家利益和战略边疆相联系，"国家利益与利
益边疆、战略边疆是对同一内容从不同角度进行的认识和概括。如果说
利益边疆回答的是国家利益的范围，战略边疆则是回答国家利益的战略
要求。"②

　　20 世纪 90 年代，科学技术迅猛发展，尤其是信息技术呈网络型发展
趋势。信息技术构建了一个遍布全世界的虚拟性的网络空间，在其中，国
家之间的权力结构依然存在。美国战略学家杰弗里·R. 库伯（Jeffrey
R. Cooper）明确指出："新的信息技术的发展、互联网爆炸性的成长促进
了数字空间的产生。这些的确创造了一个新的领地，也就是说打开了一个
新的边疆。而美国作为开拓和利用新边疆经验最丰富的国家，应当有这样
的文化传统来抓住信息边疆所提供的机会。"③ 首先，美国作为第三次科
技革命发源地，通过实施"国家信息基础设施"（NII）行动计划和"全
球信息基础设施"（GII）构想而牢牢把握信息边疆的先机，试图将全球
纳入美国的信息边疆。其次，美国通过非营利性机构"互联网域名与地
址管理机构"（ICANN）管理全世界的互联网。"实际通信中使用的网址
最终由处于网络顶端的 13 台域名服务器的根服务器来决定。这 13 部电脑
指令程序的内容全部由 ICANN 管理。美国政府通过 ICANN 掌握了对域名
和地址的封疆权，管理并控制着全球互联网。"④ 在美国信息边疆的拓展

---

① 于沛：《从地理边疆到"利益边疆"——冷战结束以来西方边疆理论的演变》，《中国边疆
　　史地研究》2005 年第 2 期。
② 于沛：《全球化境遇中的西方边疆理论研究》，中国社会科学出版社，2008，第 351 页。
③ Jeffrey R. Cooper, *The Cyber Frontier and America at the Turn of the 21 st Century：Reopening
　　Frederick Jackson Turner's Frontier*, First Monday, July 3, 2000, Vol. 5, No. 7 （http：
　　www. firstmonday. dk/）.
④ 杨剑：《数字边疆的权力与财富》，上海人民出版社，2012，第 109 页。13 台根服务器中，
　　日本、英国和挪威各拥有一台，其余 10 台全部在美国。而美国的 10 台中，2 台由军队使
　　用，1 台归美国国家航空和航天局使用。

过程当中，技术精英和企业精英承担着在全世界推广由美国设定的技术标准和生产的技术设备的重任。一方面，他们充分利用信息边疆构建者或初创者的优势来配置资源，以增强美国国力。另一方面，利用 GII 来抢占市场资源，其间的利益驱动与美国西进运动的主要动力来自个人和私人部门如出一辙。

在经济全球化、信息网络化的今天，美国的边疆观念极具扩张性，不仅全面而且呈现立体化特征。美国既重视陆地边疆、海洋边疆以及空中边疆等硬性边疆，又强调利益边疆、信息边疆等软性边疆，更注重有形边疆和无形边疆的有机结合。此局面的出现，既是美国长期有效经略边疆的结果，又是美国立足于未来的坚实基础。

（三）何谓"边疆"？

边疆是一个具有多重含义的概念，从前文中可以看出，中美两国的边疆观念差别很大。梳理中美两国的边疆观念，一方面有助于避免用中国的边疆观念去看待和分析美国的边疆，以保证研究的客观性；另一方面，则有助于边疆概念的界定。

作为一个具有多重含义的概念，边疆关涉国家形态、地理、历史文化、民族、经济实力、军事力量、地缘政治、国际法律等诸多相互关联的因素，并随着世界历史进程的变化、国家形态的演进以及科技的飞速发展而不断变化，是一个变动的概念。边疆是国家基于客观条件而主观构建的产物，作为一个不断发展变化的概念，在前主权时代，边疆指国家疆域的边缘性部分，包括陆地边疆和海洋边疆，以陆地边疆为主；及至主权时代，疆域又称为领土，边疆则指国家领土的边缘性部分，包括陆地边疆、海洋边疆以及空中边疆；而到了全球化快速推进的时代，边疆则不仅指国家领土的边缘性部分，还包含超越本国主权管辖范围的超主权性边疆，如利益边疆、信息边疆等。

不管边疆形态如何变化，边疆的形成与国家都是紧密相连的，"就边疆而言，国家属性才是最本质的属性。"① 国家是人类为了实现对越来越复杂的整个社会实施有效管理而创设的一种政治形式。它并非伴随人类社会始终，在人类社会之初是无国家可言的。国家的出现呼应了人类对社会进行有效管理的需要，历时数千年。实践证明国家这种政治形式的有效性，并延续发展至今。作为一种政治形式的国家，必须具备两个基本要件，即国家权力和占据一定面积的地理空间。除此以外，国家还是一种政治共同体。国家这种政治形式形成以后，通过以暴力为后盾的国家权力，按地域划分并组织居民，实现国家权力、地理空间、国家居民的有机统一，从而构建起稳定的国家政治共同体。民族国家出现以后，国家的政治共同体性质和内涵得到了进一步凸显并促成了国际社会的构建。不管是作为政治形式的国家，还是作为政治共同体的国家，都必须占据一定面积的地理空间，因此国家还是具体的政治地理空间单位②。国家所占据或有效控制的地域范围即国家的疆域。一开始国家所占据和控制的是陆地疆域，所构建的边疆是陆地边疆。伴随着航海及造船技术的发展，海洋逐渐被纳入边疆范畴。同样，伴随着航空设备和技术的发展，空中边疆出现。

在传统陆地边疆时代，并非所有国家都需要划定边疆。如果国家疆域面积太小，则既无必要也难以将特定区域划分出来定为边疆。即使国家疆域足够辽阔，但如果疆域的核心区和边缘区没有太大差别，二者在经济、政治、社会、文化等方面大致相同，也没有必要划分出特定区域并对其采取特殊措施加以治理，因此也就无边疆可言。只有那些疆域足够辽阔，且疆域的核心部分和边缘部分不乏异质性，并需要对这两类不同的部分进行不同治理的情况下，边疆才有形成的可能和必要。由此看来，边疆的构建源于国家对不同性质的区域进行有效治理的需要。

----

① 周平：《论边疆的国家属性——我国边疆若干基本问题析论》，《云南行政学院学报》2014年第6期。
② 周平：《国家治理须有政治地理空间思维》，《探索与争鸣》2013年第8期。

随着人类社会的发展，国家形态相应发生变化，形成了国家形态演进的历史进程。不同的国家形态对地理空间的占据、控制以及治理方式不一样，使得国家疆域形态具有很大的差异。疆域形态的不同自然导致边疆形态发生变化。欧洲的国家形态演进具有典型性，各种国家形态依次登上历史舞台，形成了一个完整的国家形态演进过程。[①] 截至目前，欧洲大致经历了城邦国家、罗马帝国、基督教普世世界国家、王朝国家、民族国家这五种国家形态。需要强调的是，民族国家的出现对国家疆域和边疆所产生的意义重大。在民族国家出现之前的疆域统称为传统疆域；民族国家出现之后，疆域逐渐主权化，可用领土来指称疆域，国家疆域等同于领土；及至全球化[②]时代，超领土或超主权疆域出现。而作为国家疆域中的边疆，必然随着疆域的变化而变化。伴随着西方国家形态的演进，西方国家的边疆形态大致可以分为三类：殖民地边疆、领土边疆以及多元边疆[③]。

"边疆"之"边"是相对而言的。边疆作为一个空间概念，其确定必须要具备相应参照物或者对应面。随着国家形态的变化及国家疆域的演变，确定边疆的对应面也随之发生变化。民族国家出现之前，边疆的对应面是传统疆域核心区；民族国家出现之后，边疆的对应面变成国家领土核心区；而到了全球化时代，边疆的对应面要分两种情况：一是国内，二是国外。前者的边疆对应面是领土的核心区，而后者的边疆对应面是国家本土。

总而言之，我们不能用中国的边疆观念来观照美国的边疆，中国的边

---

① 周平：《多民族国家的族际政治整合》，中央编译出版社，2012，第13页。

② 全球化起于第二次世界大战结束时，其特征的充分凸显则是20世纪90年代以后，即苏联解体之后。第二次世界大战以后的人类社会生活发生了巨大变化，尤其是到了20世纪90年代，全球的国家和地区之间的联系既广泛又深入，较之前发生了根本性变化，于是"全球化"这一词语得以用来解释和描述此变化，并由于其解释和描述的有效性而迅速流行起来并风靡至今。

③ 周平：《中国边疆观的挑战与创新》，《云南师范大学学报》（哲学社会科学版）2014年第2期。

疆观念主要停留在传统边疆范畴，而美国的边疆则是硬性边疆和软性边疆有机结合的边疆体系，既包含陆地边疆、海洋边疆、空中边疆等主权边疆，又包括利益边疆、信息边疆等超主权边疆。

二　边疆架构及其基本要素

"'边疆架构'是一个描述和分析国家关于边疆的认识、现状和实践的概念，主要指一个由国家主导性的边疆观念、边疆的确定和调整、边疆治理，以及作为对这些方面进行总结和概括的系统化认识的边疆理论构成的整体，其意义在于把握一个国家在边疆问题上认识和实践的总体面貌。"① 作为关于边疆的认识和实践的整体性概念，边疆架构具体包含边疆观念、边疆理论、边疆现实、边疆治理、边疆管控、边疆战略等基本要素。但是，边疆架构并不需要集合所有的要素，只要拥有几个基本的要素，能够整体描述和分析一个国家对边疆的认识和实践即可。

（一）边疆观念

"观念的东西不外是移入人的头脑并在人的头脑中改造过的物质的东西而已"②。边疆观念指的是关于边疆的看法和认识，这种看法和认识既非空穴来风，更非凭空想象，而是来源于实践。任何人都可能形成对边疆的看法和认识，但在本书中，边疆观念的主体仅限定为政界及学界，主要原因是一个国家占主导性的边疆观念的形成主要来自政界和学界，其一旦形成还会影响边疆治理乃至整个国家的发展。就边疆观念的维度而言，主要集中在对边疆的性质、地位以及作用或意义较为稳定的认识。对边疆性质的认识相对稳定，但边疆的表现形式或者边疆的形态则不断发生变化。对边疆性质的认识是边疆观念的核心，而边疆形态则是边疆观念的表现形

---

① 周平：《中国的崛起与边疆架构创新》，《云南师范大学学报》（哲学社会科学版）2013 年第 2 期。

② 马克思：《资本论》（第 1 卷），人民出版社，1975，第 24 页。

式，因此，通过对边疆形态演变的把握能够了解边疆观念的发展变化。

此外，边疆观念还存在稳定的内涵。边疆观念是在特定的社会历史文化环境中构建起来的，具有丰富的历史文化内涵。随着社会历史文化环境的变化，边疆观念也在发生着演变，演变过程中的不变内涵构成了边疆观念的价值底蕴，体现着边疆观念的本质。从本质上说，边疆观念首先不过是国家治理中关于特定地理空间区域的认识和看法，和国家治理息息相关，占据着国家治理总体谋划中极其重要且具有全局性影响的位置。其次，边疆观念存在于国家整体治理和国家战略层面，体现着对国家发展和治理极其重要的政治地理空间思维。最后，边疆观念是政治文化的重要组成部分，其深植于源远流长的传统文化当中并深受其影响，体现着传统文化的基本价值观，并构成边疆理论的核心内容。

（二）边疆理论

边疆理论是指人们关于边疆的系统化认识，包括两个方面：一是对边疆的解释、说明和论证；二是对边疆治理经验的系统化总结和概括。边疆理论既是对人类历史上的边疆观念、边疆治理和管控等实践过程中产生的经验与教训的总结，也是对现实形态的边疆，以及边疆的构建或拓展对国家发展所产生的重要意义的理论阐释。

边疆理论源自与边疆相关的实践活动，反过来又指导边疆实践，如边疆开拓、边疆治理以及边疆管控等。边疆问题不仅是一个理论问题，更是一个实践问题。看待边疆，着眼解决边疆问题，必须从国家治理的角度出发。因此，边疆理论必须具备很强的解释性和指导性。解释是为了更好地认识，而指导是为了更好地实践。如果边疆理论不具备良好的解释力，不能够很好地指导边疆实践，就会缺乏生命力。在这方面，美国的边疆理论构建很成功。在陆权时代，伴随着西进运动的成功，特纳从边疆的视角对西进运动进行了崭新的解释，认为边疆的拓展推动了美国的国家发展，形成了"边疆假说"，不仅有力地解释了边疆之于美国国家发展的重大意义，而且对之后美国的边疆拓展和有效的边疆治理产生了指导和启示作用。而到了海权时代，马汉提出了"海权论"，更是深刻影响了美国的海洋边疆扩张及治理。不仅如此，在美国历史进程中，高边疆、利益边疆、信息边疆等理论都不仅提供了有说服力的解释，更为美国的边疆拓展、边疆治理和管控提供了很好的前瞻性指导作用，从而促进了美国的国家发展。

边疆理论在边疆架构中占据着极其重要的位置。可以说，边疆理论的创新是边疆架构创新的标志，是划分某个国家的边疆架构时代最明显的标志。它蕴涵了一个时代的人们尤其是学界和政界对边疆及边疆治理的认知和思索，集中了那个时代的精英对边疆思索的智慧。在边疆理论当中，边疆观念是核心；边疆战略的制定和执行深受边疆理论的影响；边疆理论对于边疆治理和边疆管控同样产生重要的影响，不过这种影响是通过边疆战略的实施而产生的。

（三）边疆现实

边疆观念是存在于人们观念当中的边疆形态，而边疆现实与此相对应，是一种现实形态的边疆，是现实世界中看得见、摸得着的边疆。从这个角度来讲，边疆现实又可称为现实边疆。国家统治者或执政者从国家统治或治理的角度，将广阔的疆域中与核心区域存在异质性的边缘区域特意划分出来，并对其采取特殊的措施加以治理，这个边缘性区域就是现实的边疆。从国家建构的角度来看，最开始形成的边疆可看作原生型边疆，它并非铁板一块，而是随国家发展和治理需求的变化而变化的。

在前主权国家时代，不存在现代意义的边界。国家疆域的大小取决于国家权力所能影响或控制的范围。由于缺乏边界的外围框定，疆域无法精确下来，其面积只是个大概的数。疆域如此，边疆则更甚。远离核心区的边疆由于缺乏精确的外部边界线的框定，以及边疆与非边疆之间的分界线也模糊不明确，更具有模糊性。

在前主权国家时代，现实边疆的变化取决于国家权力的变化。当国家力量强大并积极向外扩张时，疆域随之外推，现实边疆的面积也随之扩大；反之，当国家实力下降或受到更强大的敌人侵犯时，疆域便内缩，现实边疆的面积随之缩小。此外，现实边疆的变化还受到边疆与核心区的同质程度的影响。随着社会经济文化的整体发展，如果边疆地区和核心区域在发展程度上逐渐接近甚至同质，现实边疆便会缩小甚至消失，表现为区分边疆地区与核心区域的内部分际线逐渐向外，即向远离核心区的方向移动。

而到了主权国家时代，疆域逐渐被领土概念所取代，领土的确定必须依据国际条约，由条约来定边界，而边界确定既意味着领土确定，又意味着现实边疆的外部分界线确定。主权国家时代现实边疆的变化最终体现在外部分界线和内部分际线的移动，但其本质是国家权力与国家整体发展程度相结合的产物。在前主权国家时代，现实边疆的变化主要看国家实力的强弱及国家是否扩张。而到了主权国家时代，国际条约将国家的领土大致固定下来，边界很难再像前主权国家时代那样经常移动，所以，此时现实边疆的变化则取决于边疆与非边疆之间内部分界线的变化。

（四）边疆战略

边疆战略指的是一个国家对边疆的拓展和维护、划定和调整、治理或管控等方面的总体谋划。作为国家疆域边缘性部分的边疆，对国家发展起到重大作用，支撑并决定国家发展的未来，因此，一旦国家实力、国家意志、外部条件都具备，国家就会主动谋求疆域的扩大。而在面对已有的疆域时，国家又面临着维护边疆稳定的问题，尤其是当一个国家存在内外分裂势力的破坏活动时，必须运用国家力量来应对分裂势力以保卫边疆的完整和稳定。边疆并非铁板一块，而是会随着国家发展和治理的需要对其进行重构，其表现形式就是边疆的重新划定或调整，或者将原先不属于边疆的部分疆域划定为边疆，或者将原先属于边疆的部分疆域划定为非边疆区域。作为远离国家疆域核心区的边疆，只有得到有效的治理或管控，才能发挥其支撑国家发展的作用，如果边疆社会动乱甚至被国内外分裂势力从国家版图中分离出去，则会影响国家核心区，甚至造成整个国家的动荡和崩塌，这样的例子在历史上并不少见。由于边疆的拓展和维护、划定和调整、治理或管控关涉整个国家的治理、稳定和发展，因此需要从国家层面进行谋篇布局、整体谋划，结合地缘政治环境及国家发展情况，前瞻性地制定并有效实施边疆战略，以实现边疆对国家发展的支撑和推动作用。

边疆战略具有全局性、谋略性、实践性及应对性，它是国家意志在边疆地区的投射，是边疆实践的总体方案，指导着边疆实践①。所谓的全局性指的是边疆战略不是就边疆而论边疆，而是要将边疆放置于国家整体发展当中来看待，边疆战略的制定必须从国家治理和发展的全局出发，服务于国家的整体发展，实现边疆对国家发展的支撑和推动作用。目标的全局性要求实现目标所动用的资源也必须是国家整体的力量，必须运用国家权力，否则，所动用的资源与目标不匹配，势必影响战略目标的实现；谋略性指的是边疆战略的制定必须经过周密、谨慎、科学的谋划过程，这是一个指向未来愿景的过程。谋略的目的须紧紧围绕着战略目标的实现。谋略性还必须和全局性紧密相连，在谋划过程中必须着眼于国家治理和发展的全局。实践性亦可称指导性，边疆战略应能有效指导边疆实践活动，包括边疆的拓展、维护、划定、调整、治理以及管控等国家层面的实践活动。实践性是边疆战略的关键，如果边疆战略不具备实践性或指导性，则边疆战略就失去了其存在的意义和价值。应对性是指边疆战略的制定是为了有效应对国内外情势的变化，这种变化包括地缘政治环境的变化，竞争对手带来的挑战，国家发展状况或阶段性变化，边疆出现的重大变化等方面。

---

① 周平：《中国的崛起与边疆架构创新》，《云南师范大学学报》（哲学社会科学版）2013 年第 2 期。

积极有效地应对这些变化，尤其是前瞻性地制定及实施边疆战略，对边疆地区的稳定和发展意义重大。

（五）边疆治理

生活在边疆上的人们所组成的社会，明显区别于国家核心区域或内地社会，这样一种社会可用"边疆社会"① 来指称。而在边疆社会这个特殊的环境中产生的问题，即边疆问题，国家运用公共权力解决边疆问题的过程，就是边疆治理。只要边疆存在，边疆问题就会一直存在。想一劳永逸地解决边疆问题是不切实际的，因为伴随一些边疆问题得以解决，新的问题又出现了，加之旧有的边疆问题还会发生变化，导致边疆治理具有长期性。国家必须通过边疆治理来不断回应和解决各种各样的边疆问题。

边疆问题虽产生于边疆，其影响却不仅限于边疆，而是关涉整个国家的稳定和发展。因此，对于边疆问题，不能就边疆而谈边疆，而必须将其置于整个国家甚至国际层面来加以考量，通过制定系统的边疆战略，有针对性地解决边疆问题。需要强调的是，边疆问题的解决需要运用国家权力，离开国家政权和国家权力，离开国家的资源配置，边疆问题将无法得到有效解决。同时，在解决边疆问题的过程中，除了发挥中央政府的主导作用以外，还需要发挥边疆地方政府和边疆社会的作用。

边疆问题普遍存在，复杂多样且不断变化，不同的国家面临的边疆问题也不一样，产生边疆问题的原因错综复杂，但总体而言，影响边疆问题产生的因素具有某些共性，主要包括四点。第一，边疆自身的状况。边疆所处的区位、环境条件、民族构成、文化历史等都是产生边疆问题的重要原因。第二，边疆地区与中心区域或内地的关系。边疆地区与中心区域存在经济、政治、文化等方面的紧密联系，但如果二者在经济和社会发展方面差距过大，也会造成一些边疆问题。第三，国家的边疆政策。边疆政策

① 周平：《论中国的边疆政治及边疆政治研究》，《思想战线》2014 年第 1 期。

是因边疆问题而制定的，但如果政策本身存在问题或者执行不当，不仅解决不了边疆问题，而且有可能使其变得更严重，甚至会导致新的边疆问题。第四，境外因素的影响。边疆地处国家相接地带，因此，地缘政治环境的恶化、周边国家关系的紧张、境外敌对势力的破坏、境外民族宗教因素的影响、境外毒品的输入以及境外人员的偷渡，都可能产生新的边疆问题，这些问题与旧的边疆问题交织在一起，使得边疆问题更为复杂、更加难以解决①。

第二节　国家发展的含义

"国家发展"是本研究中的核心概念。要对此核心概念进行清晰的界定，除了要对概念本身进行界定以外，还可以通过相似概念之间的辨别来更深刻地把握。

一　"国家发展"的概念

"国家发展"作为一个描述和分析国家这个政治单位的整体进步状态而构建的学术概念，始见于周平的《边疆在国家发展中的意义》一文。在该文中，"国家发展"是指"国家通过有效的治理和外部竞争来稳定政权，增加社会财富，提升公共利益，建立必要的安全保障，获得较好的外部环境，产生国际影响力，从而达成一种整体性的进步"。"国家发展是国家治理水平和国家参与国际竞争所取得的成果的综合体现。谋求自身发展，是所有国家追求的目标。"② 就本研究而言，"国家发展"指的是国家通过各种方式而实现一种整体性进步的国家状态。国家发展与否主要是相

---

① 周平:《中国边疆治理研究》，经济科学出版社，2011，第 19 页。
② 周平:《边疆在国家发展中的意义》，《思想战线》2013 年第 2 期。

对自身而言的。实现国家发展的方式包括政治、经济、军事、科技、文化等各种手段，一般而言需要多种手段综合作用，关键是实现国家的整体性进步。和通常意义上讲的国家发展主要针对经济发展不同，本研究中的国家发展必须是综合性的发展和进步。

人类社会之初，本没有国家。国家是人类出于有效管理社会的需要而创设的一种政治形式，是构建的产物。作为人类构建的政治形式，国家必须具备两大基本要件：一是国家权力，二是疆域。国家权力是一种以暴力为支撑的公共权力，是构成国家的基础性要件。离开国家权力，便无所谓国家。同时，只有形成了以暴力为支撑的国家权力，才可能依凭国家权力占有和控制一定的地理空间，形成疆域。而疆域则是"国家构成的第一要素……没有疆域就不成为国家"①。疆域是一个与国家相伴的要件，既是人们生产和生活的地理空间，又是国家开展统治或治理的地理空间，更是国家谋求自身发展的基础条件和所取得成果的体现。

谋求自身发展，是所有国家追求的目标。国家一旦建立，就需要从两个维度谋求自身的发展。一是国内维度，必须处理好国家与社会之间的关系。通过有效统治和国家治理，构建并维持政权合法性，通过发展经济来增加社会财富，提升公共利益，增强国家认同。二是国外维度，必须处理好本国与他国之间的关系。首先，必须有能力建立起安全保障，以确保国家自身存续，这是国家最基本的对外职能。其次，国家还须积极开展外交活动，营造良好的外部环境，并争取在竞争激烈的国际体系中占据优势地位。推动国家发展的两大途径对应以上两大维度，国内治理和国际竞争与合作对于推动国家发展缺一不可，二者是一个有机整体，相互影响和制约。

国家发展本质上是指国家的整体性进步状态，是一个相对的概念，相

---

① 郑汕：《中国边疆学概论》，云南人民出版社，2012，第 5 页。

对于国家之前的政治、经济、社会、军事、外交等方面构成的整体状态而言。换言之，国家发展是国家自身纵向比较的产物，比较的维度就是国家的整体状态。如果只是某一方面进步，其他方面都退步，则很难表述该国实现了国家发展。同时，国家发展也并不必然要求各个方面都进步。需要强调的是，在反映国家发展的各要素中，政治最为基础，如果政权稳定出现问题，其他方面肯定大受影响。而经济也是基础性且容易量化比较的维度，包括与自身的纵向比较和与他国的横向比较。军事在各要素中占据关键性地位，尤其是在具备无政府属性的国际体系当中，国际竞争往往以军事实力为后盾。总而言之，国家发展是个比较的概念，主要通过和自身的纵向比较，辅之以与他国的横向比较来判断国家是否发展。

二　相似概念的辨别

（一）国家建设与国家发展

"国家建设"作为一个概念，经常被政治学、经济学、社会学、历史学以及人类学界所使用，与之相对应的英语词语是"State Building"。而反过来，对"State Building"的理解存在差异，主要包括"国家政权建设"、"国家构建"以及"国家建设"。

"国家政权建设"较早被查尔斯·蒂利（Charls Tilly）使用。他使用此概念有特定含义，主要指称18世纪欧洲国家中出现的政权的官僚化、渗透化、分化以及对下层控制的巩固现象。"国家政权建设"主要围绕国家权力下沉及相应的社会反应展开分析，并形成"士绅"、"官治、民治"以及"国家、地方性"等进路，采取的基本叙事逻辑是"国家权力下沉—精英动员—社会反抗"。对该分析框架的内在张力，学界已关注并积极回应，如彭慕兰的《腹地的构建》、张静的《基层政权》、张信的《二十世纪初期中国社会之演变——国家与河南地方精英（1900～1937）》等，均对其展开了批评。胡宜也认为查尔斯·蒂利对"国家政权建设"

概念的使用"最大的局限在于将国家理解为一种同质和固化的对象"①。

"国家构建"概念较早被英国学者 T. 马歇尔（Marshall）和德国学者本迪克斯（Bendix）使用，出现在其 20 世纪 60 年代的著作中。他们认为"国家构建"是一个国家、市场和社会三者关系的理性化过程。其对"国家构建"概念的使用着重于国家、社会及市场三分的陈述，在一定程度上反映了古典政治经济学的理想类型。

而"国家建设"是指获得现代国家所具有的特征和身份属性（如民族国家、民主国家、主权国家和国际社会成员等多重身份属性）的历史过程。这一过程往往伴随着国家政权的官僚化、集权化、渗透性以及对基层社会控制的强化、不断扩大财源等多方面的内容。它是由传统国家转变为现代民族国家的国家建制过程，也是在超越传统国家的前提下建立和不断完善一整套具备现代国家基本特征的组织、价值和制度的历史过程。② 胡宜对"国家建设"进行了一种"中国语境"的界定，将"国家建设"的主体内容分成三个方面：一是观念或文化层面的国家建设，即认同性建设；二是制度与机构层面的国家建设，即体制性建设；三是权力和运作层面的国家建设，即实践性建设③。

综上所述，中外学者对于"State Building"④ 的理解存在差异，主要理解为"国家政权建设"、"国家构建"以及"国家建设"，这三者之间的本质和含义相差甚远，而这三者与国家发展概念之间的差异更大。最为明显的是前三个概念关注的是国家内部情况，不管是国家的政权，还是国家、市场和社会三者关系，抑或是认同性、体制性以及实践性建设，针对

①　胡宜：《疾病、政治与国家建设》，华中师范大学博士学位论文，2007，第 16 页。
②　黄杰：《国家建设模式的类型和中国国家建设模式的选择》，《比较政治学研究》2012 年第 3 期。
③　胡宜：《疾病、政治与国家建设》，华中师范大学博士学位论文，2007，第 17～18 页。
④　字面上，中国学者一般将其翻译成"国家建设"。

的主要是国家内部，主要是一种内向性的视野和取向。而国家发展讲究的是内外结合，包含的是一种内外结合的视野和取向，不仅要关注国家内部的相关建设，还要谋求外部的发展，不仅包括国家政权的发展，还包括经济、科技、文化、军事等各方面的发展。

（二）国家崛起与国家发展

伴随时代的发展及国际格局的变化，中外学界对国家崛起给予了充分的关注，相关学术成果逐渐增多。但大家对"国家崛起"的概念界定却不明确。英国历史学家爱德华·吉本（Edward Gibbon）和美国的保罗·肯尼迪（Paul Kennedy）分别出版了关于国家崛起的著作，即《罗马帝国衰亡史》（*The History of the Decline and Fall of the Roman Empire*）和《大国的兴衰》（*The Rise and Fall of the Great Powers*），他们对崛起的理解基于霸权的角度，这符合他们所属国家的国际地位状况。所以，"在西方语境下描绘的'崛起'，带有霸权交替、权力转移的潜在逻辑，因而新兴大国的崛起往往引起传统霸权国的不安。"①

而中国学者阎学通将国家崛起界定为"新兴大国实力与其他强国的差距迅速缩小，或超过其他强国"②。门洪华则强调国家崛起即"一个大国成为国际社会举足轻重、受到普遍尊重的最重要国家（或之一）"③。任东来指出国家崛起的含义和所谓的"赶超"相似，不论是崛起还是赶超，显然就是要以一定的"加速度"，缩小与一些强国在某些方面的差距，超过与自己处于同一或相近发展水平的国家④。而李少军强调，"国家崛起不仅涉及伴随经济力量发展的军事力量的发展、国家发展空间的重新分配

---

① 王义桅：《和平崛起的三重内涵》，《环球时报》2004 年 2 月 13 日。
② 阎学通：《中国崛起的国际环境评估》，《战略与管理》1997 年第 1 期。
③ 门洪华：《中国和平崛起的国际战略框架》，《世界经济与政治》2004 年第 6 期。
④ 任东来：《大国崛起的制度框架和思想传统——以美国为例的讨论》，http://www.irchina.org。

及从弱国变为强国，而且可能涉及国家间的冲突甚至战争"①。

综上所述，国家崛起所强调的是一个国家的实力相对于其他国家尤其是国际格局中的大国或强国而上升的过程，其参照物是其他国家。就"崛起国"而言，其崛起所经历的历史进程只是整个国家历史进程中的一小部分，因为没有永远的崛起，也没有永久的霸权。崛起不仅影响本国，还会影响整个国际秩序。

由于国家崛起所经历的时段只是国家历史进程中的一小部分，因此，有必要确定国家崛起的起点和终点，从而明确国家崛起的时段，这是分析国家崛起的基点。在此基础之上，我们才有可能分析和研究"崛起中"的国家和"崛起后"的国家。此外，我们必须将之前和现今所研究的国家崛起区别开来，避免将历史上的崛起和现今所研究的崛起混淆，更要避免将一个国家的崛起时限拓延至崛起后阶段，人为拉长崛起后的发展阶段。

国家发展与国家崛起既有区别，又存在一定程度的联系。就区别而言，国家发展主要描述的是一个国家相对于自身的整体性进步，采取的是一种内外相结合的比较；而国家崛起主要关注的是一个国家相对于其他国家所取得的成就与进步，主要是一种外向比较。此外，每个国家都可能实现国家发展，国家从建立之日起，就须追求国家发展，这将伴随整个国家历史进程，而并非每个国家都能实现崛起，国家崛起注定只属于极少数国家。而且，即便是实现崛起的国家，国家崛起历程也只占其整个历史进程中的一小段。

而就联系来看，国家发展是实现国家崛起的必要条件。国家要实现崛起，首先应谋求国家发展。但是，国家发展并不必然带来国家崛起，因为要实现国家崛起，还需要历史机遇，需要在与他国尤其是大国或强国的博

---

① 李少军：《国际战略报告》，中国社会科学出版社，2005，第 662 页。

弈中取胜。因此，国家崛起必定意味着国家发展，而且不是一般意义上的
国家发展，而是极大成就的国家发展。

第三节　边疆架构与国家发展存在逻辑互动关系

边疆架构与国家发展紧密联系，表现为有某种逻辑性的互动关系。作
为构建产物的边疆架构，其形成源于国家发展的需要，而边疆架构一旦构
建起来便会对国家发展产生影响，随着国内外情势的变化，尤其是国家发
展的变化，边疆架构会得以调整甚至创新。

一　国家发展的需要促使边疆架构的初步构建

作为国家疆域中的边缘性部分，边疆是为了满足国家治理的需要，基
于客观条件而主观构建起来的。任何国家都有疆域，但在传统陆地边疆时
代，并非任何国家都有边疆。边疆必须经过主观构建才产生，主观构建之
"主观"与国家治理需要紧密相连，主观构建的前提是存在客观需要。因
此，某个国家是否有边疆，关键看该国家是否存在划分边疆的客观条件。
一方面，国家疆域规模要足够大，如果国家疆域面积本身很小，就没有必
要将疆域中的一些区域单独划分出来定为边疆。另一方面，在国家疆域内
存在中心区和边缘区，并且它们之间存在明显的异质性。如果国家的疆域
面积足够大，但是国家的中心区与边缘区不存在明显的异质性，或者说同
质化程度较高，那么也没有必要划分边疆。边疆是配合国家治理的需要才
划分出来的，其一旦被划分出来，国家就可以通过对其采取与中心区域不
同的措施加以治理，从而推动国家发展。

国家发展是一个描述国家整体性进步状态的概念，这种进步包括政
治、经济、文化、军事、国际地位等多种因素。一个国家要实现国家发

展，离不开两个方面：一是有效的国家治理，二是有利的国际竞争与合作。二者有机结合、相互影响，理想状态是实现二者的良性互动，即国家治理有效、成就斐然，从而有利于该国开展国际竞争与合作，而在国际竞争中占据有利位置或者与别国展开合作反过来又有助于国家治理。反之，最差的情况则是二者的恶性循环，即国家治理不佳甚至无效，不利于该国进行国际竞争和合作，而这种不利反过来又阻碍国家治理。

任何国家从建立起就面临着国家发展的问题，而对于有客观条件且需要划分边疆的国家，其国家发展的需要就会促使边疆架构的初步形成。在人类历史发展中审视国家的形成与演变，会发现无论何种形态的国家，最开始都是基于陆地而存在和发展的。不管是内陆国家还是沿海国家，其边疆架构的初步构建最初指涉的都是陆地边疆。

（一）国家发展需要陆地边疆的安全保障

安全是国家的第一需要，国家的首要职能是安全保障。国家的存续需要安全保障，国家发展更需要安全屏障。

在冷兵器时代，陆地边疆是国家安全的第一道屏障，国家发展首先需要陆地边疆的安全保障。如果陆地边疆面临内部危机或外敌入侵，国家发展进程必然受阻甚至中断和倒退，更甚者可能导致亡国。这样的例子在历史上并不少见。因此，为实现国家发展，统治者需要将疆域的边缘部分划分为边疆，并从军事及安全保障角度来加以重视，从而形成初始的陆地边疆观念。此外，还涉及将疆域边缘部分的哪些范围划为边疆，这是构建现实形态陆地边疆的过程。之后，还涉及在陆地边疆部署一定的军事力量，以保障国家的安全，为国家发展营造安全的外部环境。

经过军事力量部署的陆地边疆，实现了军事力量和地缘条件的有机结合，成为国防的重点区域和中心区域的缓冲地带，可支撑国家防御的战略纵深，拱卫国家核心区，具有重要的战略意义和军事意义。

（二）国家发展需要陆地边疆的稳定和发展

国家发展除了需要陆地边疆的安全保障，还离不开陆地边疆的稳定和发展。

国家发展需要稳固的政权做支撑。一旦政权不稳、政局动荡，国家发展就失去最基本的政治基础。回溯历史，可以发现不少国家的衰败或灭亡都始于边疆地区。边疆局势不稳、局面混乱，不仅给周边强敌可乘之机，也会给国内的分裂势力以机会，势必威胁国家稳定局面，导致国家动荡。即便国家最终控制住局面，也会耗损大量的资源，阻滞国家发展的进程。因此，国家发展须以陆地边疆的稳固为前提。要实现此目标，只有从国家统一和稳定的高度来认识和重视陆地边疆，加强中央政权的管控，采取特殊措施来治理边疆地区，方能保证边疆地区的稳定和长治久安。

同时，需意识到陆地边疆的稳定局面来之不易，这和陆地边疆的特征息息相关。陆地边疆远离中央，处于政治和文化差序等级格局中的末端，中央政府对其的控制相对较弱，加之边疆地区民族众多、宗教信仰复杂，对陆地边疆的稳定构成挑战。不仅如此，陆地边疆经济落后，资源相对匮乏，社会发展不足，又处于其他国家的围合当中，更增添了陆地边疆地区的不稳定可能性。这种可能性要求统治者在谋求国家发展之时，要更为重视陆地边疆。

此外，从整体与部分的角度来看，陆地边疆地区的发展对于国家整体的发展至关重要。国家发展不仅需要中心地区的发展，还离不开边疆地区的发展。边疆地区如果只追求稳定而不重视发展，那么这种稳定也仅是最低程度的稳定，是依靠暴力机器为后盾而达成的稳定。边疆地区应该在稳定的基础上实现快速发展。造成边疆不安定的一个重要因素是落后。尤其是在资源丰富的边疆地区，如果一味注重边疆地区的稳定，而不顾其发展，只是不断地将资源运出边疆地区，支持中心地区的发展，则会给边疆地区的民众造成一种被剥夺感，不利于国家认同的构建，甚至影响整个国家的稳定和发展。

可持续的发展能够解决边疆地区所面临的不少矛盾，从而有利于边疆地区的稳定和发展，进而为整个国家的发展营造良好的环境。边疆地区的发展是边疆地区稳定和长治久安的保障，稳定最终要靠发展来支撑。边疆地区只有实现了可持续的发展，才可能为边疆地区广大群众的生产生活条件的改善，为边疆地区各种矛盾的解决奠定坚实的物质基础，才可能使发展的红利惠及边疆人民，提高边疆地区民众的生活质量和水平，从而有利于增强边疆地区群众对国家的认同，进而实现一种发展意义上的稳定，并为国家发展营造良好的环境。

（三）国家发展需要陆地边疆的资源支撑

国家发展需要丰富的资源，而陆地边疆地区能给予相应的资源支撑。在经济发展主要靠劳动力推动的生产力欠发达时代，边疆对国家发展的资源支撑主要体现在人力资源以及粮食资源的支持。随着科技的发展、探测及开采技术的进步，加之生产力水平的提升，人类发现及可利用的资源日益丰富，深埋于疆域地下的各种矿产资源终为人所用。地广人稀的边疆地区，虽然在经济发展方面落后于国家核心区，但在资源的数量和质量方面不逊于中心区。因此，在工业经济时代，边疆对国家发展的资源支撑聚焦于工业生产所需要的各种矿产资源方面。此外，随着旅游业的出现，边疆地区为国家发展提供了丰富的旅游资源。

"国家疆域有大小，总有'中心'和'边缘'之分。"[①] 在整个国家疆域范围内，就资源的开发和利用而言，中心与边缘存在显著的差异。中心地带较边疆地区而言，人口更为稠密，人们生产和生活水平更高，对资源的需求远远高于边疆地区。核心地带对资源持续不断的高需求与其所拥有的资源有限性甚至稀缺性之间存在矛盾。一方面，中心地带对资源的需

[①]　郑汕：《中国边疆学概论》，云南人民出版社，2012，第5页。

求量远远高于边疆地区，这是因为中心地带谋求发展所消耗的资源远远多于边疆地区。而另一方面，中心地带拥有的资源并不比边疆地区丰富。对于资源丰富的中心地带来说，资源储备还能够维持一段时间，但也总有消耗殆尽的时候，可对于资源不够丰富甚至匮乏的中心地带来说，就必须从其他地区调配资源，以支撑中心地区的发展。在这种情况下，资源丰富的边疆地区就能够有效发挥其资源支撑的作用。

需要指出的是，并非所有国家都会重视边疆的发展，这与国家对边疆的认识，尤其是对边疆在国家中所处地位的认知息息相关。有些国家只重视边疆的安全保障作用，甚至还只重视核心区的安全而非整个国家的安全，遇到外敌入侵时，甚至会舍弃边疆，通过割让边疆来换取核心区的安全。但任何国家都会面临发展问题，国家会在占主导性的边疆观念的影响下，会根据国家治理的需要，制定和实施边疆战略。在边疆战略的指导下，国家会根据实际情况来确定并调整边疆的范围，形成现实形态的边疆。当现实形态的边疆形成之后，边疆社会也就形成了。一旦边疆社会出现问题，国家必须运用国家权力予以解决，从而展开边疆治理。最终，对边疆进行解释、说明、论证以及对边疆治理过程中所积累的经验和教训进行总结，边疆理论得以形成。由此，边疆架构得以构建起来。

总而言之，某个国家的边疆架构形成的逻辑起点就是国家发展的需要，不管国家对边疆持何种看法，不管其将边疆置于何种地位，为了国家发展，统治者都会在边疆观念的影响下，运用国家权力来建构其边疆架构。这种边疆架构或内敛或扩张，一旦构建起来，又会反过来影响国家发展。

二 边疆架构影响国家发展

边疆架构一旦构建起来，必然会对国家发展产生相应的影响，主要体现在以下五个维度，即国家规模、国家政权、国家经济、国家安全以及地缘政治环境。

第一，边疆架构会影响国家规模。国家规模包括疆域规模和人口规模。作为凭借国家力量占据或控制的空间，国家疆域的规模最直观的体现就是其面积大小。人口规模即指一个国家人口数量的多少，而人又必须基于陆地而生存，因此，国家陆地疆域的规模在一定程度上会决定该国的人口规模。

实力强劲且极具扩张意识的国家，在时代条件允许下会积极扩张，拓展边疆，从而扩大国家疆域规模。国家疆域规模的扩大直接源于边疆拓展这种扩张性行为，以及随之而来的对新拓展边疆的治理，通过有效治理将其纳入国家疆域结构中，如此，国家疆域规模的扩大才成为现实。如果只是拓展边疆，而不注重有效治理，那么所拓展的边疆有可能由于内部的动荡或外敌的入侵而失去，甚至有可能拖垮整个国家。反过来，存在强国的边疆拓展，就会存在弱国的边疆萎缩。实力弱小的国家很可能被强国抢去边疆甚至被完全吞并，进而产生国家疆域规模减小甚至国家灭亡的现象。

边疆架构对人口规模的影响分积极和消极两个维度。积极的是，边疆拓展以及有效的边疆治理很可能扩大人口规模。在帝国时代，实力强盛的国家会有一种内生性的扩张冲动，一旦遇到恰当时机，就会释放这种冲动，开始边疆扩张。在扩张过程中，不仅抢地盘，还掠夺人口，加以同化。这是一种外向扩张的审视。此外，还存在一种内生性的审视。有效的边疆治理所带来的边疆稳定和繁荣，会使国家人丁兴旺，或吸引外来人口定居本国，或促使本国民众增强繁衍力度，从而促进人口规模的扩大。相反，消极的是，虽拥有边疆，但不对其展开有效的边疆治理，使得边疆衰弱甚至产生动荡，造成人口规模缩小。

第二，边疆架构会影响国家政权的统一和稳定。边疆观念、边疆战略以及边疆治理会深刻影响国家的统一和稳定。其中，边疆观念起基础性作用。边疆观念是扩张性的还是内向性的，会影响边疆战略和边疆治理。扩张性边疆观念更容易产生扩张性的边疆战略和积极进取的边疆治理，而内向性的边疆观念更可能使国家仅从军事意义或稳定意义上来看待边疆以及开展边疆实践。内向性边疆观念会使国家在遇到强敌入侵时，更可能以边疆做交易换取政权的安稳，从而影响国家的统一和稳定。

边疆战略制定及实施不当，边疆治理不力，也可能造成边疆动荡，影响到国家统一和稳定。边疆地区远离国家的政权中心，面临着复杂的民族、宗教问题，加之交通闭塞、经济落后、自然环境恶劣，种种因素交织在一起，如果对这些问题解决不及时、应对不力，很容易导致边疆的不稳定。一旦边疆的分裂势力和国外的觊觎者里应外合，很容易出现边疆危机，从而造成国家动荡、分裂，极端情况下甚至会亡国。而如果统治者积极看待边疆，并制定恰当的边疆战略，开展有效的边疆治理，则会促进边疆地区的稳定及边疆社会的发展，从而支撑国家的统一和稳定。

第三，边疆架构影响国家经济的发展。边疆作为国家疆域的边缘性部分，其本身就是整个国家疆域中极为重要的部分，因此，从国家疆域结构的角度来看，边疆地区的经济发展是国家经济发展中的重要组成部分。此外，边疆地区的繁荣发展也会促进非边疆地区的经济发展，这主要源于边疆地区能够给予非边疆地区经济发展所需的人力、物力支持。其中，资源支撑尤为重要。任何国家要谋求发展，必须具备相应的资源条件，要么本身资源丰富，要么从国外买入，总而言之，缺乏资源支撑，国家发展就毫无基础可言。而边疆地区或直接给国家经济发展提供丰富的资源，或通过边疆管控保证资源运输线的畅通，从而助推国家经济发展。

第四，边疆架构影响国家安全。政治地理空间是国家的一大基本属性，任何国家都必须占据或控制一定范围的地理空间。以政治地理空间视角来看，国家总是处于其他国家的围合之中。作为疆域边缘的边疆连接着他国的边疆，国家之间的传统战争总要越过边界才可能发生，如此则将边疆安全问题凸显出来。作为国家安全的首道防线，边疆必须得到高度重视，国家必须在边疆部署军事力量，以保障国家的安全。一旦发生战争，边疆也能提供有效的战略纵深，迟滞、拖延、阻止他国军事力量的推进，为国家集结军事力量抗击敌军争取宝贵时间。甚至可利用有利的边疆地形和环境，诱敌深入加以歼灭，以保障国家安全。

第五，边疆架构影响地缘政治环境。边疆的地理位置及所属的边疆形态深刻影响该国的地缘政治环境。国家疆域是历史的产物，必然经历过边疆拓展或边疆萎缩，以及边疆治理，国家边疆的最终确定也是历史形成的。一旦边疆确定，意味着边疆的地理位置确定，国家所面临的地缘政治环境也就基本确定了。周边国家的数量多少、实力强弱、是否具有扩张性，周边国家之间的关系如何，就构成了深刻影响国家发展的地缘政治环境。而边疆形态指边疆是陆地边疆还是海洋边疆，国家是被多个陆地国家所围合，还是被海洋所环绕。不同的边疆形态使国家面临的地缘政治环境差异性非常大，对国家发展产生的影响也截然不同。

三 国家发展的状况促成边疆架构的调整

基于国家发展的需要而构建起边疆架构，构建边疆架构的过程会对国家发展产生影响，而构建好之后，边疆架构还会持续对国家发展产生影响。这种影响不管是积极的还是消极的，总会使国家发展达成某种状况或态势。而这种状况或态势则会作为一种基础和动力，推动国家适时调整其边疆架构，从而导致边疆架构发生阶段性变化。

边疆架构的调整表现为边疆观念的变化、边疆理论的更新、边疆治理的改善、边疆战略的制定及其实施，甚至边疆的拓展或内缩，而所有这些变化都基于国家发展的状况或态势。国家在政治、经济、军事、科技、外交等方面的发展所形成的整体性进步，即国家发展。国家发展的成就会深刻影响统治者对边疆的看法以及边疆理论的形成，会影响新的边疆战略的制定，乃至开疆拓土的行为。这种关于边疆的认识和实践是一种国家层面的认知和实践，必然会以国家发展为基础。换言之，国家要调整其边疆架构，必须具备相应的国家实力基础，这种实力并非单一实力，而是综合了政治、经济、军事、科技、外交等多个维度的实力。缺乏实力，空有开疆拓土的雄心，不仅不可能实现边疆的拓展，相反很可能造成边疆动荡甚至丢失。

边疆架构的调整，仅有基础条件还不够，还必须有动力。而统治者追求国家的进一步发展就构成了动力。如果仅具备强大实力，而不具备外向扩张性思维，墨守成规、不思进取，边疆架构调整的可能性就不大。因此，只有拥有强烈的扩张性动机的国家才可能主动地调整其边疆架构，或构建扩张性的边疆理论，或出台扩张性的边疆战略，来实现边疆拓展。而这种动力往往来自国家进一步发展的需要，或是需要更多的领土来促进本国经济发展，或是谋求海洋边疆以保障本国重要资源运输线的安全，或是谋取地区霸权甚至全球霸权。

国家发展为边疆架构的调整和创新提供基础和动力，从而推动边疆架构的调整。调整之后的边疆架构反过来又影响国家发展。由此，边疆架构与国家发展在历史进程中互动开来，形成一幅具有该国特色的边疆架构与国家发展互动的历史长卷。

第四节　美国边疆架构与国家发展互动的进程

要研究美国的边疆架构与国家发展，就必须聚焦二者的互动关系。而互动是一个动态的历史过程，因此，有必要依据相应的标准先划分出不同的历史阶段，以便考察二者互动的动因、特点及规律。

一　划分历史阶段的意义

研究美国的边疆架构与国家发展之间的互动，必须将其放置于具体的历史条件及背景中来展开。国家发展并非单一领域的发展，而是涉及政治、经济、社会、文化、外交、军事等多个方面的动态发展的整体性概念。美国的国家发展最重要的特点是具有跳跃性。从 1776 年《独立宣言》发表至今，美国从一个局缩于大西洋沿岸的小国，历经 244 年的跳跃式发展，终成为当今世界唯一的超级大国，整个发展进程迅猛、发展阶段分明。19 世纪末，其工业产值超越英国，成为世界第一；第一次世界大战以后成为世界第二海军强国；第二次世界大战胜利以后，成为世界首屈一指的政治强国和资本主义世界的领头羊；1991 年苏联解体以后，美国终成为世界唯一的超级大国，占据登顶霸主地位并维持至今。

美国的边疆架构同样经历了一个动态发展的历史进程，从边疆架构的初步构建，到适应不同历史条件及国家发展阶段的边疆架构的调整或创新，都有着美国特色。从陆权时代的陆地边疆架构，到海权时代的海洋边疆架构，再到立体化边疆架构、超主权性边疆架构，其边疆架构的构建、调整和创新的历史脉络清晰可见，阶段分明。

美国的边疆架构与国家发展在历史进程中呈现各自清晰的动态发展态势，但要在动态发展的过程中把握二者之间的互动关系，绝非易事。首先就得依据某种恰当的标准，将美国历史划分成若干阶段，进而在每个历史阶段所特有的历史条件及背景中研究边疆架构与国家发展的互动关系。

具体而言，美国的边疆架构与国家发展之间的互动呈现某种动态的发展态势，随着国家发展的演变和边疆架构的初步构建，边疆架构在随后的发展演变过程中逐渐形成一个体系，并发挥着一个体系所应有的功能。这种功能性作用指向两个向度：积极推动美国国家发展或阻碍美国国家发展。从整个美国发展历程来看，这种功能性作用的发挥不是非此即彼的，而是混合在一起，积极的和消极的作用都存在，只是程度不一样。总的来说，边疆架构对于美国的国家发展主要起积极的推动作用，否则，美国也绝无可能在如此短的时间内从一个疆域狭小的小国发展成为当今世界唯一的超级大国。

美国边疆架构的调整或创新主要来自两种动力：一是美国边疆架构阻碍国家发展，必然需要调整，以便减弱乃至消除边疆架构的阻碍性影响；二是边疆架构所起到的积极作用在实践中促进了美国的国家发展，并使之出现跳跃式发展态势，而国家发展状况的巨变必然要求边疆架构随之发生改变，以继续发挥其对国家发展的积极推动作用。前一种消极性动力是被动地回应国家发展的需求；而后一种积极性动力则是主动地满足国家发展的需求，甚至主动超前性地调整边疆架构，从而最大限度促进国家发展。

综上所述，美国的边疆架构是基于其国家发展的需要而构建起来的，又在其独特的历史进程中不断发展。边疆架构形成以后，难免会存在不适应甚至对国家发展起反向作用的因素。或者随着国家的发展以及国际局势的变化，边疆架构自身滞后于时代，需要对其进行调整，以推动国家发展。此外，边疆架构还可能起到推动国家发展的作用，促进国家发展到新的历史高度。而国家发展的新状况又促进边疆架构的调整，以便继续发挥对国家发展的助推作用。如此这般，边疆架构和国家发展互动开来。因此，要研究美国边疆架构与国家发展的互动关系，就必须将其置于独特的历史背景中，依据合适的标准，细分出历史阶段，对每个特殊阶段二者的互动展开研究。

二　美国边疆架构与国家发展互动的历史阶段划分

在美国建国至今的 200 多年历史中，边疆架构与国家发展的互动进程可大致划分为四个阶段：1776 至 1898 年、1898 至 1945 年、1945 至 1991 年、1991 年至今。

首先，从 1776 至 1898 年，既是美国陆地边疆架构形成时期，又是美国边疆架构与国家发展互动的起始阶段。在这一阶段，美国的边疆架构初步形成，反映在边疆形态上，即美国陆地边疆架构形成。在构建的过程中以及构建完成以后，美国的陆地边疆架构对国家发展起到了巨大的推动作用，使得美国的疆域从大西洋沿岸快速推进到太平洋沿岸，进而获得了丰富的资源，并最大限度地降低了英国、法国、西班牙、俄国等强国对美国的外部威胁，营造了良好的地缘政治环境，为美国的飞速发展奠定了坚实的基础。此外，在陆地边疆架构构建过程中，也出现了不少问题，如种族问题、环境破坏以及资源浪费等问题。

其次，从 1898 至 1945 年，是美国的海洋边疆架构形成及发展时期。19 世纪末，美国通过西进运动完成了快速的大陆扩张，扩大了美国的疆域，也使得新增的边疆有机融入美国的版图。在大陆扩张进程的末段，美国便萌生了海外扩张的动机，只是囿于实力不济和国际环境的限制，无法实施海外扩张。而一旦大陆扩张结束，美国的实力伴随着陆地边疆架构的形成不断增强，国家发展成就显著，在 19 世纪末，其工业产值甚至超越英国，成为世界第一，加之西班牙实力的衰弱，美国抓住机遇，发动并赢得美西战争，夺取了众多海外边疆，由此拉开了其海洋边疆架构的构建序幕。在此过程中，美国大力发展海上力量，包括海军和各种舰船。尤其是充分把握两次世界大战的良机，不仅大发战争财，还将国家的军事力量投射到世界各地，建立海外军事基地，控制海外交通要道和各种战略通道，推动海洋边疆架构进一步发展，从而增强了美国的实力，使得国家发展达到新的高度。这种新的国家发展成就对边疆架构提出了新的需求，从而促使边疆架构的进一步发展和创新。

再次，从 1945 至 1991 年，是美苏冷战时期。在这个时期，美国的空中边疆和高边疆得以形成，使得美国的边疆架构进入了立体化时代。随着飞行器的发明及投入使用，以及飞行技术的不断提升，尤其是飞机在第二次世界大战中所发挥的巨大示范作用，加之杜黑的《制空权论》所产生的理论影响，许多国家都重视起制空权，并积极发展空军来维护本国的制空权。随着国际法对领空的规定，空中边疆得以出现，美国在空中边疆的构建中处于优势地位，这源于美国本身所取得的国家发展成就，以及一直以来开疆拓土的传统。在和苏联展开长达 40 余年的冷战中，美国还关注太空，并将国家力量投射到这个被美国称之为高边疆的空间，通过制定和实施高边疆战略，美国构建起了集陆地、海洋、空中以及太空边疆于一体的立体化边疆架构。

最后，从 1991 年至今，属于美国的霸权时代。与之对抗数十年的苏联突然在 20 世纪 90 年代初解体，美国终于登上全球霸主的宝座，开启了美国的独霸时代。这个时代也是全球化快速发展的时代，为了实现进一步的国家发展，为了维护其全球首要地位，美国又开始了构建利益边疆及信息边疆的进程。这两种边疆不同于之前受主权所管辖的边疆形态，具有超主权的特性。通过构建这两种超主权边疆形态，美国的边疆架构由之前的立体化走向超主权化。

第二章
陆地边疆架构推动美国成为北美陆权强国
（1776～1898 年）

边疆架构与国家发展互动的逻辑在前一章已初步构建起来，从实证分析角度来看，这是一种逻辑假设，需要经过验证来加以确定和修正。1776年《独立宣言》发表之后，美国做着建国的准备，直到 1898 年发动美西战争，这段时期美国的目光所关注的主要是陆地，构建的边疆形态主要是陆地边疆。随着陆地边疆开拓、陆地边疆治理及陆地边疆观念及理论的形成，美国的陆地边疆架构得以构建起来，并对美国的国家发展产生正反两面的影响，最终助推美国综合实力提升并发展为北美陆权强国。

第一节　美国的建立

美国的建立是美国陆地边疆架构与国家发展互动的逻辑起点。而美国的建立包含建立的标志、动因，美国的基本要素及属性，以及美国所具有的世界眼光和孤立主义。

一　美国建立的标志

1783 年《巴黎和约》的签订，标志着美国的建立。该和约的签订，是北美 13 个殖民地联合起来发动独立战争，并通过艰苦的战争和卓有成效的外交活动迫使英国屈服的成果，有其独特的历史背景。自从美国独立战争的第一枪打响，13 个殖民地与宗主国英国就走向了战争的道路。1776 年《独立宣言》发表，标志着 13 个殖民地有了联合在一起追寻独立的战斗檄文。在战争初期，由于实力弱小，以致殖民地联合体连连败退：纽约南部被焚，大陆会议迁离费城，只得在巴尔的摩举行临时会议。但随着战争进入相持阶段，联合体的优势逐渐体现，战场上也不断传来捷报，尤其是萨拉托加战役（Battles of Saratoga）的胜利，成为北美独立战争的转折点。在战场外，联合体不断展开外交活动，争取与英国存在矛盾的其他列强的支持，法国、荷兰以及西班牙纷纷对英国宣战并相继承认美国独立，且在军事上给予美国支持。最终，英国同意美利坚合众国独立，并签订了《巴黎和约》。

《巴黎和约》对美国的主权及其领土作了明确的规定。"根据和约，英国正式承认美利坚合众国独立，成为'自由民主和独立的共和国'。英国'放弃对合众国及其每一部分的统治、礼节和领土主权的一切要求'。"① 这一关于美国主权的内容是《巴黎和约》的核心，作为主权国家最重要的构成因素——主权，是一种被承认的产物，尤其是被当时的大国、强国承认至关重要。反过来说，主权不是自我宣示后就会自然获取的，必须得到其他主权国家的承认才行。这也就可以解释为什么 1776 年《独立宣言》的发表不能作为美国建国的标志，因为虽然该宣言中有涉及主权、独立的内容，但那是 13 个殖民地联合起来的一种自我宣示、一种愿景，在没有得到其他国家以正式的条约形式承认之前，从国际法的角度而言，13 个殖民地联合起来的整体还不是现代意义上的主权国家。而通过《巴黎和约》获得了之前宗主国英国条约意义上的同意，美国作为一

① 黄安年：《美国的崛起》，中国社会科学出版社，1992，第 93 页。

个主权国家才正式建立起来。

《巴黎和约》另一个极为重要的内容是关于美国领土的规定。1776年，13个殖民地联合起来宣布独立时，其占据的空间仅局限于靠近大西洋沿岸的30多万平方英里，并且这些空间只是其自我宣示的范围，并不具备国际法意义上的合法性。直到逼迫英国签订《巴黎和约》时，美国的独立才被之前的宗主国以条约形式加以承认，并规定了美国的边界，进而确定了领土范围。这种确定从结构上看可分为两个部分：一是对于13个殖民地发表《独立宣言》时所占据的空间的承认；二是对新增领土的规定，使得美国的疆域大为增加，达到88.88万平方英里①。此时的美国领土，北以圣克罗瓦河与北纬45度线为界，南至西班牙所属的佛罗里达，西起密西西比河，东抵大西洋。

除此以外，《巴黎和约》还规定：美国有权在纽芬兰和新斯科舍海域捕鱼；同意将应偿还给两国债权人的全部债务作为有效债务；由大陆会议"恳切地劝告"各州议会发还充公了的托利党人的财产；释放战俘，英军则以"完全合宜的速度"撤离。②

二　美国建立的动因

要想深刻理解美国的建立，必须从当时的历史背景中探寻其建国的动因，究竟是什么原因迫使13个本来各自独立的殖民地联合起来，共同反抗其宗主国英国，他们到底遇到了什么重大而紧迫的问题，使其必须采取革命的方式来应对。

英法七年战争（1756至1763年）之后，北美13个殖民地与母国英国之间的关系发生了根本性转变，二者之间的矛盾日益尖锐。在整个七年

---

① 黄安年：《美国的崛起》，中国社会科学出版社，1992，第93页。
② 张友伦、陆镜生：《美国的独立和初步繁荣（1775～1860）》，人民出版社，2002，第39页。

战争中，由于将注意力主要集中在战争事宜当中，英国对北美殖民地的控制有所松懈。七年苦战，耗费了英国大量钱财，使得国债激增，1763年欠债 1.45 亿英镑①，并引发财政危机。为应对此局面，英国开始强化对北美殖民地的统治和剥削，通过推行各种法令，试图将巨额国债转至北美殖民地居民身上。英国对殖民地的新政策，旨在更直接地控制殖民地的政治和经济，严重损害了殖民地民众的切身利益。

1763 年，英国政府出台移民禁令，禁止北美 13 个殖民地民众向阿巴拉契亚山脉以西迁移，此举损害了自由农民、手工业工人、土地投机者以及南部种植园主的利益。第二年，英国议会通过 "蔗糖法案"，修订了蔗糖进口的关税率，明确规定殖民地只能从西印度群岛输入高价蔗糖，严禁法、荷等国走私蔗糖运进殖民地，同时对原来许多免税的商品征收进口税，扩大了外国进口商品的征税范围②，从而损害了民众的利益，严重阻碍了殖民地工商业的发展。同时该法案对殖民地有着更深远的经济意义，因为它包含的条款服务于全部主要的英国经济利益并威胁殖民地的许多美国企业③。同年，英国议会通过了 "货币法"，禁止 13 个北美殖民地发行自己的货币，并令殖民地定期停用现行流通货币，损害了负债的小农以及手工业者的切身利益。而 1765 年的 "印花税法案"，规定对所有的报纸、历书、手册、证书、遗嘱、执照等大多数印刷品征税。④ 此法案将政治气氛提升至沸腾，在现实意义上开始了殖民地走向反抗的第一步，⑤ "没有

① 〔美〕加里·纳什等：《美国人民——创建一个国家和一种社会（上）》（第 6 版），刘德斌等译，北京大学出版社，2018，第 159 页。
② 黄安年：《美国的崛起》，中国社会科学出版社，1992，第 84 页。
③ 〔美〕加里·M. 沃尔顿、休·罗考夫：《美国经济史》，王钰、钟红英等译，中国人民大学出版社，2011，第 121 页。
④ 〔美〕艾伦·布林克利：《美国史（1492～1997）》，邵旭东译，海南出版社，2009，第 106 页。
⑤ 〔美〕加里·M. 沃尔顿、休·罗考夫：《美国经济史》，王钰、钟红英等译，中国人民大学出版社，2011，第 121 页。

代表权，就不得征税”成了当时最响亮且有力的政治口号。

　　针对“印花税法案”，北美殖民地人民掀起了反对英国的第一波高潮。为了发动和组织群众，“自由之子”社和“自由之女”社成立，它们由手工业者、工人、农民、水手、渔民以及革命知识分子组成，其行动活跃，组织发动了各种反英活动。1765 年 10 月 7 日至 25 日，除弗吉尼亚、新罕布什尔、北卡罗来纳以及佐治亚以外的其他 9 个殖民地的代表在纽约举行大会，反对印花税法，并通过《权利与自由宣言》。此宣言的核心内容即对“没有代表权，就不得征税”这一政治口号进行阐释与延伸，宣布殖民地居民与英国本土的居民权利平等，理应享有同等的权利；未经殖民地人民及其代表的同意，不得向其征税；同时要求取消印花税法。经过利益权衡，英国最终取消了印花税法。

　　第二次反对英国的高潮主要针对汤森税法。查尔斯·汤森是顶替乔治·格伦威尔的英国财政部长。为了应对英国地主要求减轻其沉重的财政税，汤森采取提高北美殖民地税收的办法，于 1767 年开始对茶叶、纸、红铅、玻璃等重要的消费品征税。此外，法令还规定税收人员可以到船舶、商铺、货栈以及私人住宅展开搜查以收缴走私物品，并在波士顿、费城以及查尔斯顿设立海事法庭。汤森税法及相关法令严重损害了殖民地人民的商业利益，侵犯了其政治权利，因此遭遇强烈抵抗。人们纷纷采取各种方式，抵制英国货物，开展反抗活动。到 1769 年底，北美殖民地进口商品已降至其正常水平的 1/3，英国在北美殖民地失去的销售额在 1768 年和 1769 年合计超过 100 万英镑[①]。1770 年，发生波士顿惨案，造成 5 人死亡，这也给英国造成了很大压力。因此，出于经济和政治的考量，英国被迫取消汤森税法中的除茶叶税以外的其他税，一定程度上缓解了此次危机。

---

① 〔美〕加里·M. 沃尔顿、休·罗考夫：《美国经济史》，王钰、钟红英等译，中国人民大学出版社，2011，第 123 页。

1773 年的"茶叶法案"激起了反英活动的第三次高潮。该法案有利于英国东印度公司倾销其过剩的茶叶，却将北美殖民地茶叶商人排除在外，严重损害了北美殖民地茶叶商人的利益。此外，该法案的推行，对整个殖民地商人的心态产生了巨大影响，"制定茶叶法的消息在美洲商人中间普遍引起了惊恐；这是因为，一项赚钱买卖的利润即将由于议员大笔一挥和一家强大垄断企业的代理商有权直接在美洲土地上经营业务而一笔勾销了。直接的威胁是巨大的，如果这种方法推广开来，美洲的企业就可能为了英国公司的利益而彻底遭到摧残"①。对此，靠近港口的城市里的茶叶商人做出强烈的反应。12 月 16 日晚，"自由之子"成员乔装成印第安人，将停靠在波士顿的东印度公司运茶船上的茶叶全部倒入大海，制造了波士顿倾茶事件。不仅如此，反对"茶叶法案"的风暴在其他城市蔓延开来。这种状况激怒了英国当局，为惩处北美殖民地，英国以绝对多数票通过了 5 项"不能容忍法令"，这一举措更激怒了北美殖民地民众。

从 1763 至 1775 年，英国出台了各种加重北美殖民地负担的法令，破坏了殖民地民众的自由权利，激化了英国与北美殖民地之间的矛盾，终于到 1775 年 4 月 19 日，在列克星敦打响了北美独立战争的第一枪。即便如此，在《独立宣言》发表之前，北美殖民地人民都未想追求独立，只是希望通过各种反抗活动来谋求经济利益和相对自由的政治权利。1775 年 7 月初的《橄榄枝请愿书》和《关于拿起武器的原因和必要的公告》即是明证。前者宣称，"我们太需要母国的保护而不想独立"，后者则强调，关于建立殖民地军队的目的并非想"解除在我们之间如此长久而幸福地存在着的那一联合"，而是要确保北美殖民地人民的生命、自由和财产，"当侵略者方面停止敌对行动和他们不再重新采取敌对行动的时候，我们

---

① 〔美〕查尔斯·A. 比尔德、玛丽·R. 比尔德：《美国文明的兴起（上卷）》，许亚芬译，商务印书馆，2012，第 248 页。

将放下武器"①。北美殖民地人民反抗的最初目的只是想回到之前的稳定关系当中，并非想通过战争谋求独立。从 1774 年 10 月 14 日大陆会议所列的对英国不满的清单，以及最终要求废除 1763 年之后对殖民地实施的所有主要法律当中，即可见北美殖民地反抗英国的逻辑②。

但是，英国当局对北美殖民民众反抗行为的背后本质及逻辑认识不清、重视不够，不断推行错误的政策，制定和出台激怒北美殖民地民众的法令，逐步将殖民地民众逼上独立之路。1775 年 8 月 23 日，英国宣布北美殖民地公开叛乱，最终导致了 1776 年《独立宣言》的出现，从而彻底将北美殖民地逼上革命之路。

三　美国的四大基本要素

美国是基于特定的历史背景而构建起来的主权国家。独特的时代背景及历史条件，决定了美国建立的国家类型是现代主权国家。作为现代国际体系中的主体，主权国家包含四大基本要素：人民、政府、确定的领土、主权③。

---

① 〔美〕詹姆斯·柯比·马丁、兰迪·罗伯茨等：《美国史（上册）》，范道丰、柏克等译，商务印书馆，2012，第 189 页。
② 〔美〕加里·M. 沃尔顿、休·罗考夫：《美国经济史》，王钰、钟红英等译，中国人民大学出版社，2011，第 124～125 页。
③ 王铁崖：《国际法》，法律出版社，1995，第 47 页。关于现代国家所包含的要素，主要有三种观点："三要素说"、"四要素说"以及"多要素说"。"三要素说"认为国家要素包含领土、人民和政府或国家权力，参见〔德〕沃尔夫刚·格拉夫·魏智通《国际法》，吴越、毛晓飞译，法律出版社，2002，第 62～63 页；〔英〕劳特派特《奥本海国际法（上卷·平时法·第一分册）》，王铁崖、陈体强译，商务印书馆，1981，第 235～236 页。"四要素说"认为国家要素包含领土、人民和政府及主权或与他国交往的能力或承认，参见〔英〕伊恩·布朗利《国际公法原理》，曾令良、余敏友译，法律出版社，2002，第 63、96～97 页；〔英〕M. 阿库斯特《现代国际法概论》，汪瑄等译，中国社会科学出版社，1981，第 82～83 页。"多要素说"认为国家要素包含人口、领土、政府、主权、独立、遵守国际法的意愿、一定的文明程度及具备国家的职能，参见〔英〕M. 阿库斯特《现代国际法概论》，汪瑄等译，中国社会科学出版社，1981，第 82～86 页。

　　人民是构成国家的第一要素，没有人民就无所谓国家。最先在广袤的北美大陆上生活的是北美原住民（印第安人）。随着新航路的开辟，美洲被西欧国家的航海家发现。从公元 16 世纪起，西班牙、法国、荷兰、英国先后在北美大陆进行探险和殖民活动。但只有英国在北美大陆成功建立起长久的殖民点。从 1607 到 1732 年，英国在北美大陆相继建立起 13 个殖民地。其中，最早的移民浪潮来自英格兰，此外，还有苏格兰、爱尔兰、德国、荷兰以及法国。这些资本主义商品经济发达国家移民的到来，给北美大陆带来了先进的劳动力。他们共同生活在这片新大陆上，以英语为共同语言，形成了共同的文化，使得新大陆被称为"民族大熔炉"。这些经过"熔炉"化的移民就成为美利坚民族的主体，构成了美国这个国家的第一要素。这些移民大多数来自社会的中下层，且相当一部分移民在母国缺乏自由。不少移民或为了躲避宗教迫害，或厌恶和逃避封建暴政，而抱着追求自由平等或改变贫困局面的愿望漂洋过海来到新大陆。因此，他们身上不乏勤奋进取、独立实干精神，这种移民的结构、素质及其所具备的精神对美国的建立起到关键性的作用。

　　政府是国家在组织上的体现，正是通过建立政府，人民才被从国家层面组织起来。在国内，国家通过政府依法实行统治和治理；在国外，政府代表国家及人民展开国际交往。美国人民建立的最初的政府形式是邦联政府。邦联指"多个独立的州的一种自愿联合，成员州只接受对其行动自由的有限限制"①。它是按照第二届大陆会议起草的《邦联和永久联盟条例》（简称"邦联条例"）建立起来的，其初衷是适应迫切的抗英形势以及合众国发展的需要，13 个松散的殖民地需要进一步的联合，需要一个

---

① 〔美〕施密特、谢利、巴迪斯：《美国政府与政治》，梅然译，北京大学出版社，2005，第 29 页。

全国性的政府来组织发动人民开展抗英斗争。邦联条例还正式确定"美利坚合众国"为美国的国名。邦联政府最大的短板是缺乏强有力的中央政府，这从其结构可见一斑：邦联国会是唯一的政府机关，邦联不设行政部门，只基于邦联条例而成立各州行政委员会，"在议会休会时行使合众国在议会开会并为九州所同意的情况下有时认为可以授予的权力"；缺乏单独的司法部门。只设一个议院，由各州的 2 至 7 名代表组成，每州仅有一票。代表由州议会任命，为期一年，随时可罢免，薪水由州支付。邦联政府有权建立海军和陆军，办理外交，要求各州提供金钱和人力，提供邮政服务，管理印第安人事务，借款和铸币，规定度量衡标准，为防务和公共福利拨款。行使重要权力要有 9 个州的同意。无权管制州际贸易，无权直接向人民征税①。总而言之，这样的政府结构使得各州享有主权，一院制的邦联国会权力十分有限。

美国拥有领土和获得主权是在 1783 年 9 月 3 日与英国签订《巴黎和约》之后。这个和约的签订来之不易，是北美殖民地联合起来，浴血奋战，积极开展"革命外交"，坚持不懈反抗英国而取得的胜利果实。自此获得了包括宗主国在内的强国的承认，从而既获得了主权，又拥有了领土。

四　美国的三重属性

国家具有三重属性，它"既是一种政治形式，也是一个政治共同体，还是一个政治地理空间"②。首先，作为一种政治形式的国家，是为了实现对社会的有效管理而在人类社会发展进程当中创设出来的，必须具备两大基本要件：组织化了的以暴力为支撑的公共权力以及占据和控制一定的

---

① 李道揆：《美国政府和美国政治》，商务印书馆，1999，第 13 页。
② 周平：《国家治理须有政治地理空间思维》，《探索与争鸣》2013 年第 8 期。

地理空间。其次，作为一个政治共同体的国家，是通过国家公共权力按照地理范围划分居民和组织居民，从而构建起的一个特定的社会团体。国家的政治共同体属性在民族国家成为主导性国家形态并构建了民族国家的世界体系之后，得到进一步凸显。作为一个政治共同体的国家必须将国家的统一和稳定作为重要目标，充分运用国家公共权力，通过各种有效的整合方式将社会成员整合于统一的政治共同体之中，避免国家的分崩离析。最后，作为一个政治地理空间的国家，是指其不管是作为政治形式还是政治共同体，都必须占据或控制一定范围的地理空间，而且前两者都必须以这样的地域范围作为基础和前提。这样的地理空间既是国家形成和存在的基础，又是国家治理和国家发展所依凭的条件。

首先，作为一种政治形式的美国，是北美 13 个殖民地的人民为了实现对由他们所组成的社会的有效管理而创设出来的。美国作为一种特殊的政治形式，有两大基本要件：组织化了的以暴力为支撑的公共权力以及占据和控制一定范围的地理空间。从 1607 年北美建立首个永久定居点起，到标志着美国建立的 1783 年《巴黎和约》的签订，在这 176 年间，先是北美 13 个殖民地逐渐建立起来，在每个殖民地形成过程中，为了解决当时面临的公共问题，公共权力以各种方式被建立起来并发挥作用。公共权力被建立起来后不断变化，其动力一方面来自公共权力本身，另一方面来自解决殖民地社会所面临的各种问题的需要。在第一届大陆会议召开之前，北美 13 个殖民地基本上各自独立，缺乏联系。因此，在此之前，公共权力以及行使公共权力的各种政治组织和暴力机构，在各个殖民地以各自的方式建立起来，并只在本殖民地范围内发挥作用。而大陆会议的出现，以及之后邦联国会对大陆会议的替代，开启了 13 个殖民地政治整合的进程。在这个过程中，国家政权被建立起来，围绕着国家政权的组织，各种国家机构、制度以及运行机制得以形成，从而使得作为一种政治形式的美国最终成立。

其次，作为一种政治共同体，美国又是一个"民族国家"①。"从本质上看，民族国家就是以民族对国家的认同为基础的主权国家。"② 因此，作为民族国家的美国，是以美利坚民族对美国的认同为基础的主权国家。美利坚民族是美国的国族。就逻辑上讲，作为"民族国家"的美国，其构建包括两个维度：一是民族共同体的构建，即美利坚民族的构建；二是美利坚民族对美国的认同。前者是民族国家形成的前提。但美利坚民族的形成，并不意味着它会一直稳定存在并自然而然地认同美国。美国构建民族国家的进程有其自身特色，它是以移民为主的国家，通过反抗宗主国，从英国的统治下独立出来获得国家主权，从而成功构建起民族国家。

移民至美国的人属于不同的民族，但他们由于面临共同的问题，而在共同反抗英国的过程中逐渐联合起来，形成美利坚民族。因此，"在某种意义上，不是民族产生了革命，而是革命产生了民族"③。美利坚民族虽然在革命中形成了，但其对美国的认同却是革命以后的事情。在革命过程中，虽然各民族逐渐有了共同体意识，但是其效忠的主要对象还是各殖民地。"在独立以前，北美人民既是英国的臣民，又是马萨诸塞、弗吉尼亚或其他殖民地的公民。独立以后，他们不再是英国人了，却还没有成为美国人。还没有一个美利坚国家来博得他们的忠诚。"④ 只有当美国成立以后，美利坚民族才有了效忠的国家对象。而之所以效忠，一方面是在共同

---

① "民族国家"是国家形态中的一种类型，其不与"多民族国家"相对。多民族国家是从民族构成或民族成分的角度，对国家的一种划分类型，是指一个国家由多个民族构成。而民族国家是从国家形态的角度对国家的一种划分。民族国家最早出现于西欧，是欧洲国家形态演进的产物。回顾欧洲国家形态演进的历史，可以得出国家形态演进的图景：古希腊的城邦国家—罗马帝国—基督教普世世界国家—王朝国家—民族国家。当今世界的体系是民族国家的体系，民族国家是基本的国家形态和世界体系的基本单元。

② 周平：《民族政治学二十三讲》，中央编译出版社，2014，第 23 页。

③ 黄安年：《美国的崛起》，中国社会科学出版社，1992，第 166 页。

④ 〔美〕丹尼尔·J. 布尔斯廷：《美国人——建国的历程》，谢延光、林勇军等译，上海译文出版社，1997，第 627 页。

抗英的过程中有了共同体意识，另一方面是通过一套完整的制度化机制来实现和保障的，这种机制就是民主制度。同时，美国通过将人们的社会身份同一性确认作为基本策略来构建国族，有效地巩固和提升了国族认同，才使得美国成为"民族的熔炉"。

最后，美国还是一个政治地理空间。不管是作为一种政治形式，还是作为一个紧密联系的政治共同体，美国都必须占据一定的地域范围才行，美国不可能是"空中楼阁"。美国依靠国家权力所占据或控制的地域范围即政治地理空间，由边界加以框定。这样的政治地理空间可称为疆域或领土，它既是美国形成和存在的基础，又为美国的治理和发展提供条件。离开地理空间维度，是无法对具体的美国进行描述和分析的。之所以称美国为一个政治地理空间，是因为美国占据和控制的地域范围是地理性与政治性的有机结合。地理性指的是美国所占据的空间由陆地、海洋、山川、河流等地理元素组成，而政治性是指美国是通过国家权力来占据和控制其所属的空间，通过国家权力来体现其政治性的。面对政治地理空间这一本质属性，美国在治理中就必须具备政治地理空间思维，必须要对领土进行整体谋划，"不谋全局者，不足谋一域"，依据国家的地理特色、资源禀赋来划分不同区域，并针对地域特色制定相应战略，以促进其自身发展。

五　世界眼光和孤立主义

通过激烈的博弈甚至残酷的战争，北美 13 个殖民地终于脱离了英国的统治，建立了人类历史上第一个民主共和国。从建立起，美国就是一个富有世界眼光和全球视野的国家，这一特点始终伴随着美国的整个历史进程。世界眼光和全球视野使得美国在制定外交政策及开展外交活动时，更加合理和务实。建国之后的外交原则——孤立主义的确立与美国的世界眼光不无关系。美国的世界眼光和全球视野主要表现在以下几个方面。

　　第一，从国民结构来看，美国是一个移民国家。它是在 13 个北美殖民地的基础上建立起来的，而这些殖民地的发现、建立及其发展都离不开来自欧洲的移民，他们主要来自英格兰，还有爱尔兰、苏格兰、德意志、法国和荷兰等地[①]。英国、德国、法国是当时国际政治舞台上的强国，尤其英国还是当时的海上霸主。到北美之前，大部分移民都在各自国家生活了数十年，深受该国的政治、经济以及文化的影响，深深地打上了该国的烙印。西欧作为当时世界的中心，且英国、德国、法国作为西欧最主要的强国，都极具世界眼光和全球视野，该国的国民不可避免地在这里完成其政治社会化。世界眼光和全球视野内化成大多数国民的一种素养，并影响着国民的行为模式。离开西欧来到北美的人当中，有贵族、商人、教师、传教士，也有农民、逃避宗教迫害的人、欠了大量债务而逃债的人，甚至还有契约佣仆和囚犯。他们历经千辛万苦，漂洋过海来到心目中的"希望之地"，这种行为本身就是一种开放的积极的具备世界眼光的开拓行为。

　　第二，从美国精英的角度来分析，许多政治、经济以及文化精英都富有世界眼光。这些精英们都是欧洲移民的后代，有的甚至就出生于欧洲，伴随着移民浪潮来到美国。比如，对美国独立革命影响深远的书籍——《常识》（*Common Sense*）的作者、美国的开国元勋之一托马斯·潘恩（Thomas Paine），出生于英国，1787 年还参加了法国大革命。美国《独立宣言》的主要起草人、开国元勋之一托马斯·杰斐逊在青年求学时代就被洛克、孟德斯鸠以及卢梭等世界级思想家所影响，还当过驻法公使。美国独立战争的领袖及《独立宣言》、美国宪法的起草者本杰明·富兰克林是英国移民的后代，在独立战争之前被派遣至英国展开谈判工作，独立战争期间及之后则出使法国寻求帮助。而美国首任总统，被尊称为"国父"

---

　　①　黄安年：《美国的崛起》，中国社会科学出版社，1992，第 59 页。

的乔治·华盛顿，其祖先也来自英国，后来移民北美，成为当地贵族和种植园主。这些在美国建国历史上取得卓越功勋的精英们都具备世界眼光，均属于西欧移民，或出使西欧强国，或在与西欧强国尤其是英国的较量中拓展了国际视野，探索到了一条适合北美13个殖民地发展的道路。需要强调的是，他们作为具备世界眼光美国精英群体的杰出代表，是美国精英群体富有世界眼光的缩影。

第三，美国外交的全球视野。北美13个殖民地是在和其宗主国——英国的激烈博弈甚至战争中获得独立而建立起美国的。单凭其自身力量，不足以对抗强大的英国，因此，殖民地联合体将目光投向全世界的中心——欧洲，积极寻求外部帮助。在美国独立战争期间，法国与英国之间存在矛盾，而北美13个殖民地的独立有利于削弱英国，符合法国的国家利益。基于萨拉托加战役的胜利以及富兰克林在法国的成功外交，法美联盟成立，法国加入对英作战，随后西班牙也对英宣战。争取民族独立的革命外交反映了美利坚合众国开放的世界眼光，正是其抓住欧洲大国之间的矛盾，合理展开外交，从而获得法国、西班牙等欧洲国家的帮助，才打败英国，建立起美国。

第四，博采西欧国家之长的美国宪法及其制度设计。最体现美国世界眼光的非美国的宪法及其制度设计莫属。宪法及其制度具有稳定性，对美国的发展产生了深远的影响。美国的宪法及其制度设计并不完全是美国的宪法之父们创造出来的全新事物，而是深深地打上了欧洲的烙印。制定宪法的美国精英们的政治理论水平不见得有多高深，但是其深受英国专制压迫所形成的切身体验使他们不仅深刻了解欧洲的腐朽与专制，更迫使其积极了解并吸收西欧的先进政治思想。比如，宪法之父们吸收了英国思想家洛克的"有限政府"观念，借鉴了法国思想家孟德斯鸠的"三权分立"思想，引进了英国议会至上的理念。美国宪法的法理基础还和英国的普通法息息相关，英国两位法学大家爱德华·柯克（Edward Coke）和威廉·

布莱克斯通（William Blackstone）对美国制宪会议的精英们影响深远。"美国革命时期的领导人，特别是有法律背景的领导人，无一不从柯克的著述中获益匪浅"①。而"布莱克斯通的法律理论基本上造就了殖民地居民的态度，并且在费城制宪会议上激烈地反映出来"②。就具体制度设计而言，"总统制显然借鉴了英国国王一职和邦联时期某些州州长的形式。国会实行两院制无疑是英国、殖民地时期以及邦联时期大多数州两院制议会形态的延续，联邦制是欧洲历史上各种政治联合与美国邦联历史教训的总结"③。

建国初，美国精英们所具备的世界眼光对美国的外交产生了深远的影响。在与西欧国家的接触、博弈、冲突甚至战争中，美国领导人深刻体会到欧洲政治的复杂多变和不可控性。美国刚建立，羽翼未丰，将美国同欧洲在政治和军事上捆绑在一起是不明智的，因此，建立之初的美国奉行孤立主义的外交政策，避免自己陷入欧洲纷争的泥沼中不可自拔，有利于美国集中精力谋求国家发展。

在美国建国之前，孤立主义的思想就被约翰·亚当斯（John Adams）提及，1776 年他就强调："我们应当使我们自己尽可能地长期远离欧洲政治和战争。"④ 1793 年英法战争爆发，美国担忧陷入二者的纷争，特意制定了《中立宣言》（*Proclamation of Nuetrality*）并公布于世。而美国孤立主义真正形成的标志来自 1796 年华盛顿的告别演说（Washington's Farewell Address 1796）。1796 年 9 月 17 日，华盛顿总统离任，并发表告别演说。其中，他回顾了美国建国以来外交工作中的经验教训，提出了孤

---

① 任东来：《美国宪法的形成：一个历史的考察》，《社会科学论坛》2004 年第 12 期。
② 〔美〕彼特·伦斯特洛姆编《美国法律词典》，贺卫方等译，中国政法大学出版社，1998，第 26 页。
③ 张定河：《美国政治制度的起源与演变》，中国社会科学出版社，1998，第 2 页。
④ 谢德风等：《一七六五～一九一七年的美国》，三联书店，1962，第 44 页。

立主义原则，并将其上升为美国外交的战略方针，对美国的外交实践产生了深远的影响。他反对把美国的"命运与欧洲任何一部分的命运纠缠在一起，以致我们的和平与繁荣卷入欧洲的野心、争夺、利益、情绪或反复无常的罗网中去"①。"我们对待外国应遵循的最高行动准则是在扩大我们的贸易关系时应尽可能避免政治上的联系……我们真正的政策是避开与外界任何部分的永久联盟"②。

需要强调的是，首先，美国的孤立主义主要孤立的是欧洲。孤立于欧洲纷争之外，正是为了谋求自身的发展，壮大自身的力量。从这个角度来看，孤立主义的确立及推行，有利于美国的陆地边疆扩张。其次，美国孤立于欧洲，并非完全的闭关锁国，而是强调将新生的美国和欧洲在政治和军事方面隔开，避免在这个两方面结盟，以免掉入欧洲纷繁复杂的缠斗当中不可自拔。在经济方面，美国历来强调和欧洲建立联系，开展贸易往来。因此，美国的孤立主义反映了美国精英们对欧洲的认知，体现了美国智慧，是其具有世界眼光的有力证明。

第二节　国家发展的需要催生美国陆地边疆架构

美国建立之后，随即面临着国家发展的问题。为解决这个迫切而重要的问题，美国采取了各种措施，包括构建陆地边疆架构，因此，国家发展的需要催生了美国的初始性边疆架构——陆地边疆架构。这种催生有其特殊的历史逻辑，先是拓展陆地边疆，同时对这些新开拓的边疆展开有效的治理，最后经由历史学家特纳总结提炼出陆地边疆观念及边疆理论，由此构建成美国的陆地边疆架构。

---

① 〔美〕莫里森：《美利坚共和国的成长》（第1卷第2册），南开大学历史系美国史研究室译，天津人民出版社，1991，第632~633页。
② 〔美〕乔治·华盛顿：《华盛顿选集》，聂崇信等译，商务印书馆，1983，第324~325页。

一　美国国家发展的需要助推美国边疆拓展

建国不久，美国便开展了轰轰烈烈的西进运动，并对其国家发展产生了重大的影响，但是到底是哪些因素或何种动机推动了此次运动呢？

首先是解决美国国家发展内部矛盾的需要。美国建立以后，面临着突出的内部矛盾，这些矛盾不利于政权的稳定，更不利于美国谋求自身的发展，主要表现在两个方面。一是农民和士兵生活困苦，不少农民生活在破产的边缘，甚至有不少已经破产。究其原因，美国虽然在独立战争取得胜利以后，通过谈判和签订条约实现了政治上的独立，但经济上远未独立。美国的经济还离不开西欧国家的支持，某种程度上美国还是西欧国家尤其是英国的经济附属国。新生的美国还属于农业国家，工业基础薄弱，生产效率低下并远远滞后于市场的需求，使得西欧强国的各种商品充斥美国市场。美国的农产品和西欧强国的产品相比不具备竞争力，价格下降在所难免，而这又导致利润减少甚至亏本销售，使得不少农民生活困难，有些甚至宣布破产。对于参加过独立战争并做出巨大贡献的士兵们而言，生活状况也不好。由于财政紧张，美国支付给士兵们的薪饷并非钱币，而是土地证券。战争结束以后，回到家乡的士兵迫于生活压力，在市场上大量出售土地证券。广大的穷困农民和士兵为了生存或改善生活，将注意力转向了资源丰富、土地辽阔的西部地区。二是位于大西洋沿岸的东部州为了谋求自身的发展，为了追求高额利润，对阿巴拉契亚山脉以西的辽阔土地垂涎三尺，展开了激烈的争夺。因此，美国为了应对这种内在的矛盾，开始进行制度设计，通过制定政策和颁布法令，来支持西进运动。数据表明，仅到1800年，就有45000多人在俄亥俄修整田地，还有5600名开路先锋进入了印第安纳。①

---

① 〔美〕卡罗尔·卡尔金斯：《美国扩张与发展史话》，王岱等译，人民出版社，1984，第8、18页。

　　其次是推动新生的美国经济发展的需要。如上所言，美国虽然实现了政治上的独立，但经济上远未独立，对西欧国家的依赖性强。长远来看，尽快推动本国民族工业的建立和发展是最为重要而紧迫的任务。而民族工业的发展离不开原材料和市场两个重要的因素。恰好，阿巴拉契亚山脉以西的辽阔土地成了美国领导者和资本家的希望所在。究其原因，一方面是美国建立以后，殖民地被西欧列强们瓜分殆尽，没有美国分一杯羹的机会；另一方面，即使有未被瓜分的殖民地，美国也不具备应有的实力去争夺。因此，美国从上至下都将目光投向西部。

　　最后是谋求国家发展亟需的良好的地缘政治条件的需要。美国不仅在经济上受到西欧国家的盘剥，在地缘环境上也受到西欧国家的围堵。地缘环境的恶劣威胁到美国的政权稳固，更遑论谋求国家发展了。首先是英国，虽然通过《巴黎和约》承认了美国的独立，但英国并未放弃美国。为了阻滞美国的发展，英国在加拿大和美国东北地区之间的一些战略要地上保持军事存在，限制美国。在俄亥俄地区，英国也保持强大的实力存在。此外，它还想实现对密西西比河流域的控制。其次是法国，它试图以密西西比河流域为基地，构建起法兰西北美帝国。最后是西班牙，一直以来，西班牙都宣称密西西比河以东、佛罗里达以北至俄亥俄河的辽阔区域属于自己，禁止美国的船只通过该区域，从而限制了美国一条重要的出海通道。因此，为了改变恶劣的地缘环境，美国将目光投向西部，试图通过边疆拓展及有效的边疆治理来扩大美国的疆域，营造良好的地缘政治环境，从而助推其国家发展。

　　总而言之，为了有效应对所面临的内部矛盾和危机，推动新生的美国经济发展，以及谋求国家发展亟需的良好的地缘政治条件，美国开始了轰轰烈烈的边疆拓展。

二　美国陆地边疆架构的历史形成

（一）移动的美国陆地边疆

建国以后，美国不断开疆拓土，领土面积快速扩大，一直从大西洋沿岸拓展至太平洋，从而基本奠定了美国的版图。其速度之快，拓展面积之广，举世罕见。整个过程不仅可视为美国疆域的形成过程，更可看作其陆地边疆的持续移动过程。从 1803 年的路易斯安那边疆始，一直到 1867 年的阿拉斯加边疆终，其间边疆的移动有其独特的历史行进线路和时间刻度，最终形成美国的疆域。

1776 年 13 个殖民地宣布独立时，美国仅局限于靠近大西洋沿岸的狭小地带，面积仅 30 多万平方英里。1783 年《巴黎和约》的签订，使其领土面积达 88.88 万平方英里[1]，随后不断的边疆扩张所形成的现实形态的边疆即以此为基点。

1. 路易斯安那

路易斯安那是法国人 1682 年打败印第安部落而建立起来的，1762 年转让给西班牙，1800 年又回到法国手中。这块地区面积多达 82 万平方英里，不是如今的路易斯安那州，而是比它大许多，东起密西西比河，西到落基山东麓，北达加拿大，南至墨西哥湾。当它在日渐衰落的西班牙手中时，美国并没有感觉到威胁，而一旦被拿破仑时代的法国占据，美国朝野大为震惊，立即商量对策。幸运的是，法国面临的不利局势帮助了美国。1801 年，法国进攻海地失败，元气大伤，欧洲战场又受到英国牵制，无力远征北美，且又急需战争经费，最后以 1500 万美元的价格将路易斯安那出售给美国。通过这次购买，美国领土扩大了近一倍，不仅消除了法国在西部边界的威胁，而且将极具战略意义的密西西比河纳入版图，这条纵贯美国南北的河流，便利了

---

[1]　黄安年：《美国的崛起》，中国社会科学出版社，1992，第 93 页。

美国西部边疆的各种产品快速投放到市场，有利于美国的经济发展。

2. 佛罗里达

取得了路易斯安那，美国疆域大增，但是在西起落基山，东至大西洋的领土上，靠近墨西哥湾的佛罗里达还在西班牙手里。面对实力衰弱的西班牙，美国自然不会放过任何兼并佛罗里达的机会。1810 年 12 月，美国强行占领西佛罗里达的大部分地区。1819 年 2 月，在实际占领东佛罗里达的情况下，美国逼迫西班牙以 500 万美元的价格将东佛罗里达卖给自己，实现了对面积达 7.2 万平方英里的佛罗里达的兼并。

3. 得克萨斯

美国边疆在兼并佛罗里达之后主要沿两个方向继续扩张。一个是西南方向，另一个是西北方向。在西南方向，美国于 1836 年在当时还属于墨西哥的得克萨斯策动分裂活动，成立"孤星共和国"，然后于 1845 年公然将其兼并，接纳其为美国的第 28 个州，面积达 38.9 万平方英里。在兼并得克萨斯的过程中，《美国杂志和民主评论》（*The United States Magazine and Review*）的编辑约翰·奥沙利文（John L. O. Sullivan）发表了"天定命运说"。他把兼并得克萨斯说成上天的安排，即所谓的"天定命运"（Manifest Destiny），而美国政府在兼并得克萨斯过程中的所作所为都是替天行道，是完成自己的使命。"天定命运说"无异于在掠夺的本质外裹了一件理想主义的衣裳，很快就成为扩张主义者的有力工具。正如《美国历史词典》（*Dictionary of American History*）所说，"虽然这篇文章是具体针对占领得克萨斯的，但那句话很快被当时的扩张主义者抓住，并且运用于同不列颠的俄勒冈争端和 1846 年至 1848 年对墨西哥战争结束后占领土地的要求中。这句话还用于下一个 10 年占领古巴的要求中"①。

---

① 〔美〕哈罗德·W. 蔡斯：《美国历史词典》第 4 卷，纽约 1976，第 259 页，转引自张友伦《美国西进运动探要》，人民出版社，2005，第 126 页。

4. 俄勒冈

西北方向的扩张争夺的是俄勒冈地区。约翰·奥沙利文在 1845 年所写的文章中又使用"天定命运"这个词来说明俄勒冈的大部分土地应归美国。他还声称，加利福尼亚有美国移民，"所以我们坚决主张立即取得加利福尼亚"[1]。而美国第 11 任总统詹姆斯·诺克斯·波尔克（James Knox Polk）在其就职演说中提道："以所有宪法的方式确定并维护合众国对落基山脉以西的领土的主权，亦是我不折不扣的责任。我们对俄勒冈土地的拥有是'明明白白、毫无疑问'的，而我们的国民正通过移民完成对这一地区的占领。"[2] 美国通过外交和武力威胁施压英国，试图谋取俄勒冈地区。美国的目标最终得以实现，英美签订协议，以北纬 49°为界，以南 28 万平方英里的俄勒冈地区（落基山脉以西至太平洋沿岸的一大片地区）归美国。1859 年该地区作为美国第 32 个州加入联邦。

5. 《瓜达卢佩—伊达尔戈条约》（*Treaty of Guadalupe Hidalgo*）

1846 年美国挑起美墨战争，墨西哥由于独立不久，经济和军事实力十分薄弱且缺乏自卫能力而战败，被迫于 1848 年同美国签订《瓜达卢佩—伊达尔戈条约》，美国由此夺取了格兰德河以北墨西哥的全部领土，面积达 52.9 万平方英里，而美国只支付 1500 万美元给墨西哥作为补偿。在这块广袤土地上诞生了美国的 7 个州，包括加利福尼亚州和新墨西哥州。美国的疆域终于从大西洋横贯至太平洋。值得一提的是，波尔克总统利用骑兵交火事件而在咨文中提出对墨西哥作战的要求，竟高票通过参众两院的投票，这在美国历史上是少见的。这也反映了当时国内主张向西拓展边疆的共识。

---

[1] 《纽约早晨新闻》，1846 年 5 月 18 日，转引自张友伦《美国西进运动探要》，人民出版社，2005，第 126 页。

[2] 李剑鸣、章彤：《美利坚合众国总统就职演说全集》，陈亚丽、吴金平、顾中行等译，天津人民出版社，1996，第 139～140 页。

6. 加兹登购买

1853 年 12 月，出于修建横贯大陆的铁路最佳线路的需要，美国驻墨公使加兹登与墨西哥当局签订了条约，以 1000 万美元购买了今亚利桑那南端希拉河流域的 29670 平方英里的土地，史称"加兹登购买"，由此最终确定了美国的西南边界。至此，美国向西南和西北的边疆扩张路线最终在此会合，完成了对整个大西部的扩张。

7. 阿拉斯加

美国在北美洲的扩张并没有结束。1867 年 3 月 30 日，俄美两国正式签约，美国以 720 万美元的价格购买阿拉斯加和阿留申群岛，完成此次任务的是布坎南政府的国务卿威廉・亨利・西沃德（William Henry Saward）。美国当时的国会中许多人都不赞成此次购买，还讥讽此次购买为"西沃德的冰箱"，但这次购买对美国日后的发展具有十分深远的意义。同年 8 月，美国还军事占领中途岛。中途岛作为美国通向远东的中间站，后来成为美国太平洋舰队的重要基地，具有重大的战略意义。

至此，美国的陆地边疆扩张结束。在这持续不断的现实边疆推进过程中，伴随着同样重要的对边疆的治理。

（二）陆地边疆的有效治理

美国的陆地边疆治理主要解决两个方面的问题：一是经济问题，主要是土地的开发利用问题；二是政治问题，即新增的土地如何融入美利坚合众国。要解决经济问题，必须注重劳动力、资本、产业布局、交通等要素；而要应对政治问题，必须考量州与邦联的关系、民主政治、族际关系整合。需要强调的是，土地政策是美国全部西部政策的基础。美国以土地作为开发西部的资本，围绕着西部边疆做经济、政治文章，通过制度安排和政策设计，顺利地解决了当时所面临的主要经济和政治问题。

1. 劳动力西进

充足的劳动力是边疆开发的基础，没有劳动力和土地的有机结合，土

地的价值难以实现。美国是通过实施若干法令来落实的。美国邦联政府于
1784、1785 及 1787 年相继出台 3 个法令,以解决西部土地问题,其中重
要的一步就是将这些土地逐步投入市场,"规定每英亩土地售价为 1 美
元,最小出售单位为 640 英亩"①。但是广大移民无力购买,根本原因是
售地单位面积太大。因此,美国又相继出台若干土地法令,降低售地单位
面积,在一定程度上促进了移民购买土地,但距离无偿获得公共土地还很
远。1862 年,林肯签署"宅地法",美国公民才可以无偿获得西部土地。
"宅地法"的实施满足了移民的土地要求,吸引了大量的劳动力进入边疆
地区,加速了美国公共土地私有化的进程,有效解决了广大移民与土地的
关系问题,加速了劳动力与土地的结合,促进了西部边疆的繁荣发展。除
了吸引劳动力从东到西的国内流动以外,美国还制定移民政策吸引高素质
的外国人。如出台"移民法",并建立专业机构来负责移民事宜。1820 至
1880 年,外来移民总人数达到 1000 多万②。

2. 劳动力的教育

解决劳动力的素质和技术问题要靠教育。美国通过拨赠土地,以及用
出售土地的款项来支持教育,这些政策对基础教育和农业技术教育的推动
意义重大。有美国学者做了粗略估计,政府直接和间接用于教育目的的土
地超过了 1 亿英亩。1785 年出台的土地法令明文规定,各城镇的第 16 地
段必须用来支持教育。同时,美国还将出售盐碱地、沼泽地的款项拨给有
关州,用于教育事业。拥有公共土地的 29 个州中,有 19 个州曾从联邦政
府那里得到在本州售地价款的 5%,所得拨款共达 9637604.79 美元。一
开始联邦政府重视的是中学和小学教育,伴随边疆拓展和治理的推进,亟
需大批的农业技术人才。因此,密歇根州率先行动,出台法令,采取拨地

---

① 张友伦:《美国的独立和初步繁荣》,人民出版社,1993,第 117 页。
② 严维明:《比较美国学》,西安交通大学出版社,1980,第 124 页。

建高等农学院的方式来培养农业技术人才。随后，其他各州议会也通过类似决议，建立了不少州立农业院校。此外，两个莫里尔法令的出台极为关键。1862 年的莫里尔土地法的实行使得 1000 多万英亩公共土地被授予各州和领地，对创立州立大学和农学院起到巨大推动作用。1890 年的第二个莫里尔法令对联邦政府做出规定，要求其从出售公共土地所得款项中拨出一部分用来支持高等学院的建设和发展①。

3. 商业资本西进

陆地边疆治理离不开资本，尤其是商业资本的支持。一开始的土地政策采取大块地出售的方式，虽然不利于贫苦移民购买，但反映了刚建立而财政紧张的美利坚合众国想快速增加财政收入以及吸引商业资本开发西部的需求。在建国后相当长的时期内，大量的商业资本进入西部陆地边疆，推动陆地边疆的开发。数据表明，美国联邦政府通过出售公共土地所获取的财富为 1825 年 1216000 美元、1836 年 25167000 美元、1837 年 700 万美元、1857 年激增到 8 亿美元②。在公共土地政策的形成过程中，商业资本始终是一股举足轻重的力量。其作为真正移民活动的先导、许多移民活动的具体组织者和推动者、众多移民据点的直接建立者，为西部的顺利拓殖作出了巨大贡献。

4. 产业布局合理

产业布局对于陆地边疆治理乃至美国的经济发展都是至为关键的问题。合理的产业空间分布和组合有利于资源的优化配置，能够避免重复建设和资源的浪费。历史上，美国的中西部包括了俄亥俄河与密苏里河之间的地带，外加密苏里州。此处森林茂密、土质松软、雨量适度、光照充足，适合农作物生长，于是发展成为美国著名的"小麦王国"。玉米作为美国另一

---

① 张友伦：《美国的独立和初步繁荣》，人民出版社，1993，第 224～227 页。
② 〔美〕哈克：《美国资本主义之胜利》，陈瘦石译，商务印书馆，1946，第 163～166 页。
何顺果：《美国边疆史——西部开发模式研究》，北京大学出版社，1992，第 115 页。

种主要的粮食作物，则主要产自中西部和远西部。密西西比河下游以亚拉巴马为中心形成了"棉花王国"。而由密苏里河、南部的红河、西部的落基山、靠近加拿大萨斯喀彻温的边疆地区所围合成的广大区域，快速发展成美国著名的"畜牧王国"。在五大湖平原地区，伴随着石油和铁矿石的发现，该地区发展成为采矿业中心。黄金在加利福尼亚地区被大量发现，吸引人们纷纷奔赴该地区挖掘黄金，带动了采矿业的发展。而采矿业又是一个关联度高的产业，因此，不管是五大湖平原地区，还是加利福尼亚地区，机械制造、食品加工等相关产业也得到迅猛发展。因此，整个产业的选择和布局为美国从农业国向工业国过渡以及美国的现代化作出了重大贡献。

5. 加快交通建设

国家出售土地和宅地法规定的无偿分配土地仅仅是美国公共土地分配中的两种形式。为支持西部边疆基础设施建设，联邦政府还实施赠地及拨款政策，为快速发展西部交通，做出了巨大贡献。而交通运输业是边疆拓展和治理的基础，在推动边疆地区农业、牧业以及采矿业发展的同时，更加速了西部城镇化发展。纵横交错的交通将美国东西部紧密联系起来，有助于统一市场的形成。联邦政府最初是将土地赠予阿巴拉契亚山以西的州政府，用于修筑通往西部的道路，解决西进移民行路难问题。1802 年，联邦政府将在俄亥俄州出售公共土地款项的 5% 拨给该州用于道路建设，第二年又拨出 80773.54 英亩土地资助该州修公路。上述政策推广开来，1841 年赠地法规定，各新州所获赠地的限额为 50 万英亩，所得款项当用于修筑道路、铁路、桥梁、运河，改造河道和沼泽地。1841 到 1880 年，17 个新州共获赠 7806554.67 英亩土地。出售赠地的款项主要用于交通建设。对运河修建和维护的资助主要在 1860 年前。从 1827 到 1860 年，联邦政府向俄亥俄等州赠地 400 万英亩，后来又拨出 2245252.31 英亩给亚巴拉马、威斯康星以及爱荷华用于改善河道。而铁路方面，仅 1862 到 1871 年拨给铁路建设的土地就达 127628000 英亩。对于铁路建设最大规模的赠地是在 19 世纪 60 年代，联邦政府直接拨出 91239389.27 英亩，加上有关州间接赠地，铁路赠地总数达到 129028558.50 英亩。[①]

6. 妥善处理州与联邦关系

美国的陆地边疆治理面临一个国家层面的问题，即如何处理这些未开垦的土地与美利坚合众国之间的关系，或者说如何处理东部与未开垦的西部之间的关系。在西部这片所谓的"公共土地"上，分布着众多的印第安人。英国人和法国人经常挑唆印第安人和移民的矛盾，甚至同一些部落结成联盟来反对年轻的美国。与此同时，美国的行政权还未到达那里，公共土地无人管辖，社会秩序令人担忧。对于未开垦的西部边疆，美国政界人物有不同看法。一部分人想殖民西部，要实现此目标，需要在西部建立殖民政府，或者在东部建立"一个管理西部国家的殖民政府"[②]。另一种意见不主张将西部变成殖民地，也绝不同意开放西部并向那里移民，因为发展西部将损害东部。而杰斐逊则主张制定一个在西部建州的程序，让条件成熟的地区分别建州，并以与原来的州平等的地位加入联邦。此想法通过 1784 年、1785 年以及 1787 年邦联政府相继出台的 3 个法令得以实现。首先，将西部边疆的土地收归国有，避免各州因抢占土地以及边疆民众抢地所引起的冲突；其次，根据实际发展的态势来批准美国新州的建立；最后，将西部边疆土地依法有序依价投放市场。[③] 这一原则既有利于西部土地的开发，又实现了美国东西部疆域的有机结合，维护了美国领土的统一，从而助推美国飞速发展。

7. 促进民主政治

在广袤的西部地区构建民主政治，是建国初期的美国政治家们高度重

---

① 此段论述中所涉及的数字，均转引自张友伦《美国西进运动探要》，人民出版社，2005，第 219 页。
② 张友伦：《美国西进运动探要》，人民出版社，2005，第 207 页。
③ 张友伦：《美国的独立和初步繁荣》，人民出版社，1993，第 117 页。

视的关键问题，它关乎美国基本体制的建立。1787 年的"西北法令"指出，"保证西北领地的人们有信仰自由、比例代表制、陪审制、习惯法特权、人身保护法以及私人契约的保障，禁止奴隶制，禁止制定保存巨额遗产的贵族继承法。"[1] 由 1784 年、1785 年以及 1787 年三大土地法令构成的处理美国西部边疆土地的法规明文规定：第一，采取措施将西部边疆土地收归国有；第二，西部必须对广大民众开放；第三，西部边疆土地的拍卖必须公开并使用现金交易；第四，当地移民低于 6 万人时，可成立临时性政府；第五，当某个领地上的自由男性数量超过 5000 人时，经本地民众选举成立立法机关，并从立法代表中选举一人担任国会议员，但该议员在国会中只享有辩论权而无表决权；第六，当某个领地内的自由居民达 6 万人时（特殊情况除外），可申请建立州政府，并允许拥有本州的永久性宪法，该州有权被纳为联邦正式成员，并拥有同原有各州平等的权利；第七，领地政府和新成立的州政府必须实施共和制，在领地内，奴隶和强迫劳役将禁止存在，传统的民主和自由必须得到保障，包括宗教和信仰自由。成为正式成员之前，领地政府"将永远是美利坚合众国邦联的一部分"[2]。此外，"美国宪法"的批准标志着美国政治制度的确立，它将人民主权和共和原则、三权分立的权力分离与制衡原则、民主选举制度，都以法律的形式固定下来，奠定了西部民主政治发展的基础。

8. 整合族际关系

民族问题备受多民族国家的重视，尤其是作为移民之国的美国。不同的民族活跃于美国的西部边疆地区，使得边疆问题与民族问题交织在一起，处理是否得当，关系到美国的稳定和发展。美国的民族关系，主要涉及印第安人以及移民到美国的不同群体。美国处理族际关系的主要政策被称为

---

[1]　〔美〕雷·艾伦·比林顿：《向西部扩张》（上册），周小松等译，商务印书馆，1991，第 293 页。

[2]　何顺果：《美国史通论》，学林出版社，2001，第 110～111 页。

"熔炉"政策。其作为一种理论被提出，始于克雷夫科尔（Hector St. John de Crevecoeur）。1782 年，他首次提出该理论，主要强调的是代表美国主导文化的盎格鲁—撒克逊民族将与代表亚文化的新移民在美国社会"熔炉"中相互融合，产生一个新的文化形态。此文化共同体应由每种文化的最佳特征所组合。与此相对应，特纳在其著作中将其阐释为"大坩埚"理论，即来到美国西部边疆拓荒的移民在此被同化并融合成一体。虽然美国的"熔炉"理论在实际操作过程中出现极大偏差甚至野蛮行径，但不可否认的是，"熔炉"理论及其政策对美国的族际整合起过重要的作用，一定程度上促进了不同族裔的"美国化"。

（三）陆地边疆观念和理论

边疆观念指的是对边疆的认识和看法，而边疆理论则是对边疆进行解释、说明和论证以及对边疆治理经验进行总结的系统化认识。美国陆地边疆观念和理论的形成，与西进运动以及卓有成效的陆地边疆治理息息相关。换言之，是西进运动以及有效的边疆治理催生了美国陆地边疆观念和理论。而集大成者非弗雷德里克·杰克逊·特纳莫属。在特纳之前或者同时代，虽有不少学者研究过美国西部，但只有特纳首次提出边疆假说，形成了影响深远的边疆理论。

特纳的边疆假说中最核心的观点是，"直到现在，一部美国史大部分可说是对于大西部的拓殖史。一个自由土地区域的存在及其不断的收缩，以及美国向西的拓殖，就可以说明美国的发展。"[1] 这一观点的形成与美国的领土扩张及其边疆治理息息相关。正是自建国初开始的领土扩张，使美国的疆域从大西洋扩张至太平洋沿岸，短时间内疆域成倍地扩大。快速的领土扩张，以及卓有成效的边疆治理，顺利地解决了美国所面临的边疆问题，并不断刷新人们对西部及后来的边疆的认识，形成了美国最为初始

---

[1]　杨生茂：《美国历史学家特纳及其学派》，商务印书馆，1984，第 3 页。

的陆地边疆观念及边疆理论。而"一个自由土地区域的存在及其不断的收缩，以及美国向西的拓殖，就可以说明美国的发展"这句话则可视为美国陆地边疆理论的浓缩。它不仅点明了美国陆地边疆最为本质的特征——移动性（或扩张性），更重要的是将边疆与美国的发展联系起来，揭示了美国飞速发展的一个秘密所在：边疆的拓殖和有效治理。

第三节　陆地边疆架构对美国国家发展的影响

　　美国陆地边疆架构的成功构建对美国的国家发展产生了深远的影响，这种影响通过两个维度表现出来：一方面对美国的规模、经济、政治、地缘环境以及内战产生了积极的作用；另一方面也带来了不少问题，包括印第安人问题以及生态问题。

一　积极的作用

（一）成倍扩大美国的规模

　　首先，陆地边疆扩张使得美国的疆域规模迅速扩大。英属北美 13 个殖民地联合起来发表《独立宣言》之时，其面积只有 90 多万平方公里①。而经过长达 7 年的反英战争，到 1783 年《巴黎和约》签订，英国承认美国独立时，美国的领土面积 "扩大到 230 余万平方公里，增加了近 1.5 倍"②。随后，美国开始了更令人震惊的领土扩张，从 1803 年于法国手中购买路易斯安那地区到 1867 年从俄国购买阿拉斯加地区，这 64 年间美国的版图又扩大了约 700 万平方公里，比 1783 年增加了 2 倍有余，达到约

---

① 白建才、戴红霞、代保平：《美国：从殖民地到惟一超级大国》，三秦出版社，2005，第 11 页。
② 白建才、戴红霞、代保平：《美国：从殖民地到惟一超级大国》，三秦出版社，2005，第 15 页。

935 万平方公里①，与刚独立时的 90 多万平方公里相比，疆域规模整整扩大了 9.38 倍，时间则只花了短短 91 年。

疆域是国家生存和发展的最基本的条件，任何国家的生存和发展都离不开一定的空间。疆域面积的大小与国家的生存能力及发展潜力密切相关。一般情况下，国家疆域越大，意味着该国拥有的资源越多。而且，从安全角度来看，疆域大小不仅决定国家战略回旋余地的大小，而且还决定一国是否可能将其战略力量合理配置，使其处于最安全的位置。从这两方面来看，美国的陆地疆域是很理想的，不仅面积大，而且疆域内拥有的资源丰富，为国家发展提供了重要的支撑，为国家安全提供了地缘保障。

其次，陆地边疆扩张使得美国的人口规模迅速扩大。人是组成社会的基本条件，是社会生产力的构成要素。没有最低限度的人口，就不会有经济活动，因此一个社会的人口是经济存在和发展的前提条件。美国陆地边疆架构的形成时期属于前工业时代，或者说是农业资本主义发展时期，在这个时期，人口规模至关重要。美国人口一开始很少，1790 年第一次人口普查时才 392.9 万人，农村人口约占总人口的 97%，每平方英里不到 4.5 人。而到 1890 年美国人口达到 6305.6 万人，以 100 年前增加了 15 倍，平均每 25 年人口增加 1 倍，此时农村人口约占总人口的 60%②。劳动力的飞速增长及由东向西的人口移动，加快了劳动力与土地的结合过程，促进了美国的工业发展及农业资本主义的发展。

美国疆域规模及人口规模的成倍扩大，使美国步入北美陆权大国的行列。一个国家要成为大国，必须具备相应的条件，最主要的两个指标就是疆域规模和人口规模。疆域规模反映了一个国家所占据和控制的政治地理空间的大小，而人口规模则反映了一个国家疆域范围内所存在的人口数

---

① 此数据根据黄安年著《美国的崛起》（中国社会科学出版社，1992）一书第 502 页的"美国领土扩张表"统计并换算得出。

② 张芬梅：《美国人口经济的历史考察》，《徐州师范学院学报》1988 年第 2 期。

量。陆地边疆架构的构建使得美国在疆域规模和人口规模这两个大国的标志性指标方面实现了倍增，并且这种倍增是在很短的时间内形成的，从而为美国发展为北美陆权强国奠定了坚实的基础。

（二）促进美国经济的发展

在农业资本主义发展过程中，土地的开垦量是经济发展的重要指标。1607 至 1870 年，美国垦殖了 4.07 亿英亩土地。而 1870 至 1890 年短短 20 年内，却垦殖了 2.15 亿英亩土地，其中 1.3 亿英亩分布于 1860 年以后才开发的新州中，使得美国的可耕地达到 6.23 亿英亩。虽说美国的人口增长速度快，但是和广袤无垠的土地相比，地多人少却是一个不容忽视的现实，通过改进生产工具，从而提高劳动效率势在必行。1860 年以后，马拉犁、收割机和播种机取代了铁锹、锄头、镰刀等效率低下的老式农具，农业劳动生产率得以迅速提高。1896 年，一个使用最新农机的小生产者，其劳动生产率比 1830 年提高 17 倍。平均每个农业劳动者生产的粮食和纤维在 1860 年能供应 4.53 人，1900 年能供应 6.95 人。劳动生产率的提高，可耕地面积的增加，使得美国农业的产量和产值自然增长。1910 年，美国农业总产值达 90 亿美元；从 1850 至 1900 年，农产品价值从 16 亿美元增至 47.17 亿美元。到 19 世纪末，农业在整个美国的国民收入中仍名列第一，农产品也是美国 19 世纪出口创汇的主要产品，1860 年农产品输出占商品输出总值的 82%，1910 年仍占 51%。[1]

陆地边疆架构的构建使得美国农业发展的格局得以优化。19 世纪前期，美国农业的重心落在大西洋沿岸区域，伴随着边疆往西的拓展以及有效的治理，密西西比河流域的农业发展迅猛，成为新的重心。在 1860 年，统计数据显示，美国 57.6% 的农场分布在阿巴拉契亚山脉以西，这些农场的总面积占全国的比重是 59.8%，资产占全国的比重是 54%，到 1900

---

[1]　张芬梅：《美国人口经济的历史考察》，《徐州师范学院学报》1988 年第 2 期。

年，这些数据又分别激增到 71%、79%、78%，使得农产品基地从东部移到了西部①。同时，基于优越的自然地理及农业资源条件而构建的三大农业区确立了现代美国农业发展的基本格局，也为现代美国的经济发展奠定了雄厚的物质基础，这三大中心是俄亥俄河和密苏里河以北的"小麦王国"、密西西比河下游以亚拉巴马为中心的"棉花王国"，以及密西西比河以西的"畜牧王国"。

农业的快速发展给工业提供了粮食、原料与市场。18 世纪末 19 世纪初，美国开始工业革命，但到 19 世纪末工业革命完成时，美国四大工业支柱仍是食品制造和加工业、纺织工业、钢铁及其制品生产业、木材和木材制品工业。其中有三个部门是以农林牧渔产品为原料的，充分显示出农业的基础作用。同时，人口西进也吸引工业西进，工业中心向西移动，因为西部地区能提供廉价劳动力与市场，又接近原料产地。从 1830 年至 1890 年，制造业中心从宾夕法尼亚中心地区移向俄亥俄的曼斯菲尔德东南部，农机制造业更是西移至伊利诺伊和威斯康星。

人口西进，意味着市场西进。因为人既是生产者又是消费者，人口迁到哪，市场就发展到哪。在放任主义政策下，美国国内实行自由贸易，商品流动畅通，市场容量日益扩大。伴随着西进运动的整个进程，美国农业逐渐走向商品农业。19 世纪下半叶，农民使用的大部分物品被转到城市工厂去生产，农民只种庄稼或饲养牲畜，通过出售农产品或畜产品，然后到农村集市或城市商店购买他们需要的工业品。因此，农民也与工人一样越来越依靠市场，深受市场价格影响。19 世纪末 20 世纪初，美国生产的工业品大部分在国内市场销售，虽然其产值已超过英国一倍，但英国出口其制成品的 1/4，美国只出口 1/10。1870 至 1900 年，美国八成的农产品

---

① 李景旺：《论美国西进运动的经济意义》，《黄冈师专学报》（社会科学版）1996 年第 3 期。

在国内销售。

陆地边疆架构的构建还带来了美国工业化的西进。工业革命在美国起于新英格兰地区。随着边疆的拓展及治理，工业革命开始向西部边疆扩展。得益于煤、铁等重要矿产资源的发现，钢铁中心逐渐在西部建立起来。农业和畜牧业在西部的发展又促进西部粮食和食品加工业的兴起。内战时期，圣路易城发展成美国最大的面粉加工中心。基于航运业的快速发展，新的造船业基地在匹兹堡、惠灵、辛辛那提等地方形成。此外，伊利诺伊和威斯康星也取代了原来纽约的农业机械制造业中心的地位。总之，陆地边疆架构的构建助推西部发展成美国重要的工业区。

综上所述，陆地边疆架构的构建促使美国建国之后的土地得到快速的垦殖，农业机械化水平以及农业劳动生产率迅速提高，农业发展的布局也得以优化。而农业的快速发展又推动了美国工业化的发展，不仅给美国的工业发展提供了粮食资源、原料与市场，还导致了美国工业化的西进。农业与工业的共同飞速发展为美国由北美陆权大国发展为北美陆权强国提供了坚实的物质基础。

（三）促进美国民主政治的发展

美国对西部边疆所展开的治理，不仅推动了美国经济的发展，还促进了美国民主政治的建构及发展。在陆地边疆架构形成过程中，政治建设与经济开发同时进行，二者紧密结合在一起。

《美利坚合众国联邦宪法》以及围绕土地而制定的各种法令，尤其是由 1784 年、1785 年以及 1787 年三大土地法令构成的西部公共土地政策，在西部边疆开发之初奠定了自由和民主的基调，促进了美国民主政治的构建。

西部边疆地广人稀，在开拓荒原的艰苦环境下，人们对平等、自由等价值观容易产生认同感，个人主义也容易生根发芽。同时，为应对艰苦的自然环境所带来的挑战，大家必须互帮互助，通过合作来应对挑战，这些都是民主政治产生及发展的有利因素。

第一，美国西部地区拓展了美国民主的范围，提升了美国的民主整体性。需要强调的是，由于地区性差异，美国西部与东部的民主存在一定程度的差异。西部地区在构建民主制度时并非一味模仿东部，而是"借用了东部各州宪法的最自由化的内容从而表明他们比东部制宪人物更为民主"①，反映了开拓者关于扩大民主的要求。

第二，西部地区通过制度设计和安排，达到了公民监督立法的目的，推动了民主的发展，这些制度设计涉及美国公民的投票权、创制权、罢免权等。"从印第安纳州和伊利诺伊州开始，西部各州正式加入联邦时，州宪法都规定成年男子的选举权，建立的政府机构反映出完全信任人民"，"废除了投票者的规定，民众选举的议会至高无上"②。

第三，西部地区扩大了选举权，放弃了之前不合理的关于选民的财产规定和宗教测验之类的规定，使得美国成年男子都享有普选权。除此以外，女性选举权的放开也体现了西部民主的发展。堪萨斯州在 1861 年就允许妇女在学校享有选举权。怀俄明州的约翰·坎贝尔州长于 1869 年 12 月正式签署妇女选举权法案，开美国之先河。但是妇女选举权从州到全国范围的普及则经历了漫长的过程，直到 1920 年才实现这一目标。

（四）营造良好的地缘政治环境

陆地边疆架构的形成使得美国拥有了绝佳的地缘政治环境。美国西邻太平洋，东靠大西洋，北依加拿大，南接墨西哥，其疆域东西长约 4500 公里，南北宽约 2700 公里，陆地边界线长约 1.2 万公里，其中与加拿大的边界长约 8900 公里，与墨西哥的边界长约 3100 公里，且加拿大和墨西

---

① 〔美〕雷·艾伦·比林顿：《向西部扩张》（下册），周小松等译，商务印书馆，1991，第428 页。
② 〔美〕雷·艾伦·比林顿：《向西部扩张》（下册），周小松等译，商务印书馆，1991，第407 页。

哥对美国的发展都不构成威胁。大西洋和太平洋为美国竖起了两道天然屏障，御强敌于数千公里之外。与此同时，美国所处的纬度使它在长达 2 万多公里的海岸线上拥有数量众多的不冻港，既可作为商业运输，亦可作为海军基地，进可攻，退可守，进退自如。以至于列宁说，"美国的亿万富翁们几乎是最富有的，并且在地理条件上处于最安全的地位"①。

通过陆地边疆架构的构建所获得的地缘政治优势，在日后的外交及军事战略中体现得淋漓尽致，有效保障了美国的快速发展。比如"门罗宣言"（*Monroe Declaration*），就是基于美国优越的地缘政治环境而提出来的。这一政策的推行，避免了美国的"后院"被列强瓜分，而美国自身可以凭借地缘优势，将触角伸至整个美洲，最大限度地追求国家利益。两次世界大战时，美国更是凭着两大洋的阻隔，制定恰当的外交政策，使得美国本土未受战争破坏，还大发战争财，缓解了国内的经济危机，壮大了国家实力，并一跃成为资本主义世界霸主。反过来想，如果当时美国还局缩于大西洋沿岸狭小的区域，短时间内不仅成不了西方世界的霸主，连国家的生存和发展都成问题。这就是地缘政治优势之于美国迅速崛起的意义所在，"以空间换时间"的崛起秘密，着实助推美国的跳跃式发展。

（五）边疆在内战中的作用

美国内战的胜利，离不开边疆各州的支持，而内战的胜利关乎美国的统一。1861 年 4 月 12 日，美国爆发南北战争。南方不管是在经济上还是政治上都不占优。从州的数量来看，当时全国有 33 个州，其中 22 个站在北方一边，只有 11 个支持南方。从所占的领土来看，北方 22 个州占据全国 75% 的领土。从人口数量来看，北方有 2100 万人，而南方只有 900 万人。除此以外，北方工业生产占全国 90%，铁路线占全国的

① 东北师范大学地理系主编《世界经济地理》（下册），北京师范大学出版社，1984，第 56 页。

2/3。之所以会有如此悬殊的实力对比，主要是因为许多边疆州的支持。边疆有 11 个州（包括两个中立州）支持北方，在当时北方占有的 22503 英里铁路线中，边疆各州占 12489 英里。除了实力支持以外，边疆州和美国东北州的政治性结盟起到了重要作用。1854 年，共和党的诞生将二者在政治上的结盟表现得淋漓尽致。第一，边疆是共和党诞生的真正摇篮。追溯共和党的历史，发现东北州的工业资本家和西部地区的农业资本家尤其是农场主之间的合作推动了共和党的建立。第二，从人员结构看，共和党的三大主要来源中就包括以边疆农场主为核心的自由土壤党人。第三，共和党候选人参加 1860 年的总统竞选所提出的竞选纲领可视为该政治联盟建立的正式标志。奴隶制的反对者亚伯拉罕·林肯于 1860 年当选总统也是其一大表现。除此以外，边疆群众在战争中还直接为联邦军队提供了大量粮食、装备和士兵，尤其以俄亥俄州为代表。在内战期间，有 30 万以上的俄亥俄士兵在联邦军队中服役并直接参战，此数字相当于 1860 年该州总人口的 12.8%，以至于林肯总统十分感动地说："俄亥俄已拯救了国家。"①

二　带来的问题

（一）陆地边疆架构中的印第安人问题

陆疆架构形成过程中的印第安人问题主要是争夺土地形成的。独立战争胜利以后，根据《巴黎和约》规定，阿巴拉契亚山脉以西，密西西比河以东的大片土地归属美国。可在这片广袤的土地上，印第安人一直繁衍生息着。因此，如何处理与印第安人的关系，就成了现实的问题。美国历史上的做法是以威胁、利诱、收买的方式迫使印第安人签订割地协定，此举无效则以暴力驱赶甚至屠杀印第安人。"在合众国建立后的 128 年中，

---

① 何顺果：《美国边疆史——西部开发模式研究》，北京大学出版社，1992，第 229～232 页。

联邦军队共进行了114次战争，参加过8600次左右的战斗和冲突，'其中大部分都是对印第安人的镇压'，而这些战斗又主要是发生在内战之后。"①

此外，美国还对印第安人实行"保留地"制度。保留地一般都属于贫瘠的地区，既与印第安人原有的生存条件分离，又与整个美国社会脱节，这对热爱故土的印第安人来说，无疑是灾难性的打击。凯厄瓦族首领萨坦在被迫迁移时说："我热爱这里的土地和野牛，我不想定居……但当我们定居下来后，我们就会变得苍白，就会死去。"② 印第安人拒绝迁往所谓的"保留地"，于是被迫发动战争，失败后又被美军赶往贫瘠的地区，有时在途中就死伤无数。如亚拉巴马的克里克人，在军队的驱赶下渡过亚拉巴马河和田纳西河，1836年和1837年时尚存万余人在阿肯色的冰雪中跋涉，但最后抵达"保留地"时，儿童几乎全部冻死于途中。以至于美国的哲人拉尔夫·W.爱默生痛斥道："自从大地开创以来，从未听说过在和平时期，以及在一个民族对待自己的同盟者和受监护人时，竟然如此背信丧德，如此蔑视正义。"③

同时，美国还以法律的形式剥夺印第安人的权利。1830年的"印第安人迁移法案"从法律上剥夺了印第安部落在密西西比河东部居住的权利。41年之后颁布的"印第安人拨款法"又剥夺了印第安人签订条约所需的独立实体权利，从而根本上改变了印第安人的独立地位，以法律形式将印第安人变成了美国的"依附民族"。1887年的"道威斯法案"则强制同化印第安人，取消保留地土地公有制，将保留地由州管辖。

在陆地边疆架构的形成过程中，美国一个洗刷不掉的污点就是对印第安人采取驱赶和屠杀政策，使得印第安人从哥伦布到达美洲之前的500万

---

① 何顺果：《美国边疆史——西部开发模式研究》，北京大学出版社，1992，第70页。
② 李剑鸣：《美国印第安人保留地制度的形成与作用》，《历史研究》1993年第2期。
③ 何顺果：《美国边疆史——西部开发模式研究》，北京大学出版社，1992，第68页。

人锐减到 19 世纪 90 年代的 25 万人①，这种暴行酿成了美国巨大的历史悲剧。

（二）陆地边疆架构中的生态问题

恩格斯指出："我们不要过分陶醉于我们对自然界的胜利。对于每一次这样的胜利，自然界都报复了我们。每一次胜利，在第一步都确实取得了我们预期的结果，但是在第二步和第三步却有了完全不同的、出乎意料的影响，常常把第一个结果又取消了。"② 美国的陆地边疆治理就是如此。在开发西部时，由于人力缺乏、土地易得，对土地采取的是粗放式耕种，特别是烟草、棉花种植园，往往地力耗尽后又开辟新的沃土。农民种地像淘金者挖矿一样，将土地表面的肥力用过后就卖掉去买新的土地，此外，对资源进行掠夺性开采，这些都造成了惊人的浪费和破坏，导致了严重的环境污染。19 世纪 80 年代，东部原始森林的 24% 被毁。密歇根、明尼苏达以及威斯康星拥有占面积一半的森林，几十年内惨遭破坏，年砍伐木材量为生长量的三倍半③。"关于那个时期伐木业所用的糟蹋资源的方法，人尽皆知、毋庸赘述。光秃秃的荒野是一幅令人痛心的景象"④。对于土地、牧场和矿藏同样存在掠夺性开采和利用，造成了严重的水土流失。20 世纪初，每年平均有 10 亿吨沃土流入河流和海洋。无烟煤的开采浪费率高达 100% ~ 150%。野生动物资源方面，过路鹤在 19 世纪的美国保有量为 30 亿至 50 亿只，然而到 1914 年就绝迹了。北美野牛数量，在移民刚进入时为 3000 万头，到了 1865 年却减少到 1000 万头，1890 年减为 100 万头⑤。"被誉为'美国粮仓'的大平原地区，由于长期干旱，土地被严

①　邱惠林：《美国印第安悲剧的悖论分析》，《西南师范大学学报》（哲学社会科学版）1999 年第 2 期。

②　恩格斯：《自然辩证法》，人民出版社，1984，第 304 页。

③　黄安年：《美国的崛起》，中国社会科学出版社，1992，第 379 页。

④　〔美〕拉尔夫·亨·布朗：《美国历史地理》，秦士勉译，商务印书馆，1973，第 244 页。

⑤　黄安年：《美国的崛起》，中国社会科学出版社，1992，第 380 页。

重侵蚀，其中以大平原南部灾情最为严重，它被称为尘暴重灾区 （Dust Bowl），而这里在 1870 年以前还是一个生机勃勃的草原王国"①。20 世纪 30 年代发生于美国的尘暴，骇人听闻。当时从美国西部大草原的几个州 刮起一股长 900 公里、宽 560 公里的灰黄色尘土带，越过美国 2/3 的领土 抵达美国大西洋沿岸。这次生态悲剧造成大量良田被破坏，至少 3 亿多亩 土地被荒废，7 亿多亩土地退化，西部边疆众多农场倒闭，24000 户农牧 民被迫迁徙②。

①　高国荣：《20 世纪 30 年代美国南部大平原沙尘暴起因初探》，《世界历史》2004 年第 1 期。
②　高国荣：《20 世纪 30 年代美国南部大平原沙尘暴起因初探》，《世界历史》2004 年第 1 期。

第三章
海洋边疆架构催生世界海权霸主
(1898 ~ 1945 年)

自 1898 年美西战争一直到第二次世界大战结束的 1945 年，美国主要关注的是具有战略意义的海洋。在陆地边疆架构助推其成为北美陆权强国的基础上，美国将抱负和雄心积极投注于海洋。为抢夺海外殖民地而发动的美西战争开启了美国构建海洋边疆架构的征程。尤其是趁着两次世界大战的有利时机，美国适时调整海洋边疆架构，快速发展海上力量，积极角逐海洋，经历两次世界大战的锤炼和洗礼，终于成为世界海权霸主。

第一节　海洋边疆架构形成前的国家发展

陆地边疆架构对美国的国家发展产生了重大影响，促进了美国的国家发展，表现在实现了国家统一，形成了垄断资本主义，成为世界头号工业强国。这种国家发展成就构成了美国构建海洋边疆架构的坚实基础。

一　实现了国家统一

（一）美国内战

美国内战又称南北战争，起于 1861 年，结束于 1865 年。它是美国实现国家统一的不可避免之战，以北方阵营的胜利而告终。

南北战争之所以不可避免，根本原因是南北双方的社会制度存在不可调和的矛盾。19世纪中叶，第二次工业革命促进了美国北方资本主义的快速发展。从制度层面看，美国的北方主要实行的是自由雇佣劳动制度，而南方则主要实行奴隶制度。自由雇佣劳动制度与奴隶制度的尖锐对立，使得美国的南方与北方面临结构性矛盾，这种内耗结构严重阻碍着国家统一，国内统一市场也难以形成，美国的发展受到了严重阻碍。

林肯当选为美国第16任总统，成为南北战争的导火索。林肯的当选使得南方将奴隶制扩张到西部的愿望破灭，南方的利益受到损害。为了应对此困局，南方先后有7个州从联邦中脱离，并成立南部邦联。随后建政权，选总统，定首都，制宪法，组军队。此后陆续又有4个州宣布脱离联邦，加入南部邦联。由此，南北两个政权在美国土地上并存的局面出现，美国分裂开来。

南方是为了维护和扩张奴隶制度而发动内战，而北方则是为了联邦的统一而战。由于蓄谋已久，且采取主动进攻，在战争之初南方占据上风，北方陷入被动防卫局面。但是北方毕竟在力量对比上强于南方，不仅经济实力远胜于南方，且战争对于北方来说是正义的，因此北方获得越来越多农民、黑人和工人的支持。加之林肯政府在战争期间推行的政策和措施有力，还得到国际无产阶级的援助，北方取胜是必然的。

（二）战后重建

持续近4年的内战耗费了美国大量的人力、物力及财力，资源消耗严重，基础设施也遭到严重破坏。由于战争的战场主要在南方，因此战后美国面临的最紧迫的问题就是南方重建，这是一个关涉美国国家发展的全局性问题。

林肯提出了一个重建方案，但由于方案对叛乱分子太仁慈而遭到国会中激进派的反对。林肯遇刺以后，继任的安德鲁·约翰逊总统也提出重建纲领，同样由于方案的相对保守而遭到激烈反对。在约翰逊执政后期，共和党激进派甚至启动了对其的弹劾，虽未成功，但反映了当时共和党激进派力量的强大。他们借机扩大了影响，巩固了政治优势，为之后的总统选举打下了基础。

从 1867 ~ 1868 年，美国国会陆续通过四个重建方案。根据方案，美国开始了南方重建的进程。首先是民主政权的重建。这种重建基于对南部军事管制的基础之上。战后，美国南部依法实行军事管制，将南部叛乱州划分为五个军区，每个军区各有一名军区司令，由总统任命，军区司令负责所管辖州的政权重建工作。

南方各州政权重建首先开展的是选民登记工作。其中，不少黑人获得选民资格。此项工作完成之后，又由选民投票决定是否召开立宪大会，绝大多数选民投票赞同，于是召开立宪大会，制定州宪法。批准宪法的工作最终在 1869 年完成。在州宪法批准的同时，南部各州投票选出了州议会、行政官员及参加国会的参议员、众议员。截至 1870 年 3 月，这些新选出的议员们纷纷进入国会，南部在联邦中的地位得以恢复。

民主政权建立起来之后，紧接着是政治、经济、社会等各方面的改革和完善工作。虽说黑人在整个政权重建阶段，获取了一定程度的政治权利，但还远远不够，因此，确认黑人的平等权利，实行民主政治至关重要。此外，南部各州还推行司法和行政改革，法官由民选，并建立起陪审员制度。同时，土地和税制改革工作也在有条不紊地进行，种植园主的赋税增加。除此以外，美国还着重出台各种政策奖励工商业发展，扶助铁路事业，促进了商品经济的发展。通过教育制度的改革，免费的公立学校纷纷建立起来，许多南方黑人能够进入学校接受教育，南方黑人的文盲人数剧减。最后，还积极开展慈善福利事业，有效医治内战所带来的各种创伤。

（三）南北统一

美国内战直接的影响是创造了美国统一的契机，经过内战之后的重建，美国实现了政权和基本制度的统一。

在内战之前，美国存在两种基本制度：发展中的资本主义制度和日益腐朽的奴隶制度。而内战结束之后，代表工业资本主义的北方取得胜利，政权也随之发生巨大变化：由之前的资产阶级和种植园奴隶主共同掌控，转变为由资产阶级独自掌控，种植园奴隶主阶级随着内战的结束而退出了历史舞台。内战结束后，美国的政治制度和国家机构得以完善，联邦的统一得以加强，工业资本主义的发展得以保证。从政党角度来看，内战之后美国的资产阶级政党代表了整个资产阶级的利益，只是南北双方存在代表性方面的区别。北方主要代表工商业资产阶级的利益，而南方通过重建和转型，则主要代表农业资产阶级的利益。当然，在南北双方的博弈过程中，北方的工业资产阶级依然占据领导地位。这些政治方面的重大变化，对美国的国家发展，尤其是工农业资本主义的发展起到了基础性作用。

二　垄断资本主义的形成

在海洋边疆架构开始形成之前，美国的资本主义制度从自由资本主义进阶为垄断资本主义。

美国垄断资本主义的形成具备得天独厚的优良环境。首先是形成于美国近代工业化进程中的众多城市群和各具特色的制造业带，有利于生产的集中。美国的生产力布局有助于垄断组织的形成。如 1880 年，美国制造业的 4/5 以及城市人口的 3/4 集中在新英格兰、五大湖区以及大西洋中部地区。在该地区内，企业之间的竞争异常激烈。作为钢铁工业中心的匹兹堡是美国钢铁体系的发源地。其次，美国交通运输业的飞速发展也为垄断组织的形成提供了便利的条件，便捷的交通运输有助于企业克服地域的阻碍和隔阂。最后，技术市场同样是孕育垄断组织的温床[①]。19 世纪末，美国的技术发明层出不

[①] 丁则民主编《美国通史（第 3 卷）：美国内战与镀金时代（1861 – 19 世纪末）》，人民出版社，2002，第 92 页。

穷，数量众多，加之美国专利制度的保护，各大企业纷纷抢购有利可图的新技术发明，许多垄断组织的形成与专利垄断密不可分。

垄断既是商品经济高度发展的产物，又是资本和生产的集中发展到一定阶段的结果。美国垄断资本主义的形成最明显的标志即垄断组织的形成。在垄断资本主义形成之前，美国的商品经济经历了长时间的发展。内战之后，破除了奴隶制度的阻碍作用，美国的商品经济获得更快速的发展。同时，美国的自由资本主义在战后也得到迅猛发展，自由竞争日益激烈，而自由竞争的必然趋势就是"大鱼吃小鱼"。实力强劲的大企业吞并实力弱小的小企业，资本和生产的日益集中则不可避免，而这种集中与前述的垄断资本主义形成所具备的得天独厚的优良环境紧密结合，促使垄断组织在美国逐渐形成起来。

19 世纪六七十年代，是美国垄断资本主义形成的酝酿时期，也是美国资本主义自由竞争最为激烈的时期。企业之间竞争异常激烈，矛盾重重。为了生存下来，企业之间大打价格战，甚至大幅削减商品的价格，最终导致两败俱伤或多败俱伤。这样的恶性竞争，一方面导致不少中小企业破产倒闭；另一方面，使得大企业不得不重新思考其行为，为避免同归于尽，采取简单的口头协定来限制产量和价格。这种简单的非成文的协定并不稳定而且是临时性的，缺乏法律效力和约束，作为在销售领域的最初尝试，还不足以形成垄断组织。

最初形成的垄断组织被称为普尔，其迅速取代了之前简单的口头协定。普尔形式多样，主要涉及流通领域，是一种企业间为了销售利益的实现而形成的暂时性联合。从"规定产量、价格或划分销售市场，到设立总经销机构，各种流通领域的垄断方式都包括其中"[①]。普尔最早出现在

---

① 丁则民主编《美国通史（第 3 卷）：美国内战与镀金时代（1861－19 世纪末）》，人民出版社，2002，第 96 页。

美国的铁路公司，紧跟着在食盐制作、煤炭挖掘、黄铜等其他行业推广开来。"1876 年成立的密歇根食盐协会集资的经销机构，控制了全部食盐销售的 85%。1897 年的钢轨普尔，也垄断了 90% 以上的销售价格。"①

　　普尔在流通领域的盛行，一定程度上发挥了稳定市场价格、减少盲目生产的作用，但这种作用十分有限。首先，普尔只针对流通领域而不涉及生产领域，生产领域的恶性竞争异常激烈却得不到有效控制。其次，普尔是一种松散的联合，加入其中的企业可自由选择退出而免受惩罚。最后，普尔是以牺牲中小企业的利益为前提的，势必激起中小企业及社会中下层的强烈不满，加之 1887 年的州际贸易法案明文规定普尔违法，因此，普尔被逐渐放弃。

　　接下来出现的是托拉斯。托拉斯是基于企业所有权的合并而形成的一种垄断组织，合并的方式是财产托管。与普尔相比，它不仅涉及流通领域，还涉及生产领域。托拉斯的生产、销售及财务活动统一于董事会，领导权被占有最大股份的资本家牢牢控制。与普尔相比，托拉斯是一种独立企业，加入托拉斯的各大型企业本身失去了生产和销售的独立性。作为一种高级形式的垄断组织形式，美国的托拉斯最早出现于美孚石油公司。随后，托拉斯在其他行业扩展开来，如棉籽油、亚麻籽油、糖、铝制品、威士忌酒、火柴、烟草等托拉斯纷纷出现。"据约翰·穆迪估计，19 世纪末，美国工业、运输业及城市公用事业的托拉斯，共 445 个，资本为 203.8 亿美元。"②

　　托拉斯在美国的快速发展引起了民众的强烈不满，迫于压力，1890 年《谢尔曼反托拉斯法》出台。但即便如此，托拉斯在美国的发展丝毫没有刹车的迹象。1893 年，美国出现经济危机。这次危机堪称美国 19 世

---

① 黄安年：《美国的崛起》，中国社会科学出版社，1992，第 384 页。
② 黄安年：《美国的崛起》，中国社会科学出版社，1992，第 386 页。

纪最严重的经济危机，以金融混乱为起点，大批中小企业申请破产，众多银行纷纷倒闭，一半以上的黑色冶金业、造船业及机车业停产，危机持续7年之久。这次危机加速了企业的合并，出现了美国历史上企业合并的高潮，从1893年一直持续到1904年。经过此次大规模的合并，"大约有3000个企业的68.127亿美元资本被合并到垄断组织之中"①。

垄断组织的发展除了体现在量的方面，在质的方面也有了新发展，更高形式的控股公司出现了。就当时情况而言，如果要合并，需要大公司将小公司的股票和财产全部收买，而控股公司则不需要这样做，只需要掌握下属公司一定比例的股票，就可获取对下属公司的控制权。由此形成的公司结构呈金字塔形，母公司、子公司纷纷出现。在这样的管理体制当中，母公司以决策权为中心，子公司在经济管理方面保持独立性，不仅改变了以往托拉斯集权过度的弊端，更改变了董事会集所有者与管理者于一体的状况，较之托拉斯，更适合资本的集中，更适合社会化大生产，其垄断程度也更高。

总而言之，自1893年经济危机之后，美国的垄断组织趋于成熟，垄断程度逐渐提高，垄断资本主义生产关系全面形成，使得美国的经济模式已具现代雏型。从历史发展的角度来看，垄断资本主义在美国的形成是必然的，垄断是社会经济发展到一定阶段的产物，这个阶段就是工业生产的集中和资本的积聚。垄断组织的形式与规模也是随着美国社会生产力的发展而发展的，是适应于当时美国社会生产力发展水平的。就其产生的经济效益而言，也是利大于弊的。以致恩格斯指出，"分散的小的生产资料加以集中和扩大，把它们变成现代的强有力的生产杠杆，这正是资本主义生产方式及其体现者及资本主义的历史作用"②。

---

① 丁则民主编《美国通史（第3卷）：美国内战与镀金时代（1861-19世纪末）》，人民出版社，2002，第100页。

② 《马克思恩格斯全集》（第1版），人民出版社，1956。

三　成为世界头号工业强国

美国国家政权的巩固、国家的统一，资本主义发展至垄断阶段，生产力的飞速发展，体现的是其国内的政治、经济发展状况，这是从国内的视角看待美国的国家发展。而随着美国在政治、经济方面的飞速发展，其整体实力快速提升，因此，有必要将其放到国际体系当中去加以比较，和其他资本主义国家，尤其是和当时的世界霸主英国加以比较，如此则更能够体现美国国家发展的成就和巨大进步。这是一种国际比较视角。对于美国海洋边疆架构形成之前的那段历史，最能够体现国家发展水平的是其工业发展水平，而国家的工业总产值则最能代表其工业发展水平。第二次工业革命对于美国工业的发展起到强大的推动作用，促成了美国工业的飞速发展，使得美国的工业总产值在 1894 年超过英国，成为世界第一。

（一）起源于美国的第二次工业革命

第一次工业革命起源于英国，以蒸汽机的发明和运用为标志。而第二次工业革命起源于美国，以 1879 年爱迪生发明白炽电灯泡为标志。第二次工业革命除了以电力代替之前的蒸汽动力以外，还包括无线电、内燃技术、冶金以及化工等方面的技术革新，开启了资本主义世界的电气化、石油化和钢铁时代。

第二次工业革命的电气化主要针对的是动力的革新，用先进的电力代替了之前的蒸汽动力。1878 年，爱迪生在美国建立了世界上第一个工业实验室，经过千余次的实验，终于发明了白炽灯。4 年后，其又建立起世界上首座商业火力发电站，装备和使用了 6 部直流发电机。随后，爱迪生通用电力公司成立。虽说爱迪生发明了电灯，推动了电力使用，但仅局限于直流电，电力输送距离不理想，限制了电力的广泛使用。于是，乔治·威斯汀豪斯通过使用交流电远程输电的方法解决了这个关键问题。1886 年，乔治·威斯汀豪斯（George Westinghouse, Jr.）成立了西屋电机公司，开始制造变压器、交流发电机及其他交流电器。随后，世界首家交流电灯厂在纽约州布法罗建立起来。随着应用交流电的感应发动机的发明，纺织厂开始利用这种技术来提高生产效率，由于其效果极佳，随后便迅速在其他工业部门推广开来。电力的广泛使用对于发电厂的需求剧增，"1898 年发电厂增至 2774 个"①，电力被广泛应用到了工业、交通以及通信等各个部门。在电气化时代，电话的发明和运用至关重要。亚历山大·格拉汉姆·贝尔（Alexander Graham Bell）发明了电话并申请了专利，还成立了贝尔电话公司，经过推广，电话成为极为方便的通信工具。

第二次工业革命的石油化主要针对的是能源的革新。美国幅员辽阔、资源丰富，尤其是石油资源。早在 1895 年，美国的许多州就发现了油田，开启了美国石油工业时代。伴随着内燃技术的发展，石油工业革新迅猛，从石油中精炼出汽油能够为内燃机提供动力。石油开启了汽车和飞机时代。汽车工业和飞机制造业的飞速发展需要大量的石油，从而又促进石油工业的飞速发展。在此过程中，新的行业被催生出来，如有机化学工业。

第二次工业革命的钢铁时代源于炼钢法的发明。第一次工业革命之后，铁的使用大为推广，但钢的大量应用则发生于第二次工业革命时期。在威廉·凯利发明酸性转炉炼钢法之前，钢是一种昂贵而稀少的商品。而随着炼钢法的改进，尤其是平炉炼钢法的应用，生产钢的成本大为降低，而随着美国的电气化、石油化以及轮船、火车、汽车、飞机等制造业以及桥梁和房屋建筑业的飞速发展，对钢铁的需求剧增。而需求剧增和炼钢法的改进相结合带来钢的产量急剧上升，钢铁工业迅猛发展起来，美国的钢铁时代到来了。

起源于美国的第二次工业革命既是之前国家发展的结果，又反过来对

---

① 龚淑林：《美国第二次工业革命及其影响》，《江西大学学报》（哲学社会科学版）1988 年第 1 期。

美国产生了深远的影响。它不仅改造升级了美国之前的技术体系，促进了美国资本主义工农业经济的飞速发展，使得美国的工业化得以实现。同时，还加快了美国从自由资本主义向垄断资本主义转变的步伐，推动了垄断资本主义在美国的实现和发展。此次工业革命还深刻地影响了美国的城市化进程，使得许多建基于大型工业中心的城市如雨后春笋般涌现。最后，发源于美国的第二次工业革命对于美国赶超当时的世界霸主——英国，起到至关重要的推动作用。

（二）美国工业的飞速发展

美国工业的飞速发展，表现在两个方面：一是工业区域范围的扩大，二是主要工业部门的快速发展。前者是从整个国家疆域范围来看工业的扩张，后者则是从工业本身的主要部门来审视工业的发展。

1. 工业区域范围的扩大

在内战之前，美国的工业主要集中在新英格兰大西洋沿岸中部，而内战结束以后，工业区域范围逐渐扩大，向美国南部和中西部扩张。

内战结束以后，南部的奴隶制得以废除，为南部的工业发展奠定了良好的基础。1877 年，美国重建结束后，渴望建立和拥有各种规模的工厂这样一种工业化思潮成为形塑美国南部历史的主要力量之一。[1] 加之摆脱了奴隶制的制约，南部工业逐渐发展起来，建了许多工厂，兴起了不少新兴工业，比如纺织、冶铁、木材加工、榨油、肥料生产等。1876 年，仅佐治亚州的哥伦布就新建了 5 家棉纺织厂。1884 年仅一年时间，美国南部地区吸引的工业资本就多达 1 亿美元。不仅如此，该地区的纱锭产量、榨油厂数量以及生铁产量在 1880～1885 年激增，纱锭产量翻一番，榨油厂由 40 家发展到 146 家，生铁产量从 40 万吨剧增至 70 万吨。[2]

---

[1]　Gerald D. Nash, "Research Opportunities in the Economic History of the South After the 1880", *The Journal of Southern History*, Vol. 32, No. 3, August 1966.

[2]　何顺果：《美国史通论》，学林出版社，2001，第 170 页。

虽说南部工业有了一定程度的发展，但总体来说比较落后，主要表现在以下几个方面。首先，它的工业主要是加工业，通常只是对取自南部地区的原材料进行简单加工；其次，南部的工业一般都依赖低技术和低工资的劳工，其工作简单重复、耗费体力，有时甚至是非常危险和影响健康的；再次，南部地区的资源加工业呈现地理上的分散状，对于南部地区的城市化帮助不大；最后，南部地区的制造业过于依赖外来资本和外来技术，资本投资和工资增长严重滞后。[1]

内战结束后，美国工业向中西部扩张显著。首先是爱荷华、明尼苏达以及密苏里等地区。1860~1870 年，这些地区的工业总产值增加了 2 倍，1870~1890 年又增长了 2 倍。[2] 除此以外，在俄亥俄、印第安纳以及伊利诺伊等地区，工业也获得快速发展，最显著的成就是五大湖重工业区域的形成，"由于它在本质上仍是东北部'核心地区'的扩大，又与原来的传统工业区东北部连成一片，在美国经济史上通常称之为'东北部—五大湖制造业带'"。[3] 该制造业带的内部各工业区又彼此存在合理的分工，五大湖区新兴的重工业区以钢铁、钢轨以及农机等产品的生产为主，传统的新英格兰工业区主要涉及纺织、钟表以及制鞋业，而大西洋中部工业区作为由轻工业向重工业过渡的地区，既存在服装、烟草加工等轻工业，又涉及船舶、机器制造等重工业。五大湖重工业区域的形成不仅塑造了美国制造业带，还促使美国的工业中心不断向西移动，更使美国出现了不少专业性很强的工业城市，比如以粗铁冶炼为主的匹兹堡，以粗钢生产为主的克里夫兰，以机器制造为主的芝加哥，以及以汽车制造为主的底特律。

2. 主要工业部门的发展

美国工业部门在海洋边疆架构形成之前的发展，主要可以从重工业和

---

① 王崇兴：《"二战"前美国南部工业化落后原因探析》，《北方论丛》2003 年第 6 期。
② 何顺果：《美国史通论》，学林出版社，2001，第 170 页。
③ 何顺果：《美国边疆史——西部开发模式研究》，北京大学出版社，1992，第 282 页。

轻工业两个维度来加以梳理。

就重工业而言，主要涉及钢铁工业、轮船制造业、汽车制造业以及机车制造业等。炼钢工业的飞速发展始于转炉炼钢法的发明。之前，钢还作为一种稀有的贵金属存在。19 世纪 50 年代，转炉炼钢法的发明大大降低了生产成本，钢也不再是稀有的贵金属了。但此炼钢法不能冶炼含磷量高的矿石，因此，又发明了平炉炼钢法。随着炼钢技术的革新和成熟，钢的产量和生产率迅速提高，1889 年，美国的钢产量就跃居世界第一，约占全世界的43%[1]。生铁产量也在 19 世纪 80 年代超过英国而跃居世界第一，1899 年其产量约占全世界的 1/3[2]。美国钢铁工业的飞速发展，为其他工业部门尤其是重工业部门的发展奠定了坚实的基础。

造船业在 1868～1877 年取得快速发展。到 19 世纪 70 年代中期，美国拥有造船厂 15 家，其中一些大型造船厂生产的轮船质量超过欧洲。造船厂除了着眼于国内，还大批接受国外订单，出口轮船至巴西、古巴、俄国等。造船业在 19 世纪 80 年代至 20 世纪初，继续蓬勃发展。造船业不局限于大西洋沿岸，更是扩展到了太平洋沿岸。大的造船厂把握住国际形势所带来的机遇，开始接受军事订单，而军事订单对技术要求更高更严格，使得造船技术进一步提高。到第一次世界大战前夕，造船水平和实力的迅猛提升已经使得美国成为英国在海上的主要竞争对手之一。

汽车制造业是一个新兴的行业。1860 年内燃机技术逐渐完善，为汽车的发明奠定了基础。美国的首辆汽车是由查尔斯·杜里埃设计的。1893

---

[1] 〔美〕吉尔伯特·C. 菲特、吉姆·E. 里斯：《美国经济史》，司徒淳、方秉铸译，辽宁出版社，1981，第 451 页。

[2] 〔美〕吉尔伯特·C. 菲特、吉姆·E. 里斯：《美国经济史》，司徒淳、方秉铸译，辽宁出版社，1981，第 450 页。

年，号称美国"汽车大王"的亨利·福特也设计了汽车，并组建了福特汽车公司。汽车工业发展初始阶段，竞争异常激烈。为了在激烈的竞争中生存下来，汽车企业不断提高制造技术，降低成本。尤其是福特汽车公司采用流水线作业，大幅度提高了汽车生产的效率，降低了成本，汽车产量猛增。1895 年，美国只生产了 4 辆汽车；1900 年，进行登记的小汽车就增长到 8000 辆；而 1904 年登记的小汽车达到 54590 辆，卡车 700 辆；1913 年小汽车增至 119393 辆，卡车 67667 辆[1]。

内战之后美国的机车制造业也有了长足的发展。一是表现为机车生产数量的增加。19 世纪下半叶，美国的机车产量一直稳步增长，仅在 1873 年以前鲍德温机车厂一家就生产了 500 台机车[2]。二是表现为机车运载能力显著增强。一方面由于轨道的材质由铁轨逐渐变为钢轨，机车载重量显著提高；另一方面实力雄厚的铁路公司开始扩大重型机车的生产，并给其配上动力更强劲的发动机，使机车的运载能力迅猛提升。如 1866 年，波士顿制造出了一台 30 吨的机车，可以托运 200 节 5 吨煤车。这在当时被视为"庞然大物"，有人认为它的诞生是"美国货运事业的一次革命"。1874 年，一种被认为是世界上最大的机车开始在美国费城行驶，其自身重量达 60 吨，12 个传动车轮的直径就达到 4 英尺[3]。

美国主要工业部门的发展，就轻工业而言，主要涉及食品加工业、纺织业、制鞋业以及服装加工业。

从美国内战结束到海洋边疆架构形成之前这段时期，食品加工业始终是美国第一大工业。第一次世界大战开始时，美国的食品加工业生产总值

---

① 韩毅：《美国经济史（17～19 世纪）》，社会科学文献出版社，2011，第 441 页。
② 韩毅：《美国工业现代化的历史进程（1607～1988）》，经济科学出版社，2007，第 100 页。
③ 韩毅：《美国经济史（17～19 世纪）》，社会科学文献出版社，2011，第 442 页。

达到 48 亿美元，超过第二大工业——纺织业产值 10 多亿美元①。而食品加工业中的肉类加工、面粉加工以及罐头加工所占比重较大。随着美国 19 世纪下半叶城市化进程的推进，城市数量增加，对肉类加工需求旺盛。新的加工技术以及冷冻技术的出现，促使肉类加工业快速发展起来。而面粉加工业也得益于市场需求扩大，新的加工技术促进了生产。随着谷物生产区域向西移动，面粉加工业也向西发展。19 世纪 80 年代以后，大规模生产的新技术普遍运用于罐头加工业。1890～1913 年，罐头加工业的产值由 1 亿美元增长到 2.43 亿美元②。

纺织业的发展又细分为棉纺织业和毛纺织业。南北战争结束以后，棉纺织业发展迅速，一方面得益于纺织技术的变革，另一方面得益于第二次工业革命中电力的使用，提高了纺织机生产的效率。纱锭数由 1867 年的 800 万个激增至 1913 年的 3100 万个。所消耗的原棉数量由 1860 年的 845000 包，增至 1880 年的 1501000 包、1900 年的 3687000 包、1914 年的 5885000 包③。从范围来看，内战结束以后，靠近棉花产地的南方也发展成为新的棉纺织中心，比如南卡罗莱纳州于 1905 年成为全美国排名第二的棉纺织工业州。

由于美国在 1865～1915 年一直采取高额关税来保护国内市场，加之毛纺织技术的进步，毛纺织业发展也非常迅猛。羊毛纺织业由粗纺快速发展为精纺毛织品生产。1869～1909 年，精纺毛织厂使用的原羊毛量上升了 9 倍④。此外，在毛纺织业中，毛毯的生产发展最快，美国在南北战争

---

① 〔美〕吉尔伯特·C. 菲特、吉姆·E. 里斯：《美国经济史》，司徒淳、方秉铸译，辽宁出版社，1981，第 450 页。
② 韩毅：《美国经济史（17～19 世纪）》，社会科学文献出版社，2011，第 437 页。
③ 〔美〕沙伊贝、瓦特、福克纳：《近百年美国经济史》，彭松建、熊必俊、周维译，中国社会科学出版社，1983，第 103 页。
④ 〔美〕沙伊贝、瓦特、福克纳：《近百年美国经济史》，彭松建、熊必俊、周维译，中国社会科学出版社，1983，第 104 页。

之后逐渐成为当时世界上最大的毛毯生产国，所生产的毛毯质量也算上乘。

伴随着工业革命中蒸汽机和电力机器的应用，以及缝纫机、绱鞋机的发明和应用，制鞋业的生产成本大幅降低。1865～1895年，制鞋业的生产成本就下降了80%。与此同时，美国鞋子的销售额也不断攀升，由1860年的不到1亿美元上升到1914年的5亿多美元。1908年，美国鞋子的出口数量达到650万双。调查报告显示，1910年的美国制鞋业已达到世界领先水平①。

美国南北战争以后，城市化发展迅猛，居民生活水平提高，对机制成衣的需求量日益增大，加之缝纫机、裁剪机等机器的发明和推广应用，美国的服装加工工业迅速发展起来。1879～1914年，其服装工业的资本投资上升了6倍，服装销售总额由1869年的2.3亿美元上升至1900年的8.17亿美元，1914年更增至近16亿美元②。

（三）成为世界第一工业强国

第二次工业革命极大地推动了美国工业的飞速发展，不仅表现在工业区域范围的扩大，而且表现在各主要工业部门的迅猛发展。在此基础之上，独立的工业体系得以建立起来，从而使美国实现了工业化。在工业化的实现过程中，美国的工业总产值一路飙升，在19世纪末终于超过英国，成为世界第一的工业强国。

在1860年之前，面粉加工业、棉纺织业、木材加工业、制鞋业等轻工业在美国占据绝对的主导地位。而内战以后，美国的重工业发展迅猛。生铁产量由1860年的84万吨增至1900年的1401万吨，1913年增至3146万吨；钢产量由1860年的1.2万吨增至1900年的1035万吨，1913年增

---

① 韩毅：《美国经济史（17～19世纪）》，社会科学文献出版社，2011，第438页。
② 〔美〕沙伊贝、瓦特、福克纳：《近百年美国经济史》，彭松建、熊必俊、周维译，中国社会科学出版社，1983，第105页。

至 3180 万吨；煤产量由 1860 年的 1820 万吨增至 1913 年的 5 亿多吨[1]。不容忽视的是，美国的轻工业在该时期也增长迅速，如纺织工业在此期间增长约 6 倍，但是与同时期的钢、铁以及煤相比则毫无优势，因为后者的产量增长几十倍。1880～1914 年，轻工业总产值增加了 3 倍左右，重工业总产值却增长 5 倍多。这种发展态势，使得美国工业结构发生转变。轻工业与重工业的比重由 1860 年的 2.4∶1，变为 1900 年的 1.2∶1[2]。

20 世纪初，美国终于建立起独立和完整的工业体系。从此以后，美国可以不依赖别的国家而实现工业体系的独立运转。美国的工业体系门类俱全、部门完整、能源供应独立、机械制造能力强，可生产出美国所需的所有主要工业品，并且，该体系还具备持续发展的潜能，以及迎接挑战和与外国展开竞争的能力[3]。

随着工业的飞速发展，以及独立工业体系的建立，美国实现了工业化，并超过英国，成为世界第一工业强国。1894 年，美国工业总产值达到 94.98 亿美元，是英国的 2 倍多，居世界首位。美国的工业增长率在 1870～1900 年平均为 7.1%，大大超过当时的世界平均水平。美国的钢、生铁、煤以及石油的产量也分别于 1890 年、1900 年、1913 年跃居世界首位[4]。不仅在量上达到世界首位，在质的方面，美国的工业生产技术上也超过世界其他工业国家。美国的电气、石油化工、橡胶、汽车制造等新兴工业位居世界第一，钢铁、机器制造等之前一直较落后的工业部门也发展迅猛，位居世界前列。

---

① 樊亢、宋则行：《外国经济史·近现代》第 2 册，人民出版社，1980，第 41 页。

② 韩毅：《美国工业现代化的历史进程（1607～1988）》，经济科学出版社，2007，第 106 页。

③ 余志森主编《美国通史（第 4 卷）：崛起和扩张的年代（1898－1929）》，人民出版社，2001，第 21 页。

④ 韩毅：《美国经济史（17～19 世纪）》，社会科学文献出版社，2011，第 443～444 页。

第二节　国家发展催生海洋边疆架构

美国的国家发展对海洋边疆架构的催生作用表现在既为海洋边疆架构的构建提供坚实的政治、经济以及地缘基础，更为其提供强劲的动力，二者有机结合，共同推动美国海洋边疆架构的构建。

一　国家发展是海洋边疆架构形成的基础和动力

（一）国家发展是美国海洋边疆架构形成的基础

1. 政治基础

国家政权的统一和稳固是美国海洋边疆架构构建的政治基础。在南北战争时期，美国处于分裂状态，疆域内出现了两个政权：一个是实行资本主义制度的北方政权，另一个是推行奴隶制度的南方政权。两个政权以战争的方式，对国家权力展开激烈的争夺。在此次内战中，人员伤亡惨重，资源耗费严重，经济也遭受严重破坏，给了美国这个新兴的资本主义国家一大重创。从边疆架构的视角来看，西部边疆被拖入战争的泥沼，陆地边疆架构的构建进程受阻，边疆地区遭受严重损失。在这种情况下，海洋边疆架构根本无法构建。

而南北战争之后，美国重获统一，这不仅有利于陆地边疆架构的构建，更为海洋边疆架构的构建奠定了坚实的政治基础。从政党的角度来看，自从林肯当选为美国第 19 届总统，一直到美国海洋边疆架构构建开始时威廉·麦金莱当选为第 29 届总统，在这整整 40 年内，在这 11 届总统当中，共和党占据 9 届，而民主党只占 2 届。因此，从南北战争开始一直到美国海洋边疆架构构建开始这段亟需政治稳定和政策延续的时间内，政党因素有利于美国的发展。长期由共和党执政，有利于政策的连续和稳定。而且，从 1884 年民主党的格罗弗·克里夫兰当选为美国总统开始，美国真正开启"两大党轮流执政的历史，这说明美国资产阶级两党制已正式形成"①。而资产阶级两党制反过来又有助于政权的稳固，民主党与共和党在随后的美国历史进程中，基于宪法的框架，围绕执政权展开激烈的竞争，但国家分裂再也未出现过。

海洋边疆架构的构建是一种向外开疆拓土的国家行为，其主体是国家，如果国家本身动荡不安甚至分裂，那么开拓海洋边疆就难以进行。因为整个国家陷入了权力争夺当中，甚至伴随惨烈的战争，绝大部分的资源都被用到权力争夺战中，导致国家存在严重内耗，实力必将严重受损。一旦外部力量趁火打劫，将会给国家造成巨大的危机。在这种情况下，维护国家统一和稳定是最重要而紧迫的任务，谈何外向性的海洋边疆开拓呢？因此，美国政权的统一和稳固，对于其海洋边疆架构的构建，起的是重要的基础性作用，它为美国海洋边疆架构的构建营造了良好的地缘政治环境，还使得国家凝聚力增强，以便能够集中精力发展经济，实行有利于国家利益拓展的外交政策和外向性的海疆战略。

2. 经济基础

海洋边疆架构的构建需要坚实的物质条件和经济基础，美国经济的飞速发展为其海洋边疆架构构建奠定了坚实的经济基础。一个国家如果缺乏必要的经济实力，而想将国家实力投射到他国领土或之前根本未从涉及的海洋，试图扩大势力范围，甚至打破既有的殖民秩序，抢夺其他帝国的殖民地或海外领地，这是极不现实且十分危险的。美国构建海洋边疆架构时，正是第二次工业革命进展如火如荼之时，也是自由资本主义向垄断资本主义过渡的时代，在这样的时代，工业实力的强弱至关重要，它代表的是一个国家的经济实力和战略投射能力。

19 世纪末，美国成为世界头号工业强国，这是美国海洋边疆架构构

---

① 陈其人、王邦佐、谭君久：《美国两党制剖析》，商务印书馆，1984，第 10～11 页。

建所需的最为坚实的经济基础。这种地位的获取离不开第二次工业革命。在第二次工业革命的推动下，美国逐步实现了工业化。从疆域范围来看，不仅工业基础扎实的新英格兰地区的工业获得飞速发展，连工业基础薄弱的中西部地区的工业也快速发展起来，甚至形成了五大湖区的重工业制造业带。此外，被迫放弃奴隶制度的南部，其工业也得以发展起来，并最终融入美国整个的工业发展格局中。从主要的工业部门来看，不仅传统的工业部门获得长足的发展，而且新的工业部门兴起并获得飞速的发展，比如石油工业、汽车制造业、化学工业等。最终，美国在实现工业化的同时，建立起独立的工业体系，工业的发展在量与质两个方面都走到世界前列。1894年，其工业总产值超过当时世界的霸主英国，美国的钢、生铁、煤以及石油产量也在19世纪末20世纪初纷纷跃居世界第一。不仅如此，美国的电气、石油化工、橡胶、汽车制造等新兴工业跃居世界第一，其钢铁、机器制造等之前较落后的工业部门也发展迅猛，位居世界前列。

　　除了工业发展迅猛以外，美国的农业也取得了长足的进步。伴随着西进运动的推进，美国的西部边疆逐渐得以开发，耕地面积空前扩大。同时，随着工业革命进程的推进，美国的农业机械技术水平提升很快，逐渐实现了农业机械化，农业商品化程度也不断加深，并使美国在原有农业发展架构的基础之上形成了地区专业化，如西部的小麦生产带、东北部的多种农作物经营地带、南部棉花种植地带以及中部的玉米生产地带等。而反过来，农作物地区专业化种植对劳动生产率以及农业商品化程度的提高起到巨大的助推作用，美国农业发展逐渐从粗放型走向资本密集型。

　　在海洋边疆架构构建之前，美国农业资本主义的飞速发展，农业生产力的显著提高，构成了美国经济快速发展的重要组成部分。农业的飞速发展对美国工业的发展起到巨大的推动作用，为美国工业发展提供了大量的生活和生产资料，也推动了美国统一市场的形成。而工业和农业快速可持续的发展，迅速提升了美国的经济实力，为美国从陆地走向海洋奠定了坚实的物质基础。

3. 地缘基础

自建国以来，美国通过西进运动以及陆地边疆架构的构建，获得了优良的地缘政治环境，这为美国海洋边疆架构的构建奠定了优越的地缘基础，表现在两个方面：一是地缘区位，二是地缘环境。

地缘区位指的是一个国家或区域在地球上的坐落、方位和远近距离[①]。任何国家要制定恰当的外交政策及地缘战略，都必须以地缘区位为基点。因为地缘区位"既可确定距离实力中心、冲突地区和交通的远近及通达性状况，又可以从直接毗连邻国的关系，确定与潜在敌人或朋友之间的形势。总之，它是标示一个国家在世界上的战略地位，是制定对外战略政策的出发点和影响国家安全的基本要素"[②]。就美国而言，它是西半球的北美国家，位于辽阔的北美大陆，东临大西洋，西至太平洋，北接北冰洋，南濒加勒比海，面积达 935 万平方公里，居全世界第四位。美国领土包括本土的 48 个州和海外的两个州，共 50 个州，此外还有一个哥伦比亚特区。美国本土幅员辽阔，东西长约 4500 公里，南北宽约 2700 公里（不包括阿拉斯加）。中部地区为大平原，东西两侧多为山地和高原，地势两边高而中间低。除此以外，美国河流、湖泊数量众多，矿产资源、森林以及水资源丰富，气候适宜，属温带和亚热带。海岸线漫长，长达 22680 公里，且多优良不冻港，既可作为商业运输，也可作为海军基地，进可攻，退可守，进退自如。

地缘环境是"一个国家在国际地缘关系中所处的外部安全状态"[③]。美国的地缘环境堪称绝佳。其本土东、西方向的两大洋将其与战事频发的欧亚大陆分隔开，避免其受战乱的影响。美国周边就加拿大和墨

[①] 尼古拉·查强、沈伟烈、蒲宁：《地缘战略与大国安全》，解放军出版社，2012，第 5 页。
[②] 尼古拉·查强、沈伟烈、蒲宁：《地缘战略与大国安全》，解放军出版社，2012，第 5 页。
[③] 沈伟烈：《地缘政治学概论》，国防大学出版社，2004，第 6 页。

西哥两个国家，都非强敌。美国良好的地缘环境，使其不需要庞大的军队来维护国家安全，有助于集中资源和精力谋求国家发展。美国本土除了在建国初期经历过独立战争以及之后的南北战争以外，就再没经过传统战争的破坏。在 20 世纪两次战况惨烈的世界大战当中，美国凭借优越的地缘环境以及恰当的地缘战略不仅保障本土未受到战争的创伤，而且大发战争财，增强了美国的实力，为之后成为世界霸主奠定了坚实的基础。

（二）国家发展的需要是美国海洋边疆架构形成的动力

伴随着资本主义世界由自由资本主义向垄断资本主义过渡，资本主义强国加大了争夺殖民地的强度，从 19 世纪 80 年代起，世界掀起了抢夺殖民地的新高潮，使得分割世界殖民地的斗争异常尖锐和激烈，以致列宁指出，世界分割完毕是 19 世纪末的特点，"所谓完毕，并不是说不可能重新分割了，——恰巧相反，重新分割是可能的，不可避免的——而是说在资本主义各国的殖民政策之下，我们这个行星上未被占据的土地都被霸占完了。世界是第一次被分割完了，所以将来只有重新分割，也就是从一个'主人'转归另一个'主人'，而不是从无主的变为'有主的'"①。

美国作为资本主义国家队伍中的后起之秀，当其经过独立战争后的建国、南北战争后的统一以及内战后的国家治理，尤其是随着西进运动以及陆地边疆架构的构建，其国家发展达到新的阶段和高度。当美国有实力角逐殖民地争夺时，世界早已被列强瓜分完毕。可美国的国家发展在陆地边疆架构构建完成之后，有了新的需要，需要回应美国的经济结构所发生的重大变化。19 世纪末，美国的经济发展迅猛，在第二次工业革命的推动

① 列宁：《帝国主义是资本主义的最高阶段》，《列宁选集》第 2 卷，人民出版社，1960，第 797 页。

下，美国的生产率飞速提高，生产力快速增强，工农业生产持续高涨，在快速的经济发展面前，其国内市场显得狭小，导致产能过剩，以至于有人认为"如果美国找不到海外市场供其工农业产品销售，那么，我们的剩余产品不久就会从大西洋沿岸向美国本土回涌，由此导致美国经济繁荣的车轮由于太多财富的负担而停滞不前"①。除了商品输出问题，美国还面临资本输出问题，以及需要更多的位于本土之外的生产资料来源地。美国的发展需要获取海外殖民地，因为那里发展程度低、资本缺乏、发展需求旺盛，且其地价和人工成本低、原材料丰富且便宜，适合美国的资本输出、商品输出以及原材料获取。

　　美国的国家发展需要海外扩张，以开启构建海洋边疆架构的进程。此时美国的发展成就与其在世界市场上的地位极不相称。在 1894 年，美国的工业产值就超过英国，居世界第一位，占世界工业总产值近三成，而它的世界贸易则只名列英国、德国之后，排第三位。除此以外，在反映资本输出的对外投资方面，更是被英国、法国、德国等远远甩在后面②。经济实力与其在全球市场上的地位不相称的局面，刺激了美国决策者，这构成了当时美国对外政策的一个基本出发点。将其放置全球视野当中，海外扩张更显迫切。如列宁所说，地球上"未被占据的土地都被霸占完了"，而后起的德国、日本发展迅猛，实力大增，正迫切想加入殖民地争夺战中，世界格局面临重新洗牌的可能。如此严峻的局势摆在美国面前，加之美国垄断资本主义的发展对商品销售市场、资本投资市场、原材料产地的迫切需要，以及 1893 年发生严重的经济危机，综合构成了美国海外扩张的动力。

---

①　Charles S. Campbell, Jr., *The Transformation of American Foreign Relations*, 1865 – 1990, New York：Harper & Row, 1976, p. 85.

②　〔德〕库钦斯基：《资本主义世界经济史研究》，陈东旭译，三联书店，1955，第 93 页。

二　海洋边疆架构的历史建构

（一）"新天定命运说"和马汉的"海权论"

1. "新天定命运说"

"天定命运说"是一种为美国的扩张行为辩护和造势的学说和意识形态。它认为美国在北美大陆的扩张是在顺应上帝所赋予的神圣使命。19世纪上半叶，这种学说"主要反映了美国种植园主的扩张要求"：除了向美国西部拓展以外，还向邻近的国家和地区扩展[①]。南北战争以后，奴隶制度被废除，"天定命运说"也随之沉寂下去。

伴随着美国垄断资本主义的形成与发展，到了19世纪八九十年代，"天定命运说"又甚嚣尘上。为了区别于"天定命运说"，人们用"新天定命运说"来指称。它"主要反映了美国工商企业家的扩张要求"[②]：除了向毗邻美国的国家和地区扩张，还致力于向海外扩张，从而抢夺更多的海外领地和势力范围。"新天定命运说"之"新"主要体现在两个方面：一个是以种族优越论为依据。种族优越论是伴随着社会达尔文主义的兴盛而产生的。美国部分学者以社会达尔文主义的物竞天择、优胜劣汰、适者生存等为依据，来证明盎格鲁—撒克逊民族优于其他民族，这个民族注定要肩负起"文明的传播者"这一神圣使命。同时，美国盛行传教活动。美国传教士在种族优越论的影响下，走出国门，将传教活动与经济扩张结合起来，在传教中开拓市场，在开拓市场中传播福音。他们将美国人美化成上帝的选民，强调美国人是上帝精心挑选出来的，因此有责任来领导其他落后的种族。这也是"新天定命运说"的核心所在。另一个"新"主

[①]　丁则民主编《美国通史（第3卷）：美国内战与镀金时代（1861－19世纪末）》，人民出版社，2002，第336页。

[②]　丁则民主编《美国通史（第3卷）：美国内战与镀金时代（1861－19世纪末）》，人民出版社，2002，第337页。

要借助了地缘政治学。当时的扩张主义者极力渲染地缘政治，认为美国必将控制亚洲，并成为世界文明的中心。如美国的历史学家亨利·亚当斯（Herry Adams）就极力主张，俄国和日本是美国在争夺亚洲的角逐中必须面对的两个实力强劲且危险的对手，因此，美国必须利用好俄国和日本之间的矛盾。为论证美国是世界文明的中心，他还以西方历史为例，"世界文明的一些中心，都是随着经济财富和边疆提供的机会环绕地球向西伸展，并且这条伸展路线是显而易见的：从地中海沿岸地区通过西欧到大不列颠，然后横越大西洋到北美大陆。"①

2. 马汉的"海权论"

美国海洋主义的萌芽发生在 19 世纪 40 年代末 50 年代初，代表性人物包括从事太平洋勘测和探险的查尔斯·威尔克斯，主张建立海洋帝国的海军上尉马修·方丹·莫里，以及提出将美国打造成"太平洋商业帝国"的威廉·西沃德等。但是，真正开启美国海洋边疆理论构建的是美国的海军史学家阿尔弗雷德·塞耶·马汉（Alfred Thayer Mahan，以下简称马汉）。

马汉被公认为"海权论"的开山鼻祖，是"海权理论之父"。1840年 9 月 27 日，马汉出生于美国纽约，其父亲是西点军校的教授。1859年，马汉从安纳波利斯海军学校毕业，随即就在"国会"号护卫舰上开始其职业生涯。南北战争爆发后，他参加了北方联邦海军。1862 年，被召回海军学院任教。1864～1866 年，分别在三艘舰艇上任副舰长。1875年，被调至波士顿海军造船厂任职。1877 年又被调至母校安纳波利斯海军学校担任军械和射击系主任。1886 年回到海军学院教授海权理论和海军史。在 1886～1889 年以及 1892～1893 年曾两度担任海军学院院长一

---

① 丁则民：《"边疆学说"与美国外交扩张政策》，《美国历史论文集》，三联书店，1980，第508～509 页。

职。1902 年当选美国历史学会主席，四年后，晋升为海军少将。1914 年，马汉病逝。他一生和海洋息息相关，不论是求学，还是职业生涯，不管是从军，还是教书，都和海洋结下了不解之缘。

马汉最重要的成就是提出"海权论"。组成马汉"海权论"的学术著作共有三部：《海权对历史的影响（1660～1783 年）》［*The Influence of Sea Power Upon History*，（*1660 – 1783*）］、《海权对法国大革命和帝国的影响（1793 ～ 1812 年）》［*The Influence of Sea Power Upon the French Revolution and Empire*（*1793 – 1812*）］以及《海权与 1812 年战争的关系》（*Sea Power and Its Relations to the War of 1812*）。其中，1890 年问世的《海权对历史的影响（1660～1783 年）》最为著名。马汉的"海权论"将海洋的作用提升到前所未有的高度。他认为，海洋之所以重要，是因为作为可以通向四面八方的公有地，海洋存在可以充分利用的海上航线。与陆路相比，尽管充满各种危险，但无论是旅行还是运输，海洋更安全、便捷、快速以及便宜。① 就此而言，马汉的"海权论"的立论基础是海洋强大的交通作用。通过对欧洲海战的研究，他认为在欧洲政治家心目中，正稳步地、明显地且不可阻挡地建立起一种注定利己、以侵略为目的的权力，即海权②。而影响海权建立的因素主要包括地理位置、自然结构、领土范围、人口数量、民族特点及政府的特点等六个方面。③ 马汉还从产品生产、海运以及殖民地这三个环节寻找到海洋国家创造历史的关键所在。产品生产，其目的在于交换，而海运能够保证交换的实现，殖民地则可以保护、促进和扩大海运活动。因为海外贸易能够给国家带来巨额财富，因

---

① Alfred T. Mahan，*The Influence of Sea Power upon History*，*1660 – 1783*，Boston：Little，Brown and Company，1898，p. 25.

② Alfred T. Mahan，*The Influence of Sea Power upon History*，*1660 – 1783*，Boston：Little，Brown and Company，1898，p. 63.

③ Alfred T. Mahan，*The Influence of Sea Power upon History*，*1660 – 1783*，Boston：Little，Brown and Company，1898，pp. 25 – 89.

此，海洋国家纷纷制定战略来抢占殖民地，在海外获取更多立足之地，为本国的货物找到新销路，为本国的舰船获取新的活动场所，为本国民众谋取更多就业，使本国更为繁荣昌盛①。

马汉以英国为例，详细阐述了建立强大海权的两大前提：一是建立广泛、健康、充满活力的对外贸易体系，二是建立强大的海军②。此外，马汉通过研究还得出，海上战役总是由平时和战时都保有主力舰的一方取得胜利，因此即使在和平时期也应该拥有一支战舰。除了集中且强劲的进攻性海军的建立和保持以外，要实现海权，还得制定和执行正确的海军战略。"在战略上集中优势击败敌人的主要舰队"这一原则永久适用，它对于国家在一些决定性的战役中集中兵力击败实力相对弱小的敌人起到指导作用③。另一个海军战略的重要原则是"战舰的进攻性部署"，主要强调主动控制海洋的重要性。

马汉通过大量的海战历史研究所提出的"海权论"，并非纯粹为了学术，而是想从历史经验中提炼出可以吸引公众注意并能够指导美国政策走向的理论。在出版《海权对历史的影响（1660～1783年）》的时候，他对出版商说："我特意使用'海权'这个概念，而不是'海洋的'这个形容词，是因为后者太轻描淡写，引不起公众的注意力，而我希望能够吸引人们的注意力，并且能够得以广泛流传。"④ 在和好朋友亨利·洛奇交流时他也说过："我的目的就是想用过去的经验来影响将来的观念和政策的

① Alfred T. Mahan, *The Influence of Sea Power upon History*, *1660－1783*, Boston: Little, Brown and Company, 1898, p. 28.
② Alfred T. Mahan, *The Influence of Sea Power upon History*, *1660－1783*, Boston: Little, Brown and Company, 1898, p. 539.
③ Alfred T. Mahan, *Sea Power and Its Relations to the War of 1812*, Boston: Little, Brown and Company, 1905, p. 313.
④ Robert Seager, Alfred Thayer. Mahan: *The Man and His Letters*, Annapolis: Naval Institute Press, 1977, p. 204.

走向。"①

马汉认为美国拥有实现海权的良好条件：地理位置优越，可以直接通向海洋；海岸线漫长，且多优良的深水港，河流众多且流经肥沃的农耕地带；人员在沿海地区的分布适当；足够多的人力从事航海和开发海洋资源；民族禀赋中的从商才能；美国的政治结构适宜制定良策。② 他还强调，美国的海军不能只强调防御，还必须具备主动进攻的实力，能够在任何地方保护美国的商业利益。为了实现海权，成为海军强国，美国还必须在海外建立战略基地，必须在具有战略性意义的要道上建立据点，抢夺殖民地，比如马汉特别强调占据夏威夷的珍珠港、萨摩亚的帕果帕果，以及开凿巴拿马运河对于美国发展的重要性。1890 年，他在《美国向外看》（*The United States Looking Outward*）这本著作中就强调，巴拿马运河即将建成，这将会吸引欧洲列强的注意力至加勒比海，不仅会招致英国或德国等欧洲强国将战舰驶入美国东海岸，并且他们会在加勒比地区寻找合适的基地，如此这般，美国的西海岸便容易遭到侵犯③。

马汉的"海权论"一问世便风靡全球，对美国的政界、军界以及舆论界产生了深远的影响。马汉的好友，后来成为美国第 26 任总统的西奥多·罗斯福就高度赞扬马汉的著作，称"它是我所知道的这类著作中讲的最透彻、最有教益的大作"，"它是一本非常好的书，妙极了，如果它不成为一部海军圣典，那将是我的极大错误"，并在刊物上专门发表评论文章，赞扬马汉的著作，"马汉上校清晰地写出了一部有关海军历史最好

---

① Robert Seager, Alfred Thayer. Mahan: *The Man and His Letters*, Annapolis: Naval Institute Press, 1977, p. 209.

② Alfred T. Mahan, "The United States Looking Outward", *The Interest of America in Sea Power—Present and Future*, Boston: Little, Brown and Company, 1898, p. 13.

③ Alfred T. Mahan, "The United States Looking Outward", *The Interest of America in Sea Power—Present and Future*, Boston: Little, Brown and Company, 1898, p. 13.

的、最重要的尤其是最有趣的著作"。军界的许多海军军官也纷纷给予高度评价，尤其是之前公开反对海军军事学院成立的邦斯，他读了马汉的著作后也对马汉说："你是我们国家第一流的海军战略家。"在舆论界，美国的《芝加哥时报》如此评论马汉的"海权论"："令人吃惊地发现，在整个历史上，控制海洋是一个决定国家的领导地位和繁荣的主要因素，同时也常常是决定一个国家存亡的主要因素。"[①]

（二）世界眼光与干涉主义

"新天定命运说"以及马汉的"海权论"受到追捧，一方面体现了美国的世界眼光，另一方面反映了美国国内反孤立主义的盛行，在孤立主义与干涉主义之争中，干涉主义逐渐占据上风，不仅影响了美国外交政策的制定和实行，更对美国海洋边疆架构的构建产生了积极的影响。

马汉通过提出"海上实力论"，一马当先地发动了一场反对孤立主义的宣传运动。在强调建立"大海军"重要性的同时，马汉断言："没有一个国家，肯定地说，没有一个大国今后应当保持孤立政策"，面对列强在世界范围内的争夺，美国必须准备保卫它在全世界的商业利益[②]。

1893 年，一位美国参议员说："在我们还是一个新生的国家时，孤立主义的政策很有益处，但是今天情况不同了，我们已有 6500 万人口，是世界上最先进和最强大的国家。为了我们未来的利益，应该放弃孤立主义。"[③] 麦金莱总统在演讲中宣布："孤立主义已经不再是可行的和合乎希望的了。"[④]

西奥多·罗斯福则一再表示，希望美国人能够有"远大眼光"，担负

---

① 陈舟、邓碧波：《马汉》，云南教育出版社，2009，第 35～36 页。
② Foster R. Dulles, *America's Rise to World Power* (1898 -1954), New York, 1955, p. 27 - 33.
③ Robert L. Beisner, *From the Old Diplomacy to the New* (1865 -1900), Illinois, 1986, p. 7 - 8.
④ Cecil V. Crabb Jr, *Policy Makers and Critics: Conflicting Theories of American Foreign Policy*, New York, 1976, p. 25.

起"领导世界"的责任。与此同时,威廉·塔夫特、伍德罗·威尔逊、亨利·C.洛奇、从事太平洋勘测和探险的查尔斯·威尔克斯、主张建立海洋帝国的海军上尉马修·方丹·莫里、提出将美国打造成"太平洋商业帝国"的威廉·西沃德以及当时政界的大多数精英人物,基本上都反对孤立主义。在美国舆论中,各种反孤立主义的思想主张往往都被冠以"国际主义"、"全球主义"或"世界主义"等名号。在这场反对孤立主义的宣传运动中,布鲁克斯·亚当斯、安德鲁·卡内基等学界和企业界精英也积极参与其中,其中布鲁克斯·亚当斯就极力主张,俄国和日本是美国危险的对手,因此,美国必须利用好俄国和日本之间的矛盾。这些都表明,尽管对美国外交看法各异,但放弃孤立主义传统,转而谋求世界范围的扩张和美国的"世界领袖"地位,已经成为世纪之交美国精英们的共识。

(三)增强海上力量

1. 升级海军军备

南北战争时期,出于战争的需要,美国掀起过海军建设高潮。但战争一结束,海军便受到很大影响,舰船从战时的大约 700 艘减至不足 200 艘,大炮由 5000 门减至 1200 门,而且,这 200 艘舰船绝大多数都不适合执勤,只剩几十艘还在服役[1]。一个事件能够反映美国当时海军的弱小。1873 年,美国与西班牙在弗吉尼厄斯发生冲突,差一点酿成海战。当时美国集结在海岸线上的舰队处于一种"可笑的……状态——'两艘现代战舰不需 30 分钟就可打败我们',在整个冲突过程中我们都被可怕地扼制住了",当时的海军少将回顾道[2]。美国的海军上将戴维·狄克逊·波

---

[1] 〔美〕罗伯特·卡根:《危险的国家:美国从起源到 20 世纪初的世界地位(下)》,袁胜育、郭学堂、葛腾飞译,社会科学文献出版社,2011,第 447 页。

[2] Ivan Musicant, *Empire by Default: The Spanish – American War and the Dawn of the American Century*, New York: Holt, 1998, p. 13.

特也说，"在舰只和炮火方面，全世界没有一支海军不领先于我们"。马汉也惊呼，"在一场与任何海上强国的战争中，我们在海上只能保持不到 6 艘舰只"。① 海军本身的弱小加上同西班牙的冲突，刺激了海军军官们，他们纷纷开展游说活动，力图推动海军建设，但收效甚微。直到 1883 年才开启内战后建造新战舰的进程，亚特兰大号、波士顿号、芝加哥号 3 艘防护巡洋舰以及一艘海豚号通信船被授权建造。1873 年，法国就生产出战列舰，而美国直到 1886 年，才被批准建造战列舰——得克萨斯号和缅因号。

美国真正生产出可媲美全球海军强国的战列舰是在 1890 年。美国国会首次批准建造 3 艘一级战列舰——印第安纳号、俄勒冈号、马萨诸塞号。为追赶欧洲主流海军配置，1891 年又开始生产自动发射水雷装置，自此以后的十年，生产出 35 艘鱼雷艇②。1892 年，希拉里·赫伯特担任海军部长，他是马汉的忠实拥趸，他彻底放弃了美国海军的传统防御战略，开始重组海军部，使"主战派"得势。此后，美国开始大量建造战列舰。1893 年，更大型的爱荷华号问世。随后，重型装甲巡洋舰布鲁克林号，以及一艘实验性潜艇和多艘防御鱼雷舰也面世。1896 年，两艘战列舰肯塔基号和奇尔沙奇号、6 艘鱼雷艇和 8 艘辅助舰只、3 艘火力更猛且装备不同炮群的战舰被授权制造。截至美西战争，美国海军装备升级换代成效显著，虽说美国的舰队离世界最强海军还有很大差距，但的确为美西战争的胜利奠定了坚实的基础。

在美西战争中以及战争胜利之后，美国海军部更加快了战列舰建造，使其从 1890 年的 2 艘急剧上升至 1914 年的 39 艘，单艘战列舰制造费用由 1890 年的 318 万美元激增至 1914 年的 1400 万美元，年度海军军费总

---

①　〔美〕罗伯特·卡根：《危险的国家：美国从起源到 20 世纪初的世界地位（下）》，袁胜育、郭学堂、葛腾飞译，社会科学文献出版社，2011，第 447 页。

②　刘娟：《美国海权战略的演进》，社会科学文献出版社，2014，第 19 页。

额也由 1890 年的 2200 万美元升至 1914 年的 1.39 亿美元，海军军费占联
邦财政支出由 1890 年的 7% 升至 1914 年的 19%，因此，美国海军的世界
排名上升很快，1889 年排第 12 名，美西战争之后排第 5 名，1900 年又升
为第 4 名，1906 年排第 3 名，1907 年仅排在英国后面[①]。

　2. 以新技术装备海军

　首先是火炮攻击力的提升。火炮攻击力是衡量一艘战舰战斗力的重要
部分。19 世纪末，氮和纤维素混合而成的弹药代替了黑火药，射程更远、
射速更快，杀伤力更大。20 世纪初，穿甲弹被发明出来，解决了同时携
带大量烈性炸药难的问题。不久，统一口径炮组得以广泛使用，加上其他
军械技术的引进和发明，美国海军的攻击火力大为提升，海军的射程从之
前的 2000 码提升到 5000 码有余。

　其次是舰船技术的革新，这包括舰船推进系统技术和舰体设计的革
新。舰船的动力靠蒸汽机，而蒸汽机的燃料以前是煤炭，蒸汽动力不足，
迫使美国进行技术创新使用汽油来代替。此外，大力推广蒸汽涡轮机物理
推动装置，经过技术革新生产出来的战舰被称为美国海军战舰的"轻骑
兵"[②]。美国舰体设计的提升包含三个方面：一是用合金钢板代替普通化
合钢板；二是解决了舰船装甲带厚度不够的问题，在纽波特由罗斯福专门
召开的会议上通过决议，水线带以上的装甲带增厚 6 英寸，水下部分增厚
1 英尺[③]；三是解决了干舷过低问题，采取干舷高于水面 35 英尺的方案加
以解决[④]。

---

①　刘娟：《美国海权战略的演进》，社会科学文献出版社，2014，第 23 页。

②　Gordon Carpenter O'Gara, *Theodore Roosevelt and the Rise of the Modern Navy*, Princeton：Princeton University Press，1942，p. 49.

③　Gordon Carpenter O'Gara, *Theodore Roosevelt and the Rise of the Modern Navy*, Princeton：Princeton University Press，1942，p. 50.

④　Gordon Carpenter O'Gara, *Theodore Roosevelt and the Rise of the Modern Navy*, Princeton：Princeton University Press，1942，p. 53.

现代海军离不开飞机和潜艇。美西战争之前，罗斯福就开始重视飞行器的研究。1903年，怀特兄弟的成功试飞是飞行器发展历史进程的里程碑，由于飞行时间和距离短，很多人感到失望，认为"这个脆弱且不可靠的东西无益于海军的发展"[1]，但是，罗斯福却满怀信心。乔治·杜威将军也非常重视飞行器的研究，他成功说服海军部长指派研究人员负责飞行器的研发。截至1914年，美国海军部终于拥有8架飞机，13名飞行员。

潜艇的发展相对快很多。对美国潜艇事业做出重大贡献的约翰·霍兰，在1893年的潜艇设计大赛中夺魁，并于1898年建成"霍兰6"型号潜艇，两年后被正式纳入美国海军。截至第一次世界大战，美国的潜艇达34艘，成为全球第四大潜艇国家[2]。

最后是望远设备和无线电设备的革新。仅凭炮手的肉眼，枪炮的射击精准度十分有限。布莱德利·菲斯克上尉积极引进望远镜，增加了炮手的射程和精准度，减少了无组织混战的可能性。而从德国引进的20个无线电设备，有助于恶劣天气的预报以及其他信号的传输，很快就被大西洋舰队和海军基地使用[3]。

3. 革新管理体制

在马汉的"海权论"问世之前，美国海军部是一个管理松散、效率低下、备受冷落的部门，而之后，美国海军部积极革新管理体制。1892年，为了解决各部门职责不清、协调困难的问题，常务委员会成立，其由各部门的高级官员组成，有益于美国海军新舰船在设计阶段的讨论。美西战争期间，为有效指挥战争，包括马汉在内的三人海军战争委员会成立。它便于战争的指挥，为战胜西班牙舰队作出了重要贡献。1900年的海军

---

① Robert L. Iawson, *The History of Naval Air Power*, New York：Crown, 1985, p. 10.

② 刘娟：《美国海权战略的演进》，社会科学文献出版社，2014，第27～28页。

③ *Annual Report of the Secretary of the Navy for 1903*, p. 21.

综合委员会，以及 1903 年的陆海军联合委员会的成立，促进了陆、海军种之间的协同与合作。

　　1907 年，纽波利出任海军部长。他一上台就迅速变革管理体制：增加 1900 年成立的海军综合委员会当中各分局的代表名额；将海军装备局以及造船船坞局废掉；在海军综合委员会的引导下，将其他各局的工作人员进行分流；各局在制造局的引导下重新组合起来。同时，罗斯福组建了一个专门研究海军机构改革的特别委员会——穆迪委员会，由马汉、戴顿以及前海军部长穆迪组成。1910 年，新海军部长梅耶进行机构重组和优化，将海军部分成四大部门，特别设立海军部长助理来协调四大部门。在实践的过程当中，海军部长助理这一职位对于海军部的合理调度和组织发挥了积极的作用①。

4. 提升海军队伍

　　美国海军队伍的提升包括人数和素质两个方面。19 世纪 80 年代，美国海军编制不足，人员大龄化、晋升不合理等问题突出。因此，为了扩充海军队伍，美国增设募兵站，加大宣传力度，着重宣传海军良好形象，描绘海军发展的美好前景，挖掘和颂扬优秀事迹，并提高官兵待遇，从而吸引了更多民众加入海军。为增加海军军官数量，海军部扩大了招生规模，变革了晋升体制，大力提拔高级士兵成少尉。1898 年，国会批准了海军部有关增加指挥官和工程兵数量的计划：增加 99 名指挥官和 100 名机械师，并将其合并；海军学院的学制由 6 年变为 4 年，并保证海军军官的晋升渠道畅通、合理；提高新增海军军官的待遇，使其与旧的海军陆战队或者陆军军官的待遇同等次；在未来的 4 年，逐渐增加海军军官数量②。这些变革和举措，极大程度地增强人们参加海军的积极性，扩大了海军

---

①　*Annual Report of the Secretary of the Navy for* 1910，p. 6.

②　*Annual Report of the Secretary of the Navy for* 1898，p. 54.

队伍。

为了提高海军素质，美国采取各种措施，推行改革。一是加强相关技术学校的建设；二是直接将电力运用技术的专家纳入海军部；三是通过激烈选拔，派出海军部中有才华的军事学校毕业生到英国最好的舰船学校留学，学习舰船设计；四是通过法案来增加舰船建造部门高级军官的数量；五是扩建海军学院，改善海军课程，从而推动了海军学院的飞速发展。

通过各种措施，海军部官兵的人数显著增加，人员素质包括技术素养和战略战术素养有了大幅提升，使得整个海军队伍的战斗力得到快速提升。截至 1914 年，美国海军部服役的海军士兵数量增至 51500 人，其中军官 3635 人，另外还拥有海军陆战士兵 9921 人[1]，可谓成效显著。

（四）赢得美西战争

美西战争是美国由大陆扩张向海外扩张所发动的第一场帝国主义战争，某种程度上是对马汉"海权论"的实践，标志着美国转变了孤立主义观念，进而将国家力量投射到海外以抢夺海洋边疆，在美国的国家发展以及边疆拓展史上具有至关重要的作用。

1. 战争背景

美西战争发生于 1898 年，正值 19 世纪末自由资本主义向垄断资本主义过渡的历史时期，也是资本主义世界进入帝国主义阶段的历史时期。在这个节点上，各资本主义列强纷纷展开殖民地和势力范围的激烈争夺，如列宁所说，世界分割完毕是 19 世纪末的特点，整个世界已经被各列强瓜分完毕，后起的资本主义强国如果要夺取殖民地，拓展边疆，只有战胜老牌的殖民帝国，从而使得资本主义世界的国际秩序重新洗牌。

经过南北战争以后长期的发展，美国工业实力日益雄厚，在"新天定命运说"和马汉"海权论"的影响下，美国军事实力快速提升，尤其

---

[1]　*Annual Report of the Secretary of the Navy for* 1913，p. 5.

是海军实力的增强，刺激了美国的野心。同时，美国的资本主义发展到垄断资本主义阶段，为了在海外抢夺原料产地、倾销国内商品、扩大资本输出、谋求高额利润，美国扩张的动机日益强烈。

古巴位于美国附近，是通向拉丁美洲的战略要地，属于西班牙的殖民地。在美西战争之前，美国同古巴就开展过长期贸易，早就对古巴垂涎三尺，但碍于实力欠缺，只得采取贸易渗透的方式。截至美西战争前，号称"世界糖罐"的古巴的糖几乎全部销往美国。美国资本家还垄断了古巴的采矿业，仅1898年，美国在古巴得到的铁矿石就达40万吨。经过长时间的贸易发展，到1890年两国之间的贸易总额达6700万美元，1893年更增至1.03亿美元。1890年美国出口古巴的货物占美国出口拉丁美洲总量的20%，进口古巴的货物占美国进口拉丁美洲总量的31%[1]。由此可见，美国在古巴的经济利益不小，不仅如此，如果占领古巴，美国就能以此为战略基地，从而实现控制加勒比海区域的野心。除了经济利益、帝国扩张和地缘政治考量以外，发动美西战争还有助于缓和国内矛盾。在美西战争前夕，美国掀起了工人运动及农民运动的高潮，一旦发动美西战争，就能转移民众的注意力。

就国际形势来看，对美国也有利。在整个资本主义强国阵营中，美国与沙俄、英国关系友好。英国希望拉拢美国以牵制法国和德国，因此它是支持美国的。而法国和德国虽说是美国强大的竞争对手，但是这二者都不愿意在军事上与实力强大且地缘优势明显的美国为敌。列强之间既竞争又勾结的复杂局面，给美国在自己家门口发动对西班牙的战争提供了良好的战略环境。关键是西班牙在古巴的残酷统治，给了美国发动战争的口实。

---

① 黄绍湘：《美国通史简编》，人民出版社，1979，第354页。

2. 战争进程

西班牙在古巴的残暴统治，激起了古巴人民的反抗。1868～1878 年长达 10 年的反抗被西班牙镇压下来。1885 年，古巴人民又掀起了反抗斗争的高潮，但还是被西班牙镇压下来，并实行了较之前更残酷的集中营政策，此举激怒了美国民众。加之 1894 年《威尔逊—戈尔曼关税法》实行高额关税，阻止古巴向美国出口，既损害了古巴的蔗糖经济，又使在古巴有经济利益的美国资本家的利益受到严重损害，于是，他们纷纷起来谴责西班牙的暴行，麦金莱政府利用这种局面，于 1898 年 1 月 25 日，以护侨为借口将缅因号战舰开进了哈瓦那。

美西战争的导火索是秘密信事件和缅因号爆炸事件。古巴特工不知从什么渠道得到一封信，是当时西班牙驻华盛顿大使写的，在信中，这位大使对时任美国总统麦金莱出言不逊，说他是"一个软弱的取媚于人民的人，他又是一个狡狯的政客，一方面和共和党的好战者保持良好关系，另一方面却把后门开着"[1]。加上舆论的推波助澜，此事件激起了公愤。一波未平，一波又起。停靠在哈瓦那的缅因号战舰突然爆炸，美军死亡了260 多人。许多美国人认为是西班牙炸沉了缅因号，海军调查法庭也匆忙判断事件的原因是受水雷的外部袭击，而后来证据表明，其实是船上某个机房偶然起火所致[2]。这两个事件成了美西战争的导火索，美国国会一致通过大数额的军备拨款，1898 年 4 月 25 日，美国向西班牙正式宣战。

美国对西班牙的战争准备是充分的。早在 19 世纪 90 年代中期，海军就开展相关研究，有针对性地制定了对西班牙的战争计划。1896 年，威廉·金布尔完成了一份名为《与西班牙的战争》的文件。美国还设计了最初的战略考量——海战在此次战争中占主导，陆军起辅助作用，国会同

---

① 黄绍湘：《美国通史简编》，人民出版社，1979，第 356 页。

② 〔美〕艾伦·布林克利：《美国史（1492～1997）》，邵旭东译，海南出版社，2009，第585 页。

意拨款 5000 万美元，海军得六成。海军应摧毁西班牙的海军分舰队和商船队，并且炮轰或封锁西班牙的城市和殖民地。款项一到，海军部就积极筹备战争事宜，组建"海军战争委员会"，排兵布阵，加强弹药、燃料的储备以及士兵的训练和动员工作。俄勒冈号战列舰被命令赶赴加勒比海，代理海军部长西奥多·罗斯福命令驻扎在香港的美国亚洲中队的海军准将乔治·杜威："上足了煤，在向西班牙宣战时，你的任务就是要监视西班牙舰队不离开亚洲海岸，然后在菲律宾群岛展开攻击。"①

1898 年 4 月 24 日，麦金莱总统批准进攻菲律宾的马尼拉，万事俱备的杜威马上出发，于 5 月 1 日拂晓前驶入马尼拉湾，并发动突然袭击，才经过几个小时，就摧毁了西班牙的亚洲舰队。这场海战如此迅速地以美军大胜而结束，且"美国只死了一个人"②，有其必然性。美国海军经过持续建设，战舰的战斗力远超西班牙年久失修的旧式舰船，且当时西班牙国内政局一片混乱，西班牙许多"军政要人都持悲观态度，因为他们知道获胜的可能性实在是微乎其微"③，西班牙在军事上和心理上都没有为战争做好充分的准备。这次战役虽然胜利了，但最终占领菲律宾的马尼拉是在 8 月 13 日。麦金莱总统又派遣了大量的支援力量，并在菲律宾的阿吉纳尔多所率领的非正规军帮助下，结束了在菲律宾的战斗。

在古巴所在的加勒比地区，战争进展得相对较慢。西班牙的帕斯夸尔·塞维拉海军上将率领西班牙舰队巡弋在加勒比海。为了能让陆军部队顺利登岸，美军必须先确定西班牙舰队的位置。5 月 29 日，美军在古巴东部的圣地亚哥港发现了西班牙舰队。6 月 1 日，美国的威廉·T. 桑普森

---

① 〔美〕詹姆斯·柯比·马丁：《美国史（下）》，范道丰等译，商务印书馆，2012，第 872 页。

② 〔美〕詹姆斯·柯比·马丁：《美国史（下）》，范道丰等译，商务印书馆，2012，第 872 页。

③ 〔美〕阿伦·米利特、彼得·马斯洛斯金：《美国军事史》，军事科学院外国军事研究所译，军事科学出版社，1989，第 274 页。

海军少将率领其海军分舰队和"飞行中队"一起将圣地亚哥港牢牢封锁，由于西班牙在海港的入口设置了堡垒，并用两排电动水雷封锁着航道，美军也不敢贸然前进。6 月 22 日，由威廉·沙夫特率领的陆军从代基里登陆，并向市区推进。7 月 1 日，西班牙在陆上的防线被冲破。驻扎在圣地亚哥港的西班牙军队缺少后勤补给，于是塞维拉上将按捺不住，希望冲破美国海军的封锁，便于 7 月 3 日率领海军驶出港口，试图往西逃走。美国海军见此良机，穷追不舍，四个小时以内就结束了这次海战。

8 月 12 日，西班牙最终向美国投降。这场战争持续时间不长，从 4 月 25 日至 8 月 12 日，两个国家分别在太平洋和大西洋展开战斗。美国驻英大使约翰·海称这次战争为"一场辉煌的小战争"，但是其对美国所产生的影响却不小①。

（五）开拓海洋边疆

美西战争对美国最直接的影响是开拓了美国的海洋边疆。菲律宾、波多黎各、关岛在战争胜利后纷纷被西班牙割让给美国，古巴获得了独立，但实际上也处于美国的控制当中。此外，美国还通过各种方式拓展海洋边疆，将夏威夷、中途岛、威克岛、萨摩亚、科恩群岛、维尔京群岛等岛屿纳入美国版图，还开凿巴拿马运河，强行占领海地、多米尼加以及尼加拉瓜。

1. 菲律宾

菲律宾位于亚洲的东南角，北边是巴士海峡，海峡的北边又连着中国台湾，同时，菲律宾的南部及西南部与苏拉威西海、巴拉巴克海峡、印度尼西亚、马来西亚相望，东边是浩瀚无边的太平洋，使得菲律宾具有重要的战略意义，对急于向远东扩张的美国来说，菲律宾就是一块大肥肉。一旦占领菲律宾，将其作为远东地区的立足点，不仅有助于保持美国在远东

---

① 〔美〕詹姆斯·柯比·马丁：《美国史（下）》，范道丰等译，商务印书馆，2012，第 875 页。

地区的影响力，而且有利于资本市场、商品市场以及原材料产地的开拓。

美国侵占菲律宾并不容易，与美西战争相比，耗费了更多的物力财力，牺牲了更多的生命。美国利用菲律宾人民的武装力量，打败了西班牙，取得了美西战争中太平洋战场的胜利，推翻了西班牙残暴的殖民统治，但胜利以后，美国窃取了全部的胜利果实，且试图取得整个菲律宾的主权。以阿奎纳多为首的菲律宾起义军于 1899 年 1 月 23 日成立菲律宾共和国，阿奎纳多当选为总统。随后，马尼拉爆发反美起义，遭到美国军队的血腥镇压。紧接着，美军继续向北推进，镇压菲律宾起义军，由此卷入了与菲律宾人民的缠斗当中。1900 年 11 月，菲律宾人民从正规战转入游击战，并在萨马岛重创美军，却遭到了美军残忍的报复，大批无辜的菲律宾平民被杀，阿奎纳多也被俘，但是菲律宾人民的反抗斗争并未停止，一直持续到 1906 年。美国虽然最后依靠强大的军事实力占领了菲律宾，但面对英勇的菲律宾人民的反抗，也付出了巨大的代价，造成美军 4000 人丧生，菲律宾军队牺牲 1 万~2 万人，约有 20 万平民死于疾病和饥馑[1]。

2. 波多黎各

波多黎各也是西班牙战败后割让给美国的，其首府为圣胡安。在美西战争中，美军"顺手牵羊"抢走了波多黎各。1898 年 7 月 25 日，美国人纳尔逊·迈尔斯指挥部队在波多黎各登陆并建立基地。次月，美国又增派 1 万兵力，四路围攻波多黎各，建立了圣胡安基地。战后美国对波多黎各采取军政府形式实施管辖。后来，又实行文官控制，通过任命重要职位的方式进行控制，职位包括波多黎各的总督、内阁以及立法机构两院当中的一院。而其余一院由波多黎各人选举产生。此外，波多黎各还可派驻专员

---

[1] 余志森主编《美国通史（第 4 卷）：崛起和扩张的年代（1898 - 1929）》，人民出版社，2001，第 109 页。

到美国，此人代表波多黎各，在美国国会上仅有发言权。作为一种权利，美国免征波多黎各人税收。

3. 关岛

美西战争结束以后，美国又拿下关岛。美国之所以对这个面积仅212平方英里的小岛情有独钟，是因为其重要的军事战略意义。美西战争之前，关岛一直是美国捕鲸船的集合地。它位于从夏威夷到菲律宾的直航线上，可作为美国的加煤港和停留地，并有利于太平洋电缆的铺设，以致关岛总督说："从西班牙手中接管关岛的目标，当时的计划基本上是保证贯通太平洋电缆登陆地的安全。"① 而煤的供应和电缆的铺设在当时又是增强海军力量的基本要素。此外，美国夺取关岛还有制约德国的考量，以避免卡罗林群岛落入德国手中。当时德国的实力不可小觑，如果让德国占领太平洋上的岛屿，将严重威胁美国至菲律宾的交通线。现今，关岛的战略位置更为突出，不仅是美国在太平洋上的重要军事基地，还是美国在远东的前哨。

4. 古巴

美西战争以后，美国虽然未占领古巴，但将其变成了自己的"保护国"。古巴名义上独立，实则受到美国的控制。1901 年，美国国会通过《普拉特修正案》，规定美国可以干涉古巴内政，有权在古巴租借加煤站和海军基地，古巴如果要对外缔结条约，必须事先经过美国同意。是年6月，不平等法案——《普拉特修正案》被美国强行列入古巴宪法。1903年，美国又在古巴的关塔那摩湾和翁达湾建立海军基地，且未设定归还期限。美国不仅对古巴实行政治控制，还从经济上左右古巴。1902 年，"互惠条约"签订后，美国与古巴的贸易额激增，古巴逐渐成为美国糖的原

---

① 余志森主编《美国通史（第 4 卷）：崛起和扩张的年代（1898 - 1929）》，人民出版社，2001，第 111 页。

料产地，最终沦为单一经济作物的国家。

5. 夏威夷

夏威夷位于北太平洋中部，是美国通往亚洲的咽喉之地，面积达 6450 平方英里。虽然直到 1898 年 7 月才将其兼并，但很早以前，美国就开始派传教士进入夏威夷，名为传教实则经商，并开展殖民掠夺活动。经过长时间的渗透，到 19 世纪 80 年代末，美国已经掌握了夏威夷的经济命脉。1874 年，美国殖民者在夏威夷发动政变，建立起傀儡政权。1887 年又迫使夏威夷同意美国在珍珠港建立海军基地。后来，夏威夷女王试图收回主权，却遭到美国殖民者的报复，女王被罢黜。1898 年 7 月，夏威夷被正式纳入美国疆域。不久，美国便将太平洋海军基地的选址问题提上议事日程，经过周密计划，美国决定将地点定在夏威夷的珍珠港，1909 年正式开始建设。

6. 巴拿马运河

在美西战争中，美国海军深感中美洲缺乏地峡的不便，当时的俄勒冈号战舰要从太平洋沿岸前往古巴参加战斗，由于缺乏直接联通太平洋和大西洋的地峡运河，只得绕行美洲大陆南端的合恩角，虽未影响后来战争的结局，但长距离的调动耗费了大量的物力、财力和时间。如果能够由美国控制修建地峡运河，不仅可以节省在两洋之间通行的时间，还能够将之前夺取的海洋边疆、战略要地连成一个整体。马汉说过："地下运河建造完成的主要政治结果是使我国太平洋海岸和大西洋海岸变得更近。"[1] 罗斯福也认为"修建运河……已经是国家安全的需要"[2]。

美国经历了三部曲才实现了这个目标。

第一步，将欧洲列强挤出运河修建行列。通过《海约翰—庞斯福特》

---

① 〔美〕马汉：《海权论》，萧伟中、梅然译，中国言实出版社，1997，第 335 页。

② Henry F. Pringle, *Theodore Roosevelt*：*A Biography*, Whitefish：Kessinger Publishing, 2005, p. 301.

条约的签订，美国拥有了单独修建地峡运河的权力，但是地峡必须是中立的，且不得派兵驻守。美国不满足于此，抓住英国陷入布尔战争的机遇，施压英国，终于在废除《海约翰－庞斯福特条约》的基础上签订新约，最终将英国踢出运河修建的行列，获得独立修建、管理和防卫巴拿马运河的权利。

第二步，把握机遇，取代法国的巴拿马运河公司。1902 年 1 月，巴拿马运河公司运转艰难，遭遇危机，美国顺势而为，以 4000 万美元的低价取得了巴拿马运河公司的财产和权利，从战略上牢牢把控巴拿马运河修建运营的主动权，只是该转让协定必须先经过哥伦比亚政府的批准。

第三步，通过策动巴拿马独立来实现完全控制运河的目标。美国的前两部曲，充满了独霸的意味，遭到哥伦比亚政府的强烈反对。为此，美国精心策划，策动驻守在巴拿马地区的美国人发起政变，要求从哥伦比亚独立。紧接着，美国派遣庞大的海军到该地区，威慑哥伦比亚政府，迫使其同意巴拿马独立。1903 年，美国与新 "独立" 的巴拿马政府签订了《海约翰－比诺·瓦里亚条约》，它规定美国拥有巴拿马地峡一条宽 10 英里的地带租借权，美国由此正式获取了开凿、运营以及防卫巴拿马运河的权利。

巴拿马运河的开通，使南美洲的水上航线发生了革命性变化。以往出入大西洋和太平洋，需要绕道合恩角，多走上万公里的航程，而一旦巴拿马运河投入使用，便可直接出入太平洋和大西洋，节省了大量人力、物力、财力及时间。而对于掌握运河开凿权和控制权的美国来说，意义更为重大，美国海军在两大洋之间的战略机动性大幅提高，有助于美国实施海洋边疆扩张战略，同时巴拿马运河为美国带来的经济和军事利益难以估量。

7. 海地

海地是加勒比海北部的一个岛国，与古巴隔海相望。从 19 世纪 90 年代起，就一直是美国觊觎的对象。1914 年 9 月，海地政局不稳，才上台不久的萨莫政权被推翻。12 月，美国总统威尔逊乘机派海军陆战队在海地首都登陆，将其国家银行中价值 50 万美元的黄金储备劫至美国。1915年 7 月，海地民众暴乱，海地总统死亡，美国乘机以"保护美国人和外国人利益"为由，再次登陆海地，并占领其首都，将海地纳入美国的军事统治之下。

随后，美国操纵海地新政权的组建，亲美傀儡达梯圭纳维担任总统，真正的统治者却是美国海军司令卡普顿。随后，两国签订条约，美国拥有对海地海关以及财政的监督权，成立受美国控制的地方警察，海地不得将领土租让给其他国家，等等。1917 年，美国还为海地制定了新宪法，以此强迫海地认可美国的占领，准许美国在海地获得土地所有权。在海地，美国还犯下了滥杀无辜的罪行，以致美国学者写道，"对海地的军事占领建立在冷血屠杀之上。近 3000 人——大多是非武装的平民——被杀，仅仅因为一个美国军官和在名单中的 12 人的失踪"[1]。

8. 多米尼加

多米尼加是海地的邻国，美国对其采取了同样的控制手段。1903 年，美国借口维护其在多米尼加的公司利益，迫使后者签订不平等协议，规定由多米尼加政府出面赎回债券。次年，西奥多·罗斯福政府又借口多米尼加政府拒绝清偿债务，派遣武力侵占多米尼加，以夺得监督多米尼加海关税收及财政的权力。3 年后，美国又获得在多米尼加征收 50 年海关关税的权利，同时，美国总统有权直接任命多米尼加税务使和助理并对其加以保护，从此，美国将多米尼加的经济和财政牢牢把控着。

到了威尔逊时代，美国不仅没有降低对多米尼加的侵犯，还变本加厉。1916 年，美国以多米尼加局势失控，需实施全面管制为由，用资深

---

[1]　余志森主编《美国通史（第 4 卷）：崛起和扩张的年代（1898 – 1929）》，人民出版社，2001，第 151 页。

的威廉·拉塞尔替换了之前由美国派去的沙利文，担任美国的代表，同时命令使者与多米尼加的政治领导人会面，并警告说如果多米尼加无法控制局面，美国只好实行军事控制。该年底，美国海军陆战队就登陆多米尼加，并占领包括其首都在内的许多城市，多米尼加处于美国的军事控制之下。随后，美国解散多米尼加的国会，建立傀儡政权，培植职业军队，镇压多米尼加人民的反抗。同时，美国大量资本涌入多米尼加，更牢固地控制着多米尼加的经济。

除了以上的海洋边疆扩张以外，美国还占据了太平洋上的其他一些很小的岛屿，比如1857年占领了豪兰岛、贝克岛、贾维斯岛，1858年占领了金门礁和约翰斯顿，1867年获得中途岛，1878年取得萨摩亚的领事裁判权。1899年取得东萨摩亚，同年还夺取位于关岛和夏威夷之间的威克岛，1914年夺取科恩群岛，1917年从丹麦手中取得美属维尔京群岛。

三　美国海洋边疆架构的发展

在两次世界大战期间，美国前瞻性地制定和调整海洋边疆战略并有效实施，推动了海洋边疆架构稳步发展。在此过程中，美国以各种方式扩建海军基地，积极开展海军力量建设，增强了美国的海权实力。

（一）第一次世界大战期间

1914年6月，萨拉热窝事件发生，第一次世界大战由此拉开帷幕。战争爆发初期，美国国内对战争的态度存在较大分歧，但在扩展海军上，态度较一致。这种一致是经过长久的争论而形成的战略共识，正如1913年"海军部长年度报告"所强调的，"美国必须同时拥有两只舰队，一支在大西洋和德国公海舰队相匹敌，另一支在太平洋和日本相匹敌"[1]。将德国和日本视为潜在对手，使得美国海军部不断实施海军扩建战略。1914

---

[1] *Annual Report of the Secretary of the Navy for 1913*, p. 10.

年，美国海军有 37 艘战列舰，并且还有 4 艘在建，在海军部的争取下，获得国会授权再建两艘战列舰。此外，美国海军部还施压国会，以尽快实施杜威设计的海军扩建至 48 艘战列舰的方案，并要求在 1916 年建造 4 艘无畏级战列舰。①

在 1917 年正式宣战之前，基于孤立主义的影响和现实战略利益的考量，美国通过实施中立战略，以维护其海洋战略利益。之所以中立，是为了和交战双方都开展国际贸易，从而获取巨额利润。战争增加了交战国双方的战略物资需求，而能够保质保量且及时地满足需求的只有美国。自 1894 年成为全球第一经济强国以来，美国虽然也会遇到经济危机，但总体趋势是快速发展的，造就了美国强大的工业生产能力。但是，中立战略不可能一直实施下去。

在和英国、德国的贸易中，美国是偏袒英国的，供应给英国的战略物资明显多于供应给德国的。从被供应国角度，英德双方都不希望对方获得战略物资的补充，因为这关系到战争的走向，因此，双方纷纷突破中立法的限制。英国开始强行对同盟国实行海上封锁，以切断其战略物资的供给，而德国则利用潜艇来攻击协约国的货船、运输船以及油轮，以阻断中立国对英国的战略物资供应。德国的潜艇攻击不断挑战美国的底线。1915 年 3 月 28 日，德军击沉了载有美国乘客的英国油轮；同年 5 月，德军又击沉了卢斯塔尼亚号油轮，导致 1153 名乘客遇难，包括 114 名美国人②。而真正让美国意识到必须放弃中立战略的是 1916 年的日德兰海战。在这次战争中，海军实力第一的英国在战术层面上损失了更多的舰只，给美国敲响了警钟。如果协约国在此次世界大战中失败，对美国的影响会非常大，换言之，美国的国家利益是和协约国尤其是英国紧密相连的。加之德

---

① *Annual Report of the Secretary of the Navy for 1914*，p. 62.
② 刘娟：《美国海权战略的演进》，社会科学文献出版社，2014，第 51 页。

国的潜艇攻击使得协约国的损失巨大，"从 1914 年 8 月 1 日到 1915 年 9
月，德国的潜艇共击沉协约国载重量达 79.2 万吨的船只"①。面对如此危
局，美国适时调整战略：首先，保持"门罗主义"，将德国的影响力挤出
西半球；其次，控制大西洋和太平洋，保护美国的海外贸易，将敌人驱逐
出海洋；再次，为增强威尔逊在欧洲的斡旋能力，必须提升军事实力；最
后，一旦国会宣战，部分舰队将加入协约国作战，或在大西洋北部开展独
立作战②。

　　日德兰海战以后，美国国会通过了威尔逊签署的 1916 年"大海军
法案"。法案批准美国在 3 年内可建造 156 艘新战舰。其中立即投入建
造的有 56 艘，包括 10 艘战列舰和 6 艘战列巡洋舰。法案的实施，促进
了美国海军工业的发展，标志着美国从中立转为积极备战。1916 年大
选，威尔逊取得连任，表明了美国国内对积极备战政策以及"大海军法
案"的支持。同时，为对付德国的潜艇，美国大量建造猎潜舰只，整个
战争期间共建造了 441 艘，截至 1917 年末，有 235 艘投入战斗③。为有
效展开反潜艇战，海军就战舰建造计划进行调研，调研结果表明，扩
大反潜舰的建造规模符合战争形势的需要。于是，美国海军部在已经
投入建设 66 艘驱逐舰的基础之上，还计划建造 150 艘轻型反潜艇驱逐
舰和 50 艘重型驱逐舰④。汽车巨头亨利·福特也为美国海军部建造了
100 艘 500 吨位的鹰级护卫舰⑤。除此以外，美国还对 2570 艘货船、油轮
进行了武装，为其配备大炮、无线电通信系统及专业海事人员。⑥ 1917 ～
1918 年，美国海军又开展"雷幕布设行动"，在北海、奥特朗托海峡以

①　刘娟：《美国海权战略的演进》，社会科学文献出版社，2014，第 51 页。
②　*Annual Report of the Secretary of the Navy for 1915*，pp. 73 - 78.
③　刘娟：《美国海权战略的演进》，社会科学文献出版社，2014，第 54 页。
④　*Annual Report of the Secretary of the Navy for 1917*，pp. 277 - 278.
⑤　*Annual Report of the Secretary of the Navy for 1918*，p. 34.
⑥　*Annual Report of the Secretary of the Navy for 1918*，p. 53.

及多佛尔海峡布设数量众多的水雷，以威慑和阻止德国在该区域的军事行动。

在增强海军实力提升海权力量的基础上，美国还制定前瞻性的海权战略，以保障美国海洋边疆乃至整个美国的安全。在大西洋上，美国组建了加勒比海巡逻队，由巡洋舰、驱逐舰以及炮艇在内的 70 艘军舰组成。虽然在战术层面，美国的船只遭到德国舰艇大量的破坏，但从战略层面看，美国积极的防御政策在很大程度上对德国西半球的潜艇战起到了有效的遏制作用，随着欧洲战争步入高潮，德国海军出于战略考虑不得不撤离西半球。为了确保美国在南美海域的海洋边疆的安全，美国调派了 18 艘猎潜舰去往古巴，并夺取古巴海军舰队的指挥权，支持海军陆战队占领海地、尼加拉瓜、多米尼加，密切监视德国军事力量在该区域的活动。美国实现了战略意志和战略能力的有机结合，牢牢地控制住了其后院——美洲海域。

在太平洋上，美国要对菲律宾以及中国做前瞻性的战略考量。当时欧洲大国忙于战争而无暇东顾，加之德国牵制了美国的海军力量，给了日本不少机会。1915 年，日本加快侵略中国的步伐，出台了臭名昭著的"二十一条"，这威胁到了美国在中国的利益。而欧洲战场的局势，迫使美国必须将主要的海军力量部署在大西洋。为了应对日本咄咄逼人的气势，1917 年夏，美国以退为进，派出国务卿与日本谈判，试图缓和同日本在远东的紧张局面。该年 11 月，双方达成协定：日本遵守美国提出的"门户开放"和"机会均等"原则，美国则承认日本在中国所取得的"特殊利益"。这个协定明显带有牺牲中国的强权政治特点，经不起道德层面的审视，但对美国而言，争取了战略空间，维护了其在太平洋的利益，更使得美国能够集中更多力量来应对大西洋上的战争，4 艘太平洋舰队的二级战列舰以及若干驱逐舰被调往大西洋。

在整个第一次世界大战中，美国深知协约国集团失败对其的深远影响，因此，在宣战之前，美国就积极备战，宣战以后，更是积极构建和维护大西洋护航体系。

1917 年，协约国陷入困境，亟需美国的支持，尤其是兵力的增援。既然已宣战，美国就名正言顺地组建护航队，号称"巡洋舰和运输武装队"，截至战争结束，护航队已拥有 24 艘护航巡洋舰、42 艘运输船和453 艘货船[1]。新组建的护航队负责运输美国的军队以及商船的护航。为更安全地运送作战物资，美国于 1918 年成立海军海外运输指导中心，专门负责提供货船并组织运送美国海军在海外的作战物资。在护航的过程中，美国护航队与德国潜艇多次交火，重创德国潜艇。由于美国的帮助，协约国商船的损失比之前大为减少，有数据为证：1917 年 5 月，协约国有 59.6629 万吨商船受损，1918 年 7～8 月，美国运输 344.4012 万吨货船中仅有 1.6988 万吨受损，占比为 0.0049%[2]。美国护航体系的建立，保证了救援部队及时顺利地抵达战场，及时补给了重要的战略物资，为协约国取得战争的胜利奠定了坚实的基础。在此基础上，美国与英法积极展开深入合作，重点打击德国，最终取得了第一次世界大战的胜利。

第一次世界大战的胜利，使美国不仅确保了原有海洋边疆的安全，而且还开拓了新的海洋边疆。从地中海到北冰洋再到加勒比海，都不乏美国的军事存在，范围之广前所未有。希腊科孚岛、俄国摩尔曼斯克港、法国比斯开港湾、英国英吉利海峡、爱尔兰海岸、北海及美洲海域的诸多港口都建立了美国的海军基地。开疆拓土的重要军事力量——海军也取得了飞速发展，在美国宣战之时，美国在役海军官兵人数是 65777 人，等到1918 年 11 月 9 日，美国海军舰队的官兵人数达到 529504 人[3]。不仅如

---

① 刘娟：《美国海权战略的演进》，社会科学文献出版社，2014，第 58 页。
② *Annual Report of the Secretary of the Navy for 1918*, p. 10.
③ *Annual Report of the Secretary of the Navy for 1918*, p. 66.

此，美国在太平洋和大西洋各拥有一支实力强劲的舰队的梦想也已经实现。

（二）两次世界大战期间

第一次世界大战结束以后，德国战败，英国舰队处于绝对优势的地位。为战争胜利做出巨大贡献的美国，不甘心在海军实力上输给英国，因此，在威尔逊政府的领导下，美国与各大海洋强国尤其是英国展开了激烈的博弈，以实现美国海权的扩张。而面对日本在太平洋上的挑战，美国适时调整海洋边疆战略，确定了以太平洋战略为核心的海洋边疆战略，积极维护其在太平洋上的国家利益。

第一次世界大战结束之后，英国海军实力还是世界第一，并且英国海军部希望在即将召开的凡尔赛会议上仍然保持这种优势，可美国却不甘心，企图夺取和英国平等的海权实力。因此，在海军力量平衡问题上，英美冲突在所难免。解决之道首选外交手段，而外交谈判最重要的砝码就是国家实力。威尔逊告诉海军部长丹尼尔斯："只有口袋里有强大的武力做后盾，我才能在和平会议上坚持我的正义。"[1] 所以，美国海军部在国会的支持下，很快恢复了战列舰的建造，而战后的英国实力耗损大，无力扩建战列舰。在美国总统及海军高层共同努力下，美国以坚持执行 1916 年的"大海军法案"和强大的实力相要挟，迫使英国做出了让步，双方于 1919 年 4 月 10 日签订了《豪斯—塞西尔备忘录》，英国承认美国享有与其同等的海洋大国地位。

日本和英国在 1917 年就瓜分德国的海洋边疆达成了秘密协议，日本得到德国在太平洋赤道以北的岛屿，英国获得德国在南太平洋一系列小岛。此协议威胁到了美国，正如美国海军部综合委员会所强调的，"日本接管的岛屿将对关岛和'橙色计划'下美国舰队在菲律宾附近的一切行

---

① Daniels Josephus, Edited by E. David Cronon, *The Cabinet Diaries of Josephus*, *Daniels*, 1913 - 1921, Lincoln: University of Nebraska Press, 1963, p. 342.

动产生巨大威胁"①。位于太平洋上的马里亚纳群岛的战略地位极其重要，它是太平洋航道的咽喉，是亚洲和美洲的海上交通要道。美国要从海上到达远东，其是必经之道，此时却被日本控制。除此以外，日本还获得了卡罗来纳附近的雅浦群岛。富于危机意识的美国为应对日本的潜在威胁，决定继续完成威尔逊的战列舰建造计划。日本方面也不甘示弱，宣称在 1927 年之前建造 8 艘最先进的战列舰和 8 艘现代化的战列驱逐舰。日本的计划严重威胁了美国在太平洋的利益。与此同时，美国还担心日本趁俄国革命之机夺取俄国的海洋边疆，因此，美国适时调整了海洋边疆战略，以对付日本为目的的"太平洋战略"升级成为美国海洋边疆战略的核心。

　　为了将《豪斯—塞西尔备忘录》中英国承认美国与其同等的海洋大国地位这一重要条款坐实，以及扭转英日同盟所导致的美国在西太平洋地区战略地位不利的局面，美国积极筹备了华盛顿会议。1921 年 11 月 12 日，美国国务卿查尔斯·埃文斯·休斯在华盛顿会议上发表讲话，他宣称哈定政府建议 10 年内暂停战列舰的建造，尽可能减少目前正在建造的项目，并以吨位数来限定各海权国家的舰队总量。在刚刚经历了惨烈的第一次世界大战的各参会国看来，这是顺应时代潮流的，因此其讲话获得普遍的赞同。经过对"休斯计划"的细节展开近 3 个月左右的激烈博弈，各国最后达成方案：美国、英国、日本、法国以及意大利之间的主力舰比例定为 5∶5∶3∶1.75∶1.75，美国和英国可保持战列舰和战列驱逐舰的总量各为 52.5 万吨，日本则为 31.5 万吨，美国和英国可拥有的航空母舰的总量各为 13.5 万吨，日本则为 8.1 万吨；与此同时，美国承诺不会加强菲律宾和关岛的防御，日本也承诺不会提升台湾、冲绳和托管地的防御，英国则同意不会加强新加坡西部海军基地的防御。而为了化解英日同

---

① Earl Pomeroy, *Pacific Outpost*: *American Strategy in Guam and Micronesia*, Stanford University Press, 1951, p. 69.

盟，美国力促《四国公约》出台，英、美、日、法四国承诺将维持在太平洋的现状。

战后初期，华盛顿会议所形成的条约满足了美国海权战略家的需要，基本实现了美国战后的海权战略，但随着国际形势的变化，条约中关于美国舰队总量的控制，以及不能加强菲律宾及关岛的防御工事所带来的负面影响越来越大，不仅使得除了海军部和相关工业界以外无人支持继续执行1916年的"大海军法案"，更阻碍了美国的海权扩张。因为华盛顿会议虽然对各海权大国的主力舰队总量进行了限制，但并未制定限制日本海外扩张的具体协定，使得面对日本在太平洋咄咄逼人的扩张侵略时处于被动。为了规避和摆脱条约的束缚，实现海权力量的扩张，美国积极采取了各种措施。

首先，不断升级针对日本的"橙色计划"，接连出台了"巴特勒方案"和"巴特勒巡洋舰建造法案"。前者使得美国又可以建造8艘重型巡洋舰，后者使得美国在5年之内可建造25艘现代化巡洋舰、5艘航母、9艘驱逐舰和32艘潜艇[①]。其次，为了抵消《五国海军条约》规定的主力舰总量减少所带来的负面作用，美国选择发展新技术作为重要的突破口，不仅推动飞行器在海军的应用，还加强航空母舰的建造，不但加强潜艇的研发，还采用现代化高新技术武装舰船以提升战舰的战斗力，比如"马克14"新鱼雷、回转罗盘、雷达系统等。最后，随着航空力量的发展，美国加强了海军管理体制的变革，哈定总统确定在海军部内成立一个航空局来专门统一管理海军部的航空力量，并任命威廉·莫菲特为首任航空局局长，在其强有力的领导之下，飞行员的数量迅速增长，飞行技术快速提升，巡逻机、侦察机、战斗机以及轰炸机等各机种得以大量生产，使得美国的航空力量快速发展壮大，这也为之后的反法西斯战争的胜利奠定了坚

---

① 刘娟：《美国海权战略的演进》，社会科学文献出版社，2014，第79页。

实的基础。

在两次世界大战期间，美国的海洋边疆战略是以"太平洋战略"为核心的。太平洋地区是美国战略意志和能力投射最重要的区域，那么，在军事力量有限的前提下，美国对其后院——美洲海域实行控制模式的转型，从之前的以武装干涉、军事占领为主转变为以经济控制为主的软性控制。

长期以来，美国在中南美洲实行"门罗主义"，采取武装干涉、军事占领和经济渗透的政策，因此到 20 世纪初，美国在该地区就牢牢确立了霸权。到 1929 年，美国民间对拉丁美洲的直接投资就从 1924 年的 10.26 亿美元上升到 1929 年的 30.53 亿美元，对拉丁美洲的出口达到 9.86 亿美元，并且，美国公司控制了该地区的石油、铁路、公共事业等经济命脉。这才使得美国有条件调整对拉美的战略，开始逐步从该地区撤军，并侧重于经济的"软"控制。[①]

1916 年，美国对多米尼加实施军事管制，从而进一步巩固对多米尼加的控制。1924 年美国决定从多米尼加撤军，前提是该国的大选必须受美国监督，以便于培育亲美政权。经济上，美国加强控制多米尼加海关，监督其财政收入。1925 年，美国从尼加拉瓜撤出海军陆战队，第二年，美国却再次派军队进入尼加拉瓜，原因是尼加拉瓜政局动荡，发生内战。随后，美国在尼加拉瓜一直驻军到 1934 年，监督了其 1928 年的大选，并训练了一支本地的国民警卫队，使之成为美国撤军后统治尼加拉瓜的工具。1915～1934 年，美国一直占领并直接统治海地。1934 年后，美军撤出海地，但仍不时派遣舰只前往太子港支持亲美政权。

1929～1933 年的世界经济危机，使得德国和日本的法西斯势力得以快速发展，其咄咄逼人的对外扩张，给了美国海军扩建的良机。罗斯福上

---

① 王玮、戴超武：《美国外交思想史（1775～2005 年）》，人民出版社，2007，第 305 页。

台以后实行新政，"全国工业复兴法"出台，美国海军舰队迎来扩建的春天。1935 年，国会批准拨款 3.02 亿美元用于海军舰队建设，另外，根据"全国工业复兴法"还追加 1.13 亿美元。在严重的世界经济危机背景下，这笔款项虽然未达到美国海权战略家的期望，但是相比胡佛政府却是极大的战略转折。这笔拨款除了用于航母、潜艇、巡洋舰的建造，成立不久的海军航空局还利用此款项大力研制能够实现远程飞行的飞机，并于 1934 年成立了一支巡逻机方队，可实现 24 小时内旧金山与珍珠港之间的往返。远程巡逻机方队的出现，使得美国可以将阿拉斯加、夏威夷以及巴拿马连成一个战略三角区。

美国一方面加快自身的舰队扩建，另一方面又寄希望于通过国际条约来限制日本的海军军备扩建。而日本方面，在美国大肆开展海军舰队扩建的刺激下，也开始实施军备重整计划。在新一轮的海军军备竞赛快要拉开帷幕的情况下，第二次伦敦会议于 1934 年底召开。这是一次注定失败的会议。英美企图说服日本将现有舰队缩减至 80%，遭到日本拒绝，原因是美国已经开启了军备竞赛，更主要的是军国主义体制使得日本在扩张侵略的道路上一路驰骋，毫无刹车之意。日本还正式宣布在海军舰队建设问题上不受之前的诸多条约限制，在此背景下，美国展开了更大规模的海军扩建计划。1935 年，美国国会批准了"紧急救助法案"，海军部可新建 24 艘战舰。此次伦敦会议的失败引发了各海权大国更为激烈的军备竞赛，各国在海军舰队的建设问题上完全放开了手脚。

（三）第二次世界大战期间

整个第二次世界大战（以下简称"二战"）期间，美国海洋边疆架构的调整主要围绕着"二战"的胜利而展开，主要体现在以下几个方面。

第一，建立西半球中立区。"二战"爆发以后，美国宣布要在西半球建立中立区，交战双方都不得进入该区域。因为美国担忧德国在欧洲取胜以后，会将战火引向西半球。其实，在此之前，德国就试图渗透西半球，如试图和巴西建立紧密联系，但是失败了。但阿根廷接受了德国的军事援助。这让本来就警觉的美国十分担忧，美国国务卿便诱使拉美国家发表《巴拿马宣言》，禁止任何交战国进入美洲和加勒比海岛屿 300 英里内的海域。美国为此还组建了"中立巡逻队"来维护该宣言。与此同时，美国还担心欧洲同盟国的失败会给日本可乘之机实现在远东的扩张，为了做好太平洋战争的准备，保证西半球中立区的军事存在，美国又加强了海军建设。

第二，"猎犬计划"的制定和实施。法国在短时间之内就被德国打败，刺激了美国海军。在罗斯福签署"1940 年海军建设授权法案"的前一天，海军部又提交了一份庞大的战舰建造计划。该计划的目标是建成两洋舰队，各在大西洋和太平洋驻守和作战，而要实现这一目标，必须拥有 18 艘重型航母和超过 200 艘的小航母、战列舰、巡洋舰、驱逐舰、潜艇以及一支庞大的附属舰只队伍，需要耗资 40 亿美元并耗时 8 年。虽然耗资巨大且耗时长，但在这特殊的时刻，"两洋海军法案"还是顺利在国会通过。

1940 年 7 月，为了应对德国可能在 8 月入侵英国，英美双方达成秘密协议：美国以 50 艘驱逐舰换来英国西印度群岛、百慕大群岛以及纽芬兰岛基地 99 年的租借权。同年，海军作战部部长斯塔克发表后来被称作"猎犬计划"的战略檄文，这是一篇要表达"欧洲至上"想法的檄文，目的是说服决策者要在大西洋为英国的联盟保持强大攻势，而在太平洋进行相对保守的防御。斯塔克推测，首先，如果英国被打败，大英帝国解体，会导致世界上主要的贸易航道被敌人控制，这对美国的经济会产生巨大的影响，甚至导致无法全面备战。其次，英国被打败后，整个西半球就暴露在轴心国的魔爪之下，且美国缺少与德国在欧洲作战的基地，这样，美国的处境将相当危险。

第三，组织大西洋护航。随着"二战"的全面展开，反法西斯国家的物资紧缺、财政日益拮据。美国一方面从自身安全考虑，另一方面想确立战后的主导地位，决定对反法西斯国家展开援助。"租借法案"的实施，使得反法西斯国家及时地从美国获取了大量的物资用以备战。而要顺利实现物资被投放到需要的地点，必须展开大西洋护航。1941 年 2 月 1 日，罗斯福开始组织美国的跨大西洋护航。在危机时刻，罗斯福甚至将 1/4 的太平洋舰只调往大西洋。

第四，扩大中立区，控制战略要地。1941 年春，德国宣布将冰岛和格陵兰岛纳入战区。为了更好地协助英国开展反法西斯战争，罗斯福于同年的 4 月 9 日派出美军到格陵兰岛，与英国一起占领并驻防该地。11 天以后，罗斯福宣布扩大中立区，将亚速尔群岛、格陵兰岛和冰岛纳入防御区。与此同时，美国又迫切需要在冰岛建立基地，以方便未来的护航以及加强对丹麦海峡的防御。一直以来，美国都在寻找进入欧洲战争之门，而冰岛就是打开这扇门的钥匙。7 月 7 日，美军顺利登陆冰岛，并在其上建立航空基地、组建丹麦海峡巡逻队。与此同时，美国还获取了在累西腓建立海军基地的权利。

第五，西半球共同防御计划的出台。1941 年 7 月 9 日，罗斯福正式下令海军尽全力保护从美国到冰岛的航道，并将英国和加拿大的商船纳入护航体系。同年 8 月 13 日，《大西洋宪章》形成，其对反法西斯统一战线的形成以及打败法西斯国家起到助推作用，另一层意义是有利于美国战后与英国争夺势力范围，取得世界霸权。不仅如此，通过会晤，美国还获得了英国和加拿大舰只的指挥权用作护航。9 月 16 日，英美混合护航队也开始首次护航。

第六，珍珠港事件迫使美国宣战。罗斯福坚持"欧洲第一"的海权战略，即在大西洋主动而在太平洋被动防御的战略，挑起了日本在太平洋上对美国发起进攻。美国的"欧洲第一"战略以及 1941 年日本和苏联签订的《互不侵犯条约》，使得日本在亚洲的侵略更加肆无忌惮。1941 年 7

月 24 日，日本军队已经进入法国的势力范围——印度支那，日本的联合舰队也驶入金兰湾和越南岘港，石油资源丰富的东南亚和西太平洋完全暴露在日本的魔爪下。在此关键时刻，罗斯福总统宣布冻结日本在美全部财产，并对日本实行战略物资禁运，尤其是石油和钢铁。这在某种程度上逼迫日本铤而走险，主动攻击美国。1941 年 12 月 7 日清晨，珍珠港事件爆发，次日，美国正式对日宣战。这次事件终于将美国的孤立主义与"和平主义"人士拉入了战争的队伍。美国民众迅速被动员起来，美国正式参加"二战"。美国的参战则加速了世界反法西斯战争的胜利。

"二战"结束时，经过战争的洗礼和发展，美国已经拥有了恢宏的舰队、协调运用的海空战略战术、先进的后勤保障体系、娴熟的两栖作战技术以及超强的工业生产能力。这些都是美国成为海上霸主的重要条件。此时的美国海军已经天下无敌，美国的海洋边疆架构经历过两次世界大战，尤其是第二次世界大战期间的发展，能够支撑起美国称霸海洋，走向未来。

第三节 海洋边疆架构促进国家发展

在马汉"海权论"的影响下，美国扩张主义者对海洋的认识更为深刻，将重视海洋提升到前所未有的高度，并制定出富有前瞻性的海洋边疆战略，通过提升海军实力，发动并赢得美西战争，从西班牙手中抢夺了一些具有重要战略意义的殖民地。不仅如此，美国在美西战争前后还占领了不少岛屿，从而使得美国海洋边疆架构构建起来。伴随着两次世界大战，美国紧紧抓住历史给予的绝佳机遇，不断增强自身的海权力量，调整海洋边疆战略，促进了海洋边疆架构的发展。在整个过程中，美国的海洋边疆架构又对美国的国家发展起到了巨大的促进作用，助推美国成为世界海权霸主。

一　优化美国的疆域结构

美国的海洋边疆架构在实践层面的构建，最突出的表现即海洋边疆的扩张或拓展。这些通过不同方式获取的海洋边疆以不同的形式纳入美国的版图，成为美国疆域中不可或缺的有机组成部分，使得美国的疆域规模继续扩大。海洋边疆的开拓立基于美国庞大的陆疆，不断获取的海洋边疆与之前的陆疆有机结合，共同组成了美国疆域，使得美国的疆域结构不断完善，从之前单一的陆地疆域优化成海陆一体的疆域。

（一）美国疆域规模的扩大

陆地边疆架构形成以后，美国的疆域面积达 935 万平方公里。而从 1857 年占领豪兰岛开始，一直到 1917 年从丹麦手中购买维尔京群岛，美国的疆域面积随着殖民地、大小岛屿的占领而逐渐扩大，这种疆域规模的扩展速度虽说和西进运动时期疆域面积的成倍扩张不能相提并论，但是海洋边疆扩张有其自身特点和历史条件的局限。

从当时的历史条件来看，美国的海洋边疆拓展不可能像陆地边疆扩张那样迅猛。19 世纪末，资本主义列强已将世界瓜分殆尽，等到美国积聚实力想要开始海外扩张时，却发现世界上无主土地几乎绝迹。如果要扩张海洋边疆，必须虎口拔牙，从老牌帝国手中抢夺殖民地，发动战争是必然的。因此，美国所面临的海洋边疆扩张时代注定了其扩张的速度与陆地边疆的扩张不能相比。

此外，海洋边疆的特点也注定了其扩张对于美国疆域规模的扩大，同陆地边疆不能相提并论。海洋边疆的本质特征在"海洋"。海洋是地球上最广阔的水体的总称，其包括两部分——海和洋。海洋的中心部分称作洋，边缘部分称作海，二者彼此连通形成统一的水域，即海洋。地球的海洋面积是 71%。海洋的水深不一，大洋的水深一般超过 3000 米，最深处可达 1 万多米，大洋离陆地遥远，不受陆地的影响，其水温和盐度变化不

大，有自己的潮汐和洋流系统；而海的水深与洋相比是较浅的，从几米至
2000 米甚至 3000 米。海邻近陆地，受大陆、河流、气候和季节的影响较
大，水温和盐度变化较大。海洋自身的特点决定了海洋边疆的获取要比陆
地边疆的获取更难。对海洋的恐惧、海洋知识的缺乏、航海工具及技术的
局限、航海人才的缺失，都在强化海洋的极难通达性，从而阻碍人们走向
海洋。而要在具备走向海洋条件的基础之上，建设强大的海军来增强海上
力量，通过打破现有的国际秩序，抢夺其他国家的地盘来拓展自身的海洋
边疆，则更难。加上美国所夺取的岛屿面积较小，在 935 万平方公里的巨
大基数面前，更显渺小，从而注定了美国的海洋边疆扩展之于美国疆域规
模的扩大，从数量上看不明显。

（二）陆海一体疆域结构的形成

在海洋边疆架构构建之前，美国的疆域结构单一，几乎全是陆地性疆
域，简称陆疆。而随着海洋边疆的开拓，海洋边疆逐渐融入美国原有疆域
体系当中，实现海洋疆域与陆地疆域的有机结合，从而优化了美国的疆域
结构。

从地缘政治的角度来看，陆海一体的疆域结构比陆地疆域更利于营造
良好的地缘政治环境和维护国家的安全。疆域类型单一的陆疆国家，如果
要保障国家的安全，避免国家遭受侵犯，必须在陆地边境上选择适当的点
布置本国的军事力量。特别是在战争时期，单一的陆地防线容易被攻破。
而如果是陆海一体的疆域结构，国家可以在岛上和陆地同时构建国家安全
防御体系，尤其是在海洋边疆上布置强大的海上力量所产生的威慑力，所
辐射的范围很广。如果岛屿之间距离适宜，还可以相互配合，互成犄角之
势，如此形成的防御能力则更强。此外，海上防御圈还可以和陆上防御力
量有机结合，形成综合性的防御圈，从而更好地保障国家安全。这是从被
动防御的角度来分析陆海一体的疆域结构的重要作用。美国陆海一体的疆
域结构的优化，极其有利于美国保障国家安全。在飞行器还不发达的时

代，美国的陆地疆域本身就具有巨大的地缘政治优势，加上抢占的海洋边疆，配合强大的军事力量，美国的本土安全可谓高枕无忧。需要强调的是，作为有扩张传统的美国，海洋边疆的获取就是对外扩张的结果，而陆海一体的疆域结构更利于美国的对外扩张。

从资源获取的角度来看，陆海一体的疆域结构比单一性陆地疆域更有利于资源的获取。首先，所开拓的海洋边疆本身就拥有丰富的资源，这也是美国高度重视海外扩张的重要原因之一。其次，岛屿、运河等海洋边疆的夺取，能够连点成线，构建起便利的海上交通线。在大部分资源通过海上运输的时代，海上航道就是国家的生命线。

二　保障美国的国土安全

在海洋边疆架构的构建进程中，美国所抢夺的海洋边疆都只是一个个战略据点，是美国保障国家安全的前沿阵地，这些据点彼此联系，有机配合，连点成线，便形成了前沿防御圈，从而构成美国国家安全的重要屏障。

在太平洋上，美国的海洋边疆主要有夏威夷、威克岛、关岛以及菲律宾等。位于北太平洋中部的夏威夷，是美国通往亚洲的咽喉之地，经过周密计划，美国将夏威夷的珍珠港打造成为太平洋的海军基地。战胜西班牙以后，美国将菲律宾、关岛以及威克岛占为己有。关岛在美西战争之前一直是美国捕鲸船的集合地，位于从夏威夷到菲律宾的直航线上，而威克岛地处关岛和夏威夷之间，是横渡太平洋航线的中间站，有太平洋的"踏脚石"之称。太平洋上的这些美国的海洋边疆连点成线，形成了美国在太平洋上的前沿防御线。而在加勒比海域中，美国将古巴、波多黎各、多米尼加、尼加拉瓜、海地、科恩群岛以及维尔京群岛等海洋边疆连成线，则形成了美国在加勒比海上的前沿防御线。

在巴拿马运河凿通之前，美国在太平洋和加勒比海上的军事力量难以相互配合，形成合力，而由美国控制修建了巴拿马运河以后，不仅节省了在太平洋和大西洋之间通行的时间，还能将之前夺取的海洋边疆、战略要地连成一个防御整体，形成一个前沿防御圈，使得美国的国家安全屏障更为坚固，更有利于保障美国的国土安全。

由海洋边疆组成的前沿防御圈所产生的防御能力和威慑力的大小，取决于驻扎在各海洋边疆之上的海军实力的大小，以及它们之间的配合。但也不能否认海洋边疆之于国土安全保障的基础性作用，因为仅有强劲的海军，如果缺乏战略据点的支撑，海军的战斗力、威慑范围也会受到很大的影响。在前航空母舰时代，海洋边疆是海军的基地或不沉的航空母舰。只有既占据战略位置极佳的岛屿，又拥有实力雄厚的海军，才能最有效地保障国家安全。美国深谙其道，一方面，对战略要地进行积极渗透，待到时机成熟就采取各种方式将其纳入管控范围之中；另一方面，在马汉"海权论"的影响下，积极扩张海军，提升海军实力，并审时度势地发动对西班牙的战争，抢夺殖民地。对于新开拓的海洋边疆，美国进行海军力量的战略布局，实现了海洋边疆与海军力量的有机结合。加之海洋航行的特性，海军力量一旦占据某个战略要地，就可以从四面八方出航打击敌方，也就意味其威慑范围是基于其实力所形成的圆圈，即威慑圈。而各威慑圈之间的有机配合，又形成威慑力更强大的威慑范围，从而更有效地保障美国的国土安全。

海上前沿防御圈的形成对保障国土安全至关重要，而当海上前沿防御圈实现了与陆上防御力量的有机结合时，海陆一体的双重国防体系就形成了。其安全保障效应远远超过单一的陆地防御圈或海洋防御圈。这在美国身上体现得淋漓尽致，美国的陆疆与海疆相互配合，互为支撑。疆域辽阔、资源丰富、工业发达的美国本土为美国的海洋边疆提供源源不断的资源支撑，不仅包括数量众多且高素质的人力资源，还包括物质资源和财力支撑。美国本土强大的工业生产能力和先进的技术水平使得美国的海军力量不断提升，海军实力快速增强，在美国战略意志高涨的情况下，美国的战略能力也相应得以提升，在战略意志和战略能力的有机结合下所形成的美国海权力量具备强大的前沿防御能力，这种强大的防御能力反过来为美国本土提供了安全保障及和平的发展环境，又有利于美国本土的稳定和快速的发展。如此这般，则形成了美国本土和海洋边疆的良性互动，既保障了美国的安全，又为美国的发展塑造了良好的环境。

三　促进美国的经济发展

在帝国主义时代，美国顺应时代潮流，结合国内垄断资本主义发展的需要，积极开拓海洋边疆，这个过程又是美国开拓其商品市场、廉价的原料产地、资本投资场所的过程。此外，美国还以海洋边疆为据点，在更广大的范围中谋求美国的经济利益，从而促进美国的经济发展。

在将夏威夷纳入美国版图之前，夏威夷就已经成为美国的"经济殖民地"了。卖到美国的夏威夷产品（主要是糖）占这个岛屿所有出口品的99%，与此同时，美国提供了夏威夷3/4的进口品。多年以来，在美国出生的定居者、传教士和捕鲸人的子女，已经成为岛上占支配地位的经济和政治势力。[1] 克里夫兰总统曾对国会说，"这些位于通往东方和澳大利亚交通要冲的岛屿，本质上是美国的商业前哨和不断增长的太平洋贸易的踏脚石"。[2]

美国对古巴的政治控制是为其获取经济利益开路的。早在1898年，就有人在美国的《世纪杂志》上写道："（在古巴）出现了一个稳定的政府和消除革命的保证，美国人就有可能由这个岛（古巴）供应他们所需

---

① 〔美〕罗伯特·卡根：《危险的国家：美国从起源到20世纪初的世界地位（下）》，袁胜育等译，社会科学文献出版社，2011，第426页。

② Richard E. Welch, Jr., *The Presidencies of Grover Cleveland*, Lawrence：University Press of Kansas, 1988, p. 169.

的全部食糖，并且可能以比其他地方更低的价格得到它。"① 1902 年，两国签订了"互惠条约"。说是"互惠条约"，其实是美国控制古巴经济的咒语。之后美国与古巴的贸易额激增，后者逐渐成为美国食糖的原料产地，最终沦为单一经济作物的国家。截至美西战争前，号称"世界糖罐"的古巴的糖几乎全部销往美国，美国资本家还垄断了古巴的采矿业，仅 1898 年，美国在古巴获取的铁矿石就多达 40 万吨。经过长期的贸易发展，1890 年，两国之间的贸易总额达 6700 万美元，1893 年更增至 1.03 亿美元。1890 年美国出口古巴的货物占美国出口拉丁美洲货物总量的 20％，美国进口自古巴的货物占美国进口拉丁美洲货物总量的 31％。②

在巴拿马运河通航之前，太平洋和加勒比海之间的通航要绕过南美洲的合恩角。巴拿马运河的开通，极大地缩短了美国东西海岸间的航程，比绕合恩角缩短了 14000 多公里，仅这一点就为美国带来了巨大的经济效益，对美国航运业的发展起到巨大的推动作用。此外，美国还从过往巴拿马运河的船只中收取费用，获得了巨额财富。

美国在开凿巴拿马运河以及干预巴拿马内政时，适时推行金元外交，获取经济利益。根据美国学者威廉·麦克凯的研究，1903 年美国水果公司占有巴拿马铁路和土地，在巴拿马有 200 多万美元的资产。中美洲电报公司、新泽西美国商业公司等都在巴拿马经商。1903 年以后，美国在巴拿马的投资者数量激增。美国的一些州在巴拿马建立了农业殖民地，如 1905 年美国加利福尼亚奇里基改良公司在该省省会戴维开设办公室，旨在开发奇里基省。1906 年美国新泽西州奥兰治、圣路易斯和密苏里的居民组成巴拿马公司在巴拿马东部的圣布拉斯半岛建立一个农业殖民地。与此同时，美国的银行业也进入巴拿马。美国的康涅狄克国际金融公司、美

---

① 余志森主编《美国通史（第 4 卷）：崛起和扩张的年代（1898－1929）》，人民出版社，2001，第 134 页。
② 黄绍湘：《美国通史简编》，人民出版社，1979，第 354 页。

国商业发展银行和西弗吉尼亚的巴拿马金融公司在运河区开展金融活动。国际金融公司在巴拿马、科隆都设有分部，1910 年巴拿马金融公司在巴拿马和科隆开展业务。三年后，大陆银行和信托公司在运河区建立。两年以后，华盛顿特区的商业国家银行在巴拿马市和克里斯托瓦尔设立分部，运河区银行在科隆开张。美国企业家还在巴拿马开发交通运输，接着石油公司也在巴拿马兴起。①

美国还赤裸裸地抢夺海地的黄金，1914 年 12 月，海地发生内乱，美国趁机派出海军陆战队登陆海地的太子港，将海地国家银行中价值 50 万美元的黄金储备劫往纽约。② 次年，美国操纵海地选举，扶持亲美政权上台，并通过签订条约将海地的海关和财政纳入美国的控制之下。对于毗邻海地的多米尼加，美国同样采取这种方式，对其实行经济盘剥。1904 年，西奥多·罗斯福借口多米尼加拒绝清偿债务，派遣军事力量入侵多米尼加，强迫后者同意美国监督其海关税收和国家财政。三年以后，美国又强迫多米尼加同意美国在 50 年内具有征收多米尼加海关关税的权利，并由美国总统直接任命和保护多米尼加税务使和助理，从而使得美国完全将多米尼加的财政和经济置于自身的控制之中。借由军事占领，美国资本涌入多米尼加，开辟甘蔗种植园，修筑铁路、港口和桥梁，美国的公司和银行则控制多米尼加的经济命脉。

除了将海洋边疆本身当作美国本土以外的投资场所、商品销售市场以及廉价的原材料产地，谋取巨额利润以外，美国还以海洋边疆为跳板，在更大范围中来实现其国家经济利益。

菲律宾位于在亚洲的东南角，北边是巴士海峡，该海峡的北边又连着

---

① 余志森主编《美国通史（第 4 卷）：崛起和扩张的年代（1898～1929）》，人民出版社，2001，第 146 页。

② 余志森主编《美国通史（第 4 卷）：崛起和扩张的年代（1898－1929）》，人民出版社，2001，第 150 页。

中国的台湾，南部和西南部隔着苏拉威西海、巴拉巴克海峡与印度尼西亚、马来西亚相望，东边是浩瀚无边的太平洋，使得菲律宾具有极为重要的战略意义，对于急于向远东尤其是中国扩张的美国扩张主义者们，菲律宾极具吸引力。如果占领菲律宾，将其作为远东地区的立足点，不仅有利于保持美国在远东地区的影响力和控制力，而且有利于进出口贸易的开展，有利于资本市场、商品市场以及原材料产地的开拓。最为重要的是，美国以菲律宾为跳板，更有利于其在中国推行"门户开放"政策，谋取经济利益。同样，在加勒比海上，美国不仅对抢占的海洋边疆进行各种方式的经济盘剥，还以这些据点为基地，保护和开拓美国在南美洲的经济利益。

四　推动美国的国家转型

国家的存在和发展都是在一定的地理空间范围中展开的。国家占据或控制的地理空间范围，就是国家的疆域。[①] 根据国家所占据和控制的地理空间的类型，可以将国家疆域划分为不同的类型，比如陆地疆域、海洋疆域、空中疆域等。综观自国家出现以来的所有国家，一开始都必须占据一块土地，人们才得以在上面繁衍生息，生产生活。因此，刚开始出现的国家都是陆地型国家，即使有些国家在现在看来属于海洋型国家，但是在造船技术、航海技术不发达的时代，人们的活动范围紧紧围绕着陆地而展开，这些国家也只能算作陆地型国家。而伴随着舰船制造技术、航海技术的发展，人们可以摆脱陆地的限制，以陆地驶向海洋乃至全球，活动范围大大扩大。加之随着资本主义的发展，资本的内在扩张性促使国家力量投向海外，在全世界范围内逐利，由此使得濒临海洋或被海洋包围且积极开展海外扩张的陆地型国家实现了国家转型，从之前的陆地型国家转变为海

[①] 周平：《国家的疆域：性质、特点及形态》，《四川大学学报》（哲学社会科学版）2015年第1期。

陆复合型国家。在此，需要强调的是，海陆复合型国家有两个基本要件：一是国家地理位置上濒临海洋或者被海洋包围；二是必须积极开展海外活动甚至扩张。因此，本文中的国家转型是基于国家疆域形态来界定的，是从国家所占据和控制的地理空间的角度来对国家发展变化所做的阐释。

美国在完成陆地边疆扩张、构建起陆地边疆架构之时，已经发展成北美陆权强国。美国陆地边疆架构构建的过程就是美国北美陆权强国形成的历史过程。1776 年，13 个殖民地宣布独立时，美国所占据的空间仅局限于靠近大西洋沿岸的弹丸之地。1783 年《巴黎和约》的签订，使得美国的领土面积达 230 余万平方公里。之后，以此为基点，美国不断开疆拓土，领土面积不断扩大，短短 64 年间，陆地疆域便从大西洋沿岸拓展至太平洋，其扩张速度之快、拓展面积之广，举世罕见。在边疆扩张过程中，美国还实行了有效的边疆治理，将扩张的领土有效地纳入国家机制当中，使之成为美国疆域中不可或缺的有机组成部分，并促成了美国的飞速发展，使美国成为名副其实的陆地强国。

美国从陆地强国转型为海陆复合型强国与美国海洋边疆架构的构建密不可分，美国的海洋边疆架构的成功构建及发展促使美国实现了国家转型。美国在完成大陆扩张之时，其疆域三面临海，这为其发展成为海洋复合型强国创造了绝佳的地理条件。但仅有此条件，不足以成为海陆复合型强国，还必须积极开展海外活动乃至扩张行为。

美国积极构建其海洋边疆架构以促成美国的国家转型。由陆地强国转变为海陆复合型强国，有其内在的历史逻辑。为适应帝国主义时代国际竞争和国内发展的需要，富有扩张主义传统的美国不断增强其海权力量，待到时机成熟，便发动美西战争，展开海洋边疆扩张。成功夺取西班牙的海外殖民地之后，美国将海权力量投射至新夺取的海洋边疆，并形成了一种海洋边疆和美国本土有机结合、良性互动、互为支撑的关系，推动了美国的飞速发展，从而使得美国成功地实现陆地强国到海陆复合型强国的转型。

　　帝国主义时代是海权的时代，是抢夺海洋边疆的时代。在帝国主义时代，对于垄断资本而言，海洋边疆有着不同于以往的特殊意义，其作为原材料产地和销售市场的意义极为重要。同时，它又是帝国主义国家资本输出的重要场所。可美国作为资本主义国家中的后起之秀，当其有实力角逐殖民地争夺时，却发现世界已被列强瓜分完毕。可是美国的国家发展在陆地边疆架构构建完成以后的 19 世纪末，有了新的需要。19 世纪末，美国经济迅猛发展，在第二次工业革命的推动下，生产效率快速提高，生产力急剧发展，工农业生产持续高涨，使得美国国内市场显得狭小，导致产能过剩，亟须寻找海外市场。不仅如此，美国还迫切需要寻找海外资本输出场所和原材料产地。

　　帝国主义时代国际竞争和国内发展的迫切需要，使得美国意识到海外殖民地的重要性，加上马汉"海权论"的积极影响，美国将海洋边疆的地位和作用提升到前所未有的高度，开拓海洋边疆势在必行。而美国的扩张主义传统也契合了海洋边疆扩张的需要，这种扩张主义传统形成于美国建国及紧随其后的"西进运动"过程中。英国在北美的 13 个殖民地本身就是扩张的产物，建基于 13 个殖民地之上的美国从一开始就打上了扩张的烙印，在建国之后所开展的轰轰烈烈的大陆扩张活动——"西进运动"中，扩张性的民族性格和精神又得以塑造，扩张主义的传统也得以形成。这种扩张主义的传统必然影响美国的开疆拓土行为。

　　有强烈的主观冲动和战略意志，但是缺乏战略能力，拓展海洋边疆也是不现实的。在战略能力的形成方面，美国强大的工业制造能力给予了其强大的支持。第二次工业革命不仅改造了美国之前的技术体系，促进了美国资本主义工农业经济的飞速发展，使得美国的工业化得以实现，还促使美国由自由资本主义向垄断资本主义转变的速度加快，推动了垄断资本主义在美国的最终形成。在"海权论"的影响下，美国利用强大的工业制造能力，加快了舰只的制造，升级了海军军备，加之革新管理体制，加强人才培训，推动了美国海军建设进程，增强了美国的海权力量。

海洋边疆的夺取是美国实现由陆地强国转变为海陆复合型强国最为关键的一步。之前的战略意志的形成和战略能力的塑造仅仅是基础条件，由陆地强国到海陆复合型强国的转变还离不开海洋边疆的夺取。在这方面，美国审时度势，进行了正确的战略选择，将日益没落的老牌殖民帝国西班牙列入战略目标。实践证明，这是十分明智与合理的选择。通过发动美西战争并迅速取得战争的胜利，美国将西班牙的菲律宾、波多黎各以及关岛等海外殖民地收入囊中，并纳入美国的疆域范围，使得美国的疆域形态发生改变，由原来单一的陆地疆域转变为陆地疆域和海洋疆域有机结合的海陆复合型疆域。这种复合型疆域最为重要的特点是海洋疆域与陆地疆域的有机结合与良性互动。有效管控海洋疆域的海权力量的形成离不开美国本土的支持，反过来，新夺取的海洋边疆不仅成为美国本土的原材料产地、商品和资本的输出场所，还有利于维护美国本土的安全。这种相互支撑的良性互动关系的形成与发展对于美国的飞速发展甚至崛起起到了积极推动作用，并最终标志着美国由陆地强国转型为海陆复合型强国。

五　提升美国的国际地位

通过成功构建和发展海洋边疆架构，美国的国际地位得以不断提升，从海权大国发展为海权强国，进而登顶成为海权霸主。

从19世纪90年代到第一次世界大战前夕，美国海洋边疆架构的构建之路在世界近现代史上是值得特别关注的。历经20多年的发展，通过制定和实施前瞻性的舰船建造计划、不断推进技术进步、革新海军管理体制、扩展海军规模、提升海军素质，美国的海权力量得以快速提升，海军实力也快速跻身世界前列，排名由之前的第12位上升为世界前3位。在此过程中，海军部由于发挥了极其重要的作用而成为国家的重要部门。美国不仅加强海军的建设，还极为重视商船的发展，并积极制定政策来鼓励对外贸易，使得美国的海外市场得到快速的开发，增强了美国的经济实力。在海洋边疆战略制定和实施方面，通过发动美西战争，抢夺海外殖民地，拓展海洋边疆，建立海军基地；在夺取运河的基础上，通过"门罗主义"政策的实施，排斥欧洲势力对拉美海域的渗透，美国掌握了大西洋和太平洋之间交通的钥匙，将加勒比海变成了美国的"内陆海"，将美洲变成了"美国人的美洲"；通过对其海洋边疆菲律宾的侵占和管控，以及在中国推行"门户开放"政策，美国在西太平洋夺得无比优越的战略要地，同时在远东获取了巨额利润。在面对欧洲强国方面，美国采取的是利用强大的工业制造能力，打造实力强劲的大西洋舰队，利用错综复杂的欧洲局势，介入欧洲的缠斗中，纵横捭阖，营造了良好的外交环境，并成功地对欧洲强国发起了挑战。在这 20 多年的发展历程中，美国成功实现了从大陆强国到海陆复合型强国的转型，并初步建立全球海洋战略体系，其海权大国地位得以初步形成，美国真正开始以实力强劲的大国姿态登上了国际竞争舞台。

美国真正成为海权强国是在第二次世界大战前夕。在第一次世界大战期间，美国适时调整了海洋边疆战略，以太平洋战略服从大西洋战略、主力舰的建造服从反潜舰只的建造为指导，确定战时的中心任务，集中力量对付最重要的敌人。通过对拉丁美洲国家内政的干涉、海军陆战队对拉丁美洲部分国家的军事占领以及加勒比海巡逻队的建立，美国牢牢管控住其后院——美洲海域。通过对日本关系的战略缓和，美国维持了其在中国的"门户开放"政策，保证了菲律宾的暂时安全，也保障了美国在太平洋的战略地位。不仅如此，在战争中，美国海军还开拓了新的海洋边疆，在希腊、俄国、法国、英国、爱尔兰等国家都建立了海军基地。与此同时，美国海军也取得了飞速发展，美国在役海军官兵人数由第一次世界大战美国宣战之时的 65777 人，发展到 529504 人。[①] 最为重要的是，美国在太平洋和大西洋各拥有一支实力强劲的舰队的梦想也已经实现。

美国从海权大国到海洋强国的转变不仅体现为海军实力的增强、海洋边疆的开拓、赢得第一次世界大战，更体现在战后其与当时海权强国甚至海权霸主的博弈当中。只有对博弈态势进行分析才能更深刻地把握美国海权地位的变化。美国海洋边疆架构在第一次世界大战期间的发展，为美国争夺国际海洋秩序话语权奠定了坚实的基础。在以实力为前提的国际政治舞台上，美国在威尔逊政府的领导下，以坚实的海权力量为后盾，与各海权强国展开了激烈的博弈，最终夺取了和当时海权霸主英国同等的海权强国地位，并在 1921 年的华盛顿会议上通过以吨位数来确定各海权国家的舰队总量，将这种和英国海权同等的地位坐实。

而美国登顶世界海权霸主地位则是在第二次世界大战之后。第二次世界大战导致战前两大海权国家日本和英国的衰落。而美国在经历"二战"之后，其海权力量不降反升。因为经历了"二战"的洗礼，美国趁机扩建海上力量，海军、战舰、海军飞行器都得到加强。且由于担负着关键的护航重任，又锻炼了护航和后勤保障能力，加之在实战中锻炼起来的海空战略战术、娴熟的海陆两栖作战能力，以及超强的工业生产能力，美国的海权力量在"二战"后傲视群雄。要强调的是，美国在"二战"中还发了战争财，不仅本土未受到破坏，还大大增强了国家实力，这一升一降的对比，凸显出了美国的海权霸主地位。

---

① *Annual Report of the Secretary of the Navy for* 1918，p. 66.

第四章
立体化边疆架构助推美国称霸全球
（1945～1991 年）

1945～1991 年属于美苏争霸的冷战时期。实力如日中天的美国基于意识形态与苏联展开了长达 40 余年的冷战对抗，在这期间，美国不仅和苏联在全球抢夺势力范围，还将目光投向空中和太空，相继开启了空中边疆和太空边疆的构建进程，这都得益于之前发展所积累的国家综合实力所提供的基础，以及美苏争霸给边疆架构调整所提供的动力。美国之前的陆地边疆和海洋边疆紧密结合，形成的是一种平面化的边疆，而伴随着美国空中边疆的成功构建，美国边疆架构开始往立体化发展，而太空边疆的构建完成则标志着立体化边疆的进一步发展。在这期间，边疆架构对美国的国家发展产生了巨大且深远的影响，并助推美国战胜苏联从而登上全球霸主的宝座。

第一节　美国立体化边疆架构构建前的国家发展

第二次世界大战结束时美国所具备的实力无与伦比。阿诺德·沃尔弗斯（Arnold Wolfers）描述道，"这个国家在世界各个国家之间处于独一无二的地位——事实上是一种史无前例的地位。如果说这个国家由于拥有海军和空军的优势，因此在原子弹发明以前就已经在极大程度上可以免遭进攻的话，那么，对这一威力无穷的武器的独家拥有，已经让整个世界的城市和生产中心，包括强大的苏联听凭我们和平意图的摆布。历史上从未有过所有其他大国如此依赖一个主要大国的时代"①。《时代》周刊宣称："在这一时刻，美国站在世界的巅峰"。②

一　成为世界首屈一指的政治强国

在第二次世界大战过程中，美国就积极谋求建立以其为主导的国际秩序。正所谓战争是政治的继续，政治是战争的归宿。美国在"二战"还未结束时便极为关心战后的国际秩序问题。

1943 年，德黑兰会议召开，罗斯福借机呼吁成立一个国际性的政治组织来维护战后世界和平。第二年，美国、苏联、英国在美国的华盛顿敦巴顿橡树园举行会谈③，就联合国组织的建立展开激烈的讨论，最终通过了"关于建立普遍性国际组织的建议案"。此建议案规定了联合国的宗旨和原则，以及联合国大会、安全理事会等主要机构的组成和权责。1945年的雅尔塔会议又解决了联合国安全理事会中大国的否决权问题以及将乌克兰和白俄罗斯列为联合国创始会员国的问题，为联合国的最终形成奠定了坚实的基础。1945 年，召开了历时两个月的旧金山会议，与会各国代表签署了《联合国宪章》，在闭幕仪式上，美国总统杜鲁门发表了激情洋溢的演说，称赞此次会议"实现了 30 年前那个伟大政治家——伍德罗·威尔逊的理想"以及"第二次世界大战中那个英勇的领袖富兰克林·罗

---

① Arnold Wolfers, "The Atomic Bomb in Soviet – American Relations", in Bernard Brodie, *Absolute Weapon*: *Atomic Power and World Order*, New York: Harcourt, Brace, 1946, pp. 91 – 92.
② "Days to Come", *Time*, Vol. 46, No. 9, August 27, 1945, p. 19.
③ 从 1944 年 9 月 29 日到 10 月 7 日，中国也加入会谈。

斯福的目标"①。10 月 24 日，此宪章正式生效，联合国得以建立起来。

自联合国建立伊始，美国就一直控制着这个工具来帮助其实现国家利益。联合国的创建及其受制于美国，反映了美国超强的政治实力以及设计和主导政治议题的能力，"二战"后的美国实现了称霸资本主义世界的战略目标，政治上成了全球首屈一指的强国。联合国建立时，创始国数量是51 个，西欧与拉美占据了 34 席，均认同并支持美国。亚非地区占据 11席，其中大多数也支持美国，仅 6 个国家属于苏联势力范围。② 联合国安全理事会作为联合国最主要的机构，也受控于美国，五个常任理事国，除苏联以外，均受制于美国。联合国的制度设置和结构有利于美国利用联合国来谋取其国家利益。数据显示，800 多项联合国决议在 1946～1953 年被通过，美国所赞同的，只有 2 项未通过，以致《纽约先驱论坛报》评论说，美国在联合国组织里已 "形成一种独断专横的力量"，操纵着为其服务的多数票集团，"在一个世界性会议上横行霸道"。③

截至 1946 年，除了将美洲和西欧纳入其势力范围，美国在亚太地区的势力扩张也异常迅猛，除了改造日本，掌控蒋介石集团统治下的中国以及韩国，还在太平洋上将马里亚纳等群岛纳入其控制范围。据统计，"二战"之后的美国所掌控的海外领土及领海面积惊人，竟高达 1.08 亿平方英里，其中领土面积增加 1100 万平方英里，领海面积增加 9640 多万平方英里。④ 除此以外，美国还可利用联合国来对苏联以及其他国家施加巨大的政治压力，以致杜鲁门说："在过去 50 年所发生的一切巨大变化中，

---

① 哈里·杜鲁门：《杜鲁门回忆录》（第 1 卷），三联书店，1974，第 218 页。
② 刘绪贻等主编《美国通史（第 6 卷）：战后美国史 1945～2000（上）》，人民出版社，2002，第 13 页。
③ 《纽约先驱论坛报》，1945 年 5 月 2 日和 15 日，转引自刘绪贻等主编《美国通史（第 6卷）：战后美国史 1945～2000（上）》，人民出版社，2002，第 14 页。
④ 刘绪贻等主编《美国通史（第 6 卷）：战后美国史 1945～2000（上）》，人民出版社，2002，第 14 页。

美国在世界事务中地位的变化是最重要的变化", "今天……我们已经从世界事务的外缘走到世界事务的中心"①。正如杜鲁门所说,美国确实已经取代西欧而成为资本主义世界的政治中心,成为全世界首屈一指的政治强国。

二　成为全球排名第一的经济强国

经历了残酷而惨烈的"二战",不仅本土未受破坏,美国还抓住历史给予的良机,大力发展经济,促进经济实力快速提升。"二战"结束之初,美国的工业生产总值在资本主义世界中占 1/3(1948 年占 53.4%),出口贸易占资本主义世界贸易总额的 1/3(1949 年约为 32.4%),黄金储备占资本主义国家的 3/4(1949 年约为 73.4%,达到 246 亿美元)。② 美国的国外投资总额也居世界第一,1948 年其国外投资为 313 亿美元。③ 1945 年美国的国民生产总值高达 2136 亿美元,雄踞世界第一。④

在农业方面,由于战时各国对粮食、棉花等各种农产品需求激增,作为农业大国的美国抓住机遇,大力发展农业生产。最开始,农场主不敢放手大胆地生产,于是,联邦政府于 1942 年修改农业政策,放弃之前的限制生产政策,改为鼓励增产,且规定农产品的价格最高限额必须高于一般商品的价格。第二年又成立战时粮食管理局,专门负责战争时期农业生产的管理工作。在珍珠港事件发生以后,美国农产品终于由过去的长期积压扭转为供不应求。1940~1945 年,美国农业生产者从 1167.1 万人下降至1087.3 万人,耕地面积却扩大 3%,整个农业生产指数还从 1940 年的 112

---

① 美国《国会记录》,1950 年 1 月 4 日,转引自刘绪贻等主编《美国通史(第 6 卷):战后美国史 1945~2000(上)》,人民出版社,2002,第 14 页。
② 黄绍湘:《美国通史简编》,人民出版社,1979,第 658~659 页。
③ 高冬明:《美国战争机器:1607~1945》,社会科学文献出版社,2014,第 502 页。
④ 刘绪贻、李存训主编《美国通史(第 5 卷):富兰克林·D. 罗斯福时代(1929~1945)》,人民出版社,2002,第 368 页。

增加至 1945 年的 136，农产品的价格也在 1939～1945 年上涨了约 118%，这主要归功于美国机械化程度的提高、农药的改良、化肥的大面积使用以及杂交玉米的推广。由于农业产量的急剧增加、农产品价格上升比工业品快，农场主的实际收入增长不少。1940～1945 年，美国农业的纯现金收入从 23 亿美元上升为 94.58 亿美元，增长 3 倍以上。农场主在"二战"时期及其结束后初期比以往任何时期都更为富裕，不仅偿还了几十亿美元的债务，还以储蓄和证券的形式积累了大约 100 亿美元的财富。①

不仅农场主收入急剧增加，美国人的收入也普遍增加。自珍珠港事件以来，美国人每周的平均收入从 24.2 亿美元增至 44.39 亿美元，增幅达到 83.4%。"二战"结束时，美国持有公债的人数就达 8500 万人，美国人在银行的储蓄存款更是高达 1364 亿美元。以致有美国学者评论说："第二次世界大战开始以来，生活水平还能提高的，只有我们国家；整个欧洲都已经弄得精疲力竭，而我们没有。"②

基于强大的政治实力以及雄厚的经济实力，"二战"后的美国积极构建有利于其称霸的国际经济秩序，最显著的表现是布雷顿森林体系的建立。

早在 1942 年，时任美国财政部长助理的哈里·怀特奉命起草了一份联合国稳定基金与联合国及协同国家复兴银行计划的草案，俗称"怀特计划"，其主旨是将美国作为国际金融的中心，以取代大英帝国的世界金融霸权。当时的英镑区，作为一个拥有数十个国家和地区的货币集团，对于美国实现美元霸权地位是不小的障碍。但是，美国政治实力和经济实力正在快速提升，而其他资本主义国家在"二战"中遭受严重的创伤，此消彼长的局面为美国夺取经济霸权提供了绝佳的机会。于是在 1944 年，

---

① 刘绪贻、李存训主编《美国通史（第 5 卷）：富兰克林·D. 罗斯福时代（1929－1945）》，人民出版社，2002，第 369 页。
② 刘绪贻、李存训主编《美国通史（第 5 卷）：富兰克林·D. 罗斯福时代（1929－1945）》，人民出版社，2002，第 369 页。

在"怀特计划"的基础之上，时任美国财政部长的亨利·摩根索倡导并召开了一次联合国货币金融会议，地点在美国新罕布什尔州的布雷顿森林，所以被称作"布雷顿森林会议"，有 44 个国家的代表参加会议。此次会议通过了一项重要决议：35 美元等于一盎司黄金，各个国家中央银行可将持有的美元按照官方价格向美国兑换黄金，并规定其他会员国货币按其含金量同美元订出固定比价，各个会员国有一次不超过 10% 的汇率波动机会，但是此后汇率的波动必须先征得基金组织的同意，不能随意变动。如此这般，美元直接挂钩黄金，而其他会员国的货币直接挂钩美元，使得美元变成"美金"，成为和黄金相等的储备货币以及主要的国际支付手段，取得凌驾于其他货币尤其是英镑之上的特权。以美元为中心的世界货币体系得以建立起来，有利于美国维持其金融霸权地位，也解决了自 1929 年以来一直悬而未决的国际货币问题。

为了贯彻"布雷顿森林体系"，会议决定成立国际货币基金组织。该组织成员国的货币可以按照与美元的汇率与其贸易伙伴自由交换，该组织拥有 100 亿美元的资本，其中一半来自美国，除此以外，美国还拥有该基金组织 1/3 的表决权。按照规定，该组织可以向外汇暂时短缺的成员国提供贷款，在必要的时候组织有权要求这些国家改变其经济和贸易政策。作为国际货币基金组织附属机构的世界银行，也称作国际复兴开发银行，可以从事发放长期贷款的业务，以增进私人投资和国际贸易的增长，其中美国出资世界银行 91 亿美元总资本当中的 31.75 亿美元[1]。由此，美国不仅建立了以美元为中心的国际货币体系，还在人事和资本上控制了国际货币基金组织和世界银行，这不仅是美国取得世界经济霸权的表现，在此制度设计和安排下，更夯实了美国以后继续在全球经济领域称霸的基础。美国联邦储备委员会直接成了资本主义世界的中央银行。值得一提的是，苏联

---

① 何顺果：《美国史通论》，学林出版社，2001，第 301 页。

虽然当时参加了布雷顿森林会议，但拒绝在最终协议上签字，更没有参加国际货币基金组织和国际复兴开发银行，为此后的美苏争霸埋下了伏笔。

美元占据了国际储备货币的重要位置，使得美国可凭借此利器，审时度势地采取发行美元和信用扩张或收缩的措施，来操纵国家金融机构的重要活动，以建立并维持美国的金融霸权。利用金融霸权地位的优势，美国逻辑上可不受限制地向世界发行美元，来支付其高昂的军事费用，大幅增加美国资本的海外输出，实施对外经济援助，从全球购买物美价廉的原材料及美国人所需的各种商品。此外，35美元等于一盎司黄金是1934年规定的。这一规定，实际上抬高了美元的对外价值，压低了黄金的价格。美元定值偏高，对战后初期美国向外经济扩张极为有利。

三　军事实力荣登全世界第一

第二次世界大战是人类历史上最惨烈的一次世界大战，卷入的国家之多、战争中伤亡的人数之巨、战争所波及的范围之广，都堪称人类历史之最。除美国以外，各参战国家都不同程度地受到创伤，尤其是之前实力雄厚的主要资本主义国家，如德国、日本、意大利、英国、法国，加上社会主义国家苏联。这些国家的经济大受摧残，军事实力大幅下滑，唯独美国在战争中大发横财，并趁机增强自身的军事实力，在此消彼长的激烈竞争态势中，美国的军事实力称霸全球。

1939年美国的武装部队总人数才33万多人，可经过第二次世界大战的洗礼和发展，到1945年，其人数竟高达1212万人之多。[①] 此时，美国陆军是世界上最强大的陆军，虽然苏联陆军在数量上占优，但在武器装备、战略机动能力和后勤保障能力方面，美国独占鳌头。

---

① 刘绪贻等主编《美国通史（第6卷）：战后美国史1945～2000（上）》，人民出版社，2002，第12页。

　　美国的空军经过"二战"的发展也跃居世界第一。不管是空军人数，还是空军武器装备的先进程度以及杀伤力，都令其他国家汗颜。美国的B－29 远程战略轰炸机是当时世界最为先进的轰炸机，有"超级空中堡垒"的美誉。其重型轰炸机的数量达到 11065 架，居各国之首。[1] 此外，美国还是全球唯一拥有横跨大洋的航空力量的国家。它拥有 15000 架远程飞机，不仅几乎垄断了当时的洲际空中运输，还几乎完全控制了资本主义世界的空中航线。[2]

　　而美国海军的发展态势更为迅猛。根据历史学家爱德华·比切的估算，美国海军在第二次世界大战之前历史实际作战时间仅有 56 个小时。[3] 但是"二战"以后，美国一跃成为世界海洋的霸主。美国的海军在役官兵由 1940 年的 20.3127 万人激增至 1945 年的 340.8455 万人，海军陆战队达到 48.5 万人；1945 年美国拥有舰船数量达 68936 艘，其中主力舰 1166 艘；拥有飞机 74032 架，其中 4.1 万架在作战的 4 年当中编入太平洋和大西洋两大舰队执行任务。在这 5 年当中，美国海军人数增长了 20 倍，舰船数量增长了 60 倍，舰船总吨位增长了 6 倍，海军飞行器增长了 24 倍。[4] "二战"期间，航空母舰逐渐取代了战列舰而占据海军的主导地位。1941～1945 年，美国海军共拥有 34 艘航空母舰，其中不包括护航航空母舰。[5] 到 1947 年，美国的商船吨位不仅超过了所有国家，位居第一，而且超出的吨位数量惊人，所有资本主义国家的商船吨位数加起来都比美国少。此外，美国海军舰艇的吨位数为 380 万吨，是第二名的英国的两倍

---

①　白建才、戴红霞、代保平：《美国：从殖民地到惟一超级大国》，三秦出版社，2005，第 53 页。

②　刘绪贻等主编《美国通史（第 6 卷）：战后美国史 1945～2000（上）》，人民出版社，2002，第 12 页。

③　Edward L. Beach, *The United States Navy*: 200 *Years*, New York: Holt, 1986, p.451.

④　自刘娟：《美国海权战略的演进》，社会科学文献出版社，2014，第 141 页。

⑤　萧石忠：《美国海军与海军陆战队》，人民出版社，2004，第 6 页。

多。除此以外，利用强大的军事实力，美国建立的海外军事基地多达 484 个，全球几乎每一处重要海域都被美国控制。[1] 以致英国的高级军官在写给美国海军上将欧内斯特·金的信中说："美国海军在你作为总司令的领导下，以前所未有的速度，发展成为全世界最强大的海上力量。"[2]

四　科技实力迅猛发展

第二次世界大战"不独是在战场上打赢的，而且也是在实验室和试验场中打赢的"[3]。尤其是作为"民主兵工厂"的美国，其科技实力的突飞猛进，对于第二次世界大战的胜利做出了巨大的贡献。战争需要科技实力的支撑，美国在备战以及加入战争过程中，都极为重视科学技术的发展。而经历了"二战"的迅猛发展，美国的科技实力也冠绝全球。

为了应对战争对科学研究的需要，罗斯福总统首先优化组织机构，于 1941 年下令组建科学研究与发展局，负责整个美国国防科学研究的组织与协调工作，以及对相关部门的科研项目或计划进行审查，并对战争装备及手段的科研给予充分支持。与此同时，将战前各自独立的联邦政府实验室、工业实验室、高等院校和非营利研究机构等 4 个分散的科研系统联系在一起，由直属总统领导和指挥的科学研究与发展局进行统一协调和管理，便于集中全国优秀的科研人员和科研设备攻关重点领域中的重点科研项目，尤其是在原子能、电子计算机以及空间技术等领域，取得了举世瞩目的成就。而战后以原子能、电子计算机以及空间技术为标志的第三次科技革命在美国首先兴起，更是促进美国科学技术的飞速发展，使得美国的科学技术水平跃居世界首位。

---

[1]　刘绪贻等主编《美国通史（第 6 卷）：战后美国史 1945～2000（上）》，人民出版社，2002，第 12 页。

[2]　高冬明：《美国战争机器：1607～1945》，社会科学文献出版社，2014，第 488 页。

[3]　〔美〕阿瑟·林克、威廉·卡顿：《一九〇〇年以来的美国史》（中册），刘绪贻等译，中国社会科学出版社，1980，第 191 页。

（一）曼哈顿计划

在第二次世界大战期间，为了抢在纳粹德国之前造出原子弹，美国于
1942 年 8 月 11 日制定了"曼哈顿计划"，该计划由陆军部的莱斯利·格
罗夫斯将军负责。格罗夫斯一上任就组织了包括其在内的 3 人委员会，由
总统的科学顾问担任主席。为了解决制造原子弹所需的最重要的铀矿石，
美国通过交涉，控制了比属刚果的铀矿。与此同时，为了同在研制核裂变
处于优势地位的德国竞争，1943 年，罗斯福和丘吉尔达成共识，决定共
同研制原子弹，以加快原子弹研发的进程，并成立了由美国、英国、加拿
大三个国家组成的联合委员会以促进原子弹的研发。在这些政策的推动
下，来自英国的 28 名杰出科学家，意大利著名核物理学家恩里科·费米、
丹麦著名核物理学家尼尔斯·博尔、匈牙利的爱德华·特勒以及利奥·西
拉德纷纷加入研制原子弹行列，这些欧美最顶尖的科学家的加入，壮大和
提升了原子弹研制队伍，加快了原子弹研发的速度。由于"曼哈顿计划"
属于国家最高机密，所以美国实行了极端严格的保密制度和新闻审查，这
种严格的程度甚至达到对当时的副总统杜鲁门以及国务院最高级官员都要
保密。不仅如此，美国还组建特别情报小组，收集德国关于原子能方面的
所有情报，包括德国研究人员的工作单位和家庭住址、铀矿来源、核物理
实验室和工厂的具体位置。

通过周密的设计以及严格的执行，"曼哈顿计划"快速推进。1942
年，美国在芝加哥大学建立了全球首个实验型原子反应堆，并成功地进行
了首次可控的链式反应。1944 年，美国在橡树岭工厂成功生产出首批浓
缩铀235。1945 年 7 月 12 日，一颗试验性的原子弹开始最后装配，并于 4
天后在新墨西哥州的一片沙漠地带爆炸成功。

"曼哈顿计划"从制定到成功一共不到 3 年，在此期间，美国聚集起
欧美最优秀的核物理学家，整合了各种工业和经济资源，并积极动员了大
量科研人员，耗费巨资，制造出全球第一批原子弹。"曼哈顿计划"的成

功标志着人类跨入了原子能时代。

（二）电子计算机

战争的局势千变万化，要时刻把握局势，需要精准的判断。而精准的判断与大量的计算密不可分。战时的军事、生产和科研都存在大量复杂的计算问题，常常需要上万次甚至上百万次的运算，而且对运算的精准性要求非常高，因此，战争的迫切需要对计算工具提出了更高的要求，推动了电子计算机的研发。

在电子计算机发明和投入使用之前，计算工具是手摇的机械计算机，效率低下，满足不了战争的需求。1942年，美国宾夕法尼亚大学莫尔电工学院与阿伯丁弹道研究实验室合作，共同负责为陆军计算火力表，每张表都必须对数百条弹道的数据进行运算。按照当时最为先进的条件，一个熟练的计算工作人员使用计算机计算一条飞行时间为一分钟的弹道，所需时间是20个小时，200个计算人员日夜工作也难以满足要求。据此，莫尔电工学院的莫克利等青年科学家对电子计算机展开了研发。他们站在前人的肩膀上，提出了一份备忘录——《高速电子管计算装置使用》，该备忘录成了世界上第一台电子计算机的设计方案，载入了电子计算机发展史册。这份方案受到美国军方伯乐的高度重视和支持。1943年4月，弹道研究所决定投资40万美元来支持莫尔电工学院研发这种新型计算机。经过两年的努力，全球首台电子计算机于1945年底成功研制出来，在第二年的展示中取名为电子数值积分和计算机。这种新型计算机一小时的工作量等于当时100个人两个月的工作量。

电子计算机的成功研制，是科学技术史上一项划时代的成就。美国作为电子计算机的发源地，又一次占据了科学技术发展的制高点。

（三）航空航天技术

随着杜黑（Giulio Douhet）《制空权》（*The Command of the Air*）一书的发表及其制空权理论的提出，人们越来越重视空中力量的建设。在第二次世界大战中，空中力量发挥了巨大的作用，某种程度上左右着战局的变化。美国趁势而为，基于其深厚的工业基础和优越的技术条件，加上战时强大的动员和组织能力，在整个"二战"期间，生产了各种类型的飞机多达约 40 万架，美国一跃成为世界航空大国。

美国不仅在飞机数量方面发展惊人，在飞机的质量以及技术方面也走在世界的前列。飞机最核心的部分是动力装置，"二战"之前的飞机所采用的动力装置是活塞式内燃机，这种飞机飞行的速度是低于声速的。1941年，英国研制并试飞成功了世界上首架喷气式飞机。美国马上将其引进，并于 1945 年成功研制出轴流式压气喷气式飞机，开启了航空史上飞机的亚声速和超音速时代，飞机的速度大幅提高，提升了空中力量的战斗力。

与此同时，美国还基于战争需要，重视火箭技术的提升。在"二战"爆发时，德国的火箭研究遥遥领先于美国，为改变这种不利局面，美国于1941 年底着手执行一个庞大的火箭技术方面的研究规划。第二年，美国就成功研制出筒状火箭发射器，所射出的一枚火箭，其威力足以摧毁一辆坦克。随后，美国又成功研制出种类繁多用途各异的火箭发射器和火箭，有的服务于军舰攻击敌方海岸，有的服务于地面战斗和防空作战。配备了技术先进的火箭的战斗机，其战斗力大增，火力相当于一艘驱逐舰。

"二战"以后，德国战败，极为重视人才的美国抢先占领了德国的火箭研究中心，通过各种办法将德国上百位最优秀的火箭专家和工程技术人员留在美国。正是这些世界顶尖的专家和技术人员领导了战后美国火箭的设计和研发工作，夯实了美国火箭技术发展的基础。而火箭技术又是空间技术的基础，战争时代美国对火箭技术的重视以及所取得的成就，为战后航天时代的开启尤其是震惊世界的阿波罗登月计划的成功实现奠定了组织、人员以及技术基础。

除此以外，为了应对和遏制德国的空袭和潜艇攻击，美国发展和完善了各种防御和攻击性武器。首先是雷达系统。美英两国合作组织了一大批优秀的科学家来完善雷达技术。雷达用途广泛，对战争的防御和攻击都至关重要。战斗机上配备雷达系统，有利于空军的夜间截击活动；巡逻飞机上装配雷达系统，可以精准探测敌方飞机和海面潜艇的活动，利于情报搜集；轰炸机上装配雷达系统，可以提升投弹的精准度。因此，雷达系统在美国的军队中大量使用，提升了美国的防御和攻击实力。其次是反潜技术。"二战"中德国的潜艇技术先进，杀伤力巨大。为了应对纳粹德国的潜艇战，美国国防研究委员会和哈佛大学水下声学实验室合作，成功研制出更为有效的反潜设备，即所谓的声呐或水下测声器。此外，美国还组织了一个由一大批优秀的物理学家和数学家组成的运筹组织，创造性地将运筹学用于对潜艇的搜索，发明了著名的扫率公式。在此公式的指导下，美国的反潜能力大为提高，从而大幅减少了同盟国在大西洋航运的损失。最后，美国还研制出一种安装在炮弹里面的无线电引信。这种微型无线电装置在靠近敌方目标时会自动引爆。1943年在对日军飞机作战时首次使用了这种武器，1944年在和德国作战时通过使用这种新型装置，有效地压制了德国地面部队。

第二节　美国国家发展催生立体化边疆架构

美国的国家发展对立体化边疆架构的催生作用不仅表现在为空中边疆以及高边疆的构建提供坚实的政治、经济以及人才和技术基础，更为其提供强劲的动力，二者有机结合，缺一不可，共同推动美国立体化边疆架构的构建。

一　国家发展是美国边疆架构立体化的基础和动力

（一）已取得的国家发展成就是美国边疆架构立体化的基础

1. 政治基础

政权的统一和稳固是国家谋求自身发展的必要条件，更是国家开疆拓土的坚实基础。美国自内战结束以来，其政权就一直很稳固。众所周知，美国为"二战"的胜利做出了巨大的贡献，是民主国家的兵工厂，是世界反法西斯阵营的运输队长和后勤部长。正是美国不断地从人力、物力以及财力等各方面支持反法西斯同盟，才保证了"二战"的胜利。而在贡献的背后，凝聚的是美国国内各种政治力量在博弈之后所达成的共识，反映的是美国强大的政治动员能力和凝聚力以及超强的战斗力。富兰克林·罗斯福从 1933 年开始担任美国总统一直到 1945 年，其连任四届，只是在第四届任期上逝世才由当时的副总统杜鲁门接任。连任四届在美国历史上独此一次，打破了美国历史上对总统最多只得连任两届的传统，这一方面反映了美国选民对罗斯福政府的连续支持，另一方面连续执政对于美国国内外政策的连续性是一个保障。在罗斯福的领导下，美国不仅克服了历史上最严重的经济危机，而且领导全世界反法西斯力量夺取了"二战"的胜利。

罗斯福政府不仅在国内赢得了选民的支持，在国际上也占据领导地位。罗斯福政府利用美国强大的动员能力、工业生产能力、军事运输和后勤保障能力以及雄厚的经济基础为反法西斯战争做出了巨大的贡献，赢得了各反法西斯国家人民的赞赏，提升了美国的形象，增强了美国在国际政治舞台上的威信。这种权威的增强有利于美国进行战后国际政治制度的设计和安排，联合国的成立即是明证。联合国从设想到成立，离不开美国在其中所发挥的领导作用，尤其是美国在"二战"中所发挥的关键作用使得美国在国际上的威信上升至顶点，而美国从"一战"开始就想在国际政治格局中享有与其经济实力相匹配的话语权，甚至想取代英国称霸资本主义世界。美国在"二战"还未结束时就积极为联合国的建立做准备，1943 年的德黑兰会议和 1945 年的雅尔塔会议的主要议题中都包含着如何建立联合国。在建立联合国的过程中又采取各种方式进行有利于美国的制度设计和安排，使得联合国一建立就处于美国的操纵之下，成为美国与苏联争霸的一个有利的国际政治工具。

良好的国内和国际政治条件为美国的边疆架构立体化奠定了坚实的政治基础。美国政权的稳固，以罗斯福为首的民主党执掌国家政权所取得的成就，一方面使之前开拓的陆地边疆、海洋边疆日益稳固并有机融入美国的疆域当中，助推美国的国家发展；另一方面又使得美国在国际政治舞台上日益强硬，外交政策更为积极有效，获得了更多的话语权。而建立和操纵联合国，以及掌控国际话语权，对于建立有利于美国的海洋法、航空法以及外层空间法等国际法助益不少。而这些国际法的形成对于美国维护和开拓其海洋边疆、空中边疆、高边疆以及实现美国边疆架构的立体化极为有利。

2. 经济基础

美国边疆架构的立体化中最关键的是开拓空中边疆和太空边疆，并使之与陆地边疆、海洋边疆有机结合，形成整体性的立体化边疆架构。因此，美国必须具备翱翔天空以及进入太空的能力，包括飞行器、火箭、卫星等器物的研制能力，驾驭这些器物的技术能力以及人才的培养等，每一方面都需要强大的经济基础作支撑。因为要征服一个全新的领域和空间，需要耗费的人力、财力以及物力往往难以估量，毕竟毫无经验可循，需要不断探索，其间所需技术的复杂程度、困难程度往往超乎人类想象，如果没有坚实的经济基础做支撑，不可能取得成功。而美国在"二战"结束后所积累的经济实力能够很好地支撑其开拓空中边疆和太空边疆。

"二战"结束之初，美国重要的经济指标均排世界第一，并在全球经济体系中占比巨大：工业生产总值和出口贸易都占资本主义世界的 1/3；黄金储备占资本主义世界的 3/4；国外投资总额排名世界第一；国民生产总值也排世界首位。美国的农业也取得了飞速发展，耕地面积得以扩大，农业生产者数量虽然减少，但整个农业生产指数、农产品的产量和价格却上升了，这主要得益于美国机械化程度的提高、农药的改良、化肥的大面积使用和杂交玉米的推广等。在此情况下，农场主的实际收入更增长不少，不仅偿还了几十亿美元的债务，还以储蓄和证券的形式积累了大约100亿美元的财富。不仅农场主收入急剧增加，美国人的整体收入都在增加。自珍珠港事件以来，美国人每周的平均收入从24.2亿美元增至44.39亿美元，增幅达到83.4%。"二战"结束时，美国持有公债的人数就达8500万人，美国人在银行的储蓄存款更是高达1364亿美元。以致爱德华·R. 默罗评论说，"二战"以来，生活水平还能提高的，只有我们国家；整个欧洲都已经弄得精疲力竭，而我们却没有。①

基于优越的国内经济条件，美国完全主导了"二战"后的国际经济制度设计，并取代了大英帝国的世界金融霸权。在美国主导下建立的"布雷顿森林体系"使得美元成为和黄金相等的储备货币以及主要的国际支付手段，美国取得凌驾于其他货币之上的特权，形成了以美元为中心、实行固定汇率制的资本主义世界货币体系，确立起了美元的霸权地位。为了贯彻落实"布雷顿森林体系"，美国又主导了国际货币基金组织和世界银行的建立。由此，美国不仅建立了以美元为中心的国际货币体系，还控制了国际货币基金组织和世界银行，这不仅是美国取得世界经济霸权的表现，更夯实了以后经济霸权的基础。

3. 人才和技术基础

美国是一个极为重视教育和人才培养的国度。其教育体系非常完善，并且理念先进，对教育的投资巨大，不管是公立学校的国家投入，还是私立学校所吸引的私人资本。此外，美国教育制度在当时还很自由，政府对教育事业的控制不严，尤其是高等教育。建校的主体没有限制，任何团体或个人都可申请成立大学或学院，且拥有充分的独立自主权，学校的宏观

---

① 刘绪贻、李存训主编《美国通史（第5卷）：富兰克林·D. 罗斯福时代（1929–1945）》，人民出版社，2002，第369页。

规划、微观举措，如人员的招收、经费支出，外界都无权干涉。使得 19
世纪内，美国相继出现几百所高等学府，1910 年的大学数量更多达近千
所，学生人数多达 33 万人，相比之下，当时的法国仅有 16 所大学，4 万
大学生。[①]

　　美国的行业竞争很激烈，教育行业也是如此。从某种程度来说，是美
国教育制度的自由特征导致教育行业的激烈竞争。在美国申请建立大学容
易，以致大学数量激增，但大学要生存下来谋求发展很不容易。大学之间
的竞争激烈，迫使各大学努力提高办学质量，积极引进人才，提升教育水
平，以吸引海内外的学子前来就学。此外，美国大学大部分是私立的，没
有政府资金支持，为了在激烈的竞争中生存下来实现长远的发展，必须提
高自身的核心竞争力，即高质量、高水平的教育。只有这样才能吸引学
生，筹到学校发展所需的资金，建立自身的美誉度，提高自身的竞争力。
因此，大学之间的自由竞争迫使学校纷纷提高教育质量，从而推动美国整
体教育水平的提升，为国家发展奠定了坚实的人才基础。

　　美国是一个由移民所组成的国家，这是其一大特色和优势所在。采取
各种办法吸引全世界的人才移民美国，为美国发展贡献力量，是美国的优
良传统。"一战"结束时，不少国家遭受战争的破坏，这些国家的科学家
们的生活和研究工作受到很大的影响，趁此良机，美国制定各种具有吸引
力的移民政策，在全世界抢夺高精尖人才，为美国所用。"二战"期间及
战争结束后，美国又如法炮制，甚至利用飞机和派遣特殊部队的方式，赶
往德国抢夺顶尖人才。他们和美国强大的工业制造能力、坚实的大学教育
和科技基础、庞大的人才库相结合，为美国军事科技和经济的发展作出了
卓越贡献，快速推动了美国高科技的发展。在这些人当中，有爱因斯坦、
恩里科·费米、"氢弹之父"特勒、"计算机之父"冯·诺依曼以及"航

---

　　①　王家宏：《美国人才政策和人才战略简论》，《中共桂林市委党校学报》2007 年第 2 期。

天之父"冯·布劳恩，等等。

美国重视人才并采取各种措施吸引人才，成功网罗了大批顶级科学家。在美国重视科技的大环境中，这些科学家如鱼得水，在各自领域发光发热，引领世界科技潮流，不仅使美国成功研制了氢弹、原子弹等高端武器，还发明了电子计算机，推动了航空航天事业的发展，并举全国之力实施"阿波罗"登月计划，凸显了美国的科技领先地位。

高科技的发展成为美国边疆架构立体化的坚实基础。"二战"的胜利不仅是在战场上取得的，更是在实验室打赢的。为应对"二战"对科技的需要，罗斯福总统不断优化科研的组织结构，聚集顶尖人才，重点攻关原子能、电子计算机以及空间技术，使得第三次科技革命首先在美国兴起，促进了美国科技的飞速发展。通过实施"曼哈顿计划"，美国成功研制了全球首批原子弹，使人类迈入原子能时代。通过组织攻关电子计算机研发，美国在1945年底成功研制出世界首台电子计算机。战争对航空航天技术的需要，促使美国投入巨资，聚集人才进行飞行器及其技术的更新迭代。战争时代美国对火箭技术的重视及所取得的研制成就，为战后航天时代的开启，尤其是"阿波罗"登月计划的实现奠定了组织、人才及技术基础。

（二）国家发展的进一步需要是美国边疆架构立体化的动力

仅仅称霸资本主义世界，美国已经不满足了，追求全球霸权，才是美国的下一步目标。美国对宇宙空间的战略意义很重视，其认为占领宇宙空间，有助于确立美国的霸权。早在20世纪60年代初，美国总统肯尼迪就认识到宇宙空间的战略意义，并积极推行"阿波罗"计划。到20世纪80年代，以高边疆战略的实施为标志，美国对宇宙空间的认知及所采取的战略措施，远远超过"阿波罗"计划。美国认为，宇宙空间是人类活动的下一个战略领域。为了战略意义，美国须抢先占据这一领域。高边疆报告的主持人格雷厄姆将军就说，由于空间技术的发展，进入宇宙空间已具有

"历史必然性"，而"凡是能够最有效地从人类活动的一个领域迈向另一个领域的国家，都取得了巨大的战略优势"[①]。

要称霸全球，必须战胜苏联。里根政府之所以不惜一切力量推行高边疆战略，用意很明显，就是针对苏联。开展空间军事竞赛耗资巨大，须有强大的经济实力作后盾。在这方面，美国优于苏联。因此，美国企图以强大的经济实力和先进的科学技术同苏联展开空间竞赛，将苏联拴在"星球大战"上，并谋求对苏联的实质性战略优势。

推动国家发展的需要促使美国构建立体化边疆架构。第一，太空工业化有助于美国的国家发展。第二，攫取太空资源，有助于在未来的空间时代把控主动权。第三，通过高边疆战略的实施，推动美国经济的全面发展，实现里根提出的"重振国威"口号。美国航空与航天局局长弗莱彻曾说："航天是一个国家在其他领域进展如何的标志，因此，在航天事业方面屈居第二或第三，将表明我们在经济、军事、社会计划和其他领域也居于第二或第三。"[②] 可见，美国将航天事业看作带动各领域发展的"火车头"。

二　美国边疆架构的立体化构建

（一）空中边疆

1. 杜黑的制空权理论及米切尔的空权思想

"制空权"一词由英国工程兵少校富勒尔顿首次提出，他说："未来战争可能由空中开始，制空权将可能是陆地和空中战争的重要前提。"[③] 但"制空权"理论的提出及其在全世界的深远影响，却归功于朱里奥·

---

① 〔美〕丹尼尔·奥·格雷厄姆：《高边疆——新的国家战略》，张健志、马俊才、傅家祯译，军事科学出版社，1988，第5页。
② 郗润昌：《美国的高技术与高边疆战略》，《国际技术经济研究学报》1988年第3期。
③ 于沛：《全球化境遇中的西方边疆理论研究》，中国社会科学出版社，2008，第125页。

杜黑。他科班出身，从 1908 年就进行航空学发展研究，经历过"一战"，担任过意大利空军的首个航空营营长以及米兰师参谋长。他结合自身经历，在长期深入研究的基础上，写就了《制空权》一书。

杜黑以为，天空、陆地以及海洋是同等重要的战场，伴随飞机的成功研制及广泛使用，世界战争的面貌发生了质的变化，人类自己构建了新的活动领域。夺取制空权对于未来战争非常重要。"掌握制空权表示一种态势，能阻止敌人飞行，同时能保持自己飞行。"① 要想掌握制空权，须先有强大的空中力量，然后通过与敌方交战获取，或者通过摧毁敌方地面的空军基地而获得。此外，杜黑还特别强调民用航空事业的发展，"为了国家安全的利益，国家应该促进民航的发展"②。杜黑的"制空权"理论影响深远，对美国的威廉·米切尔（William Mitchell）产生了巨大影响。

米切尔是美国的"空军之父"。一开始他在美国的陆军参谋部任职。1917 年到英国、法国考察学习。这次欧洲之行，使米切尔对欧洲的航空事业发展有了清晰的认识，知道了美国与欧洲在航空领域的差距所在。他还参加了"一战"，并指挥了两次重大战役：圣米耶尔战役、墨兹—阿戈纳战役。通过战争实践，米切尔深刻体会到独立空军的重要性。1918 年，他在和英国皇家空军参谋长休·特伦查德探讨制空权方面的问题时，更深刻地感受到美国成立独立空军的重要性和紧迫性。随后，其"准备了充分的论据、计划、数据、宣传标语以及论文，以便把空中力量是未来国防唯一先决条件的观点公布于众"③。可生不逢时，当时美国的情况不适合空军独立。米切尔对制空权的热情和实践换来的是军法审判，停职五年，降为永久上校军衔。虽然米切尔生前备受打压，但逝世 20 年以后，美国

---

① 〔意〕朱里奥·杜黑：《制空权》，曹毅风、华人杰译，解放军出版社，2014，第 26 页。
② 〔意〕朱里奥·杜黑：《制空权》，曹毅风、华人杰译，解放军出版社，2014，第 88 页。
③ 〔美〕阿尔弗雷德·F. 赫尔利：《美国空军之父——威廉·米切尔》，陈伯江等译，军事科学出版社，1992，第 35 页。

国会却给他颁发特殊勋章，以表彰其对美国空军所做出的杰出贡献。

米切尔一共写过5本书，可生前只出版了4本，数量少，但质量上乘，对美国产生了深远影响，其中最著名的是《空中国防论》（*Winged Defense*）。他的著作都强调空中力量对美国很重要，尤其是建立独立的空军。他认为，空中力量的出现对一个国家来说，意味着国境线的向外延伸。而所谓的空中力量，指的是在空中或经过空中执行某些任务的能力。"飞机突然地使用使有关国境线的全部观念都成为过去。现在，整个国家都变成了国境线。"[①] 他还预言，不管陆军或海军，其作战的序幕都将是对制空权的争夺，未来战争的最初战斗必将在空中展开，因此，能够在空中作战并取胜的一方必将赢得整个战争。[②] 所以，米切尔强调，美国必须拥有独立空军，而非依附于陆军、海军的航空兵。"一个军种不求助于别的军种而能单靠自己独立作战的时代，就像过去大部分情况下陆军和海军所曾做过的那样，已经过去了。空中、陆上和海上力量必须结成一个整体，在统一指挥下，提供有效的国防。"[③] 另外，他还特别指出必须统一指挥航空兵。将航空兵分散，其作战效能将大打折扣。同时，米切尔还对美国的防空作战、航空队伍建设提出建设性意见。总之，米切尔对美国空中力量的建设以及空军的独立做出了巨大贡献，以致人们尊称其为"美国空军之父"。

2. 有关空中边疆的国际法及其规定

伴随着科技进步，人类的活动范围延伸到空中。在两次世界大战中飞机的使用，以及杜黑、米切尔等制空权战略家的著书立说所产生深远的影响，使得各主权国家纷纷意识到天空的重要性。国际社会对天空的高度关注，推动有关空中边疆的国际法的出台。

---

① 〔美〕威廉·米切尔：《空中国防论》，李纯、华人杰译，解放军出版社，2005，第9页。
② 〔美〕威廉·米切尔：《空中国防论》，李纯、华人杰译，解放军出版社，2005，第20页。
③ 华人杰、曹毅风、陈惠秀：《空军学术思想史》，解放军出版社，1992，第69页。

1910 年，国际空中航行会议在巴黎首次召开。与会代表就德国初拟的草案进行研讨。会议中心议题是飞机所飞行的空中领域的法律地位以及国家对他国飞行器飞越其所属上空如何管理的权力问题。可惜这次会议未达成协议，但这次会议"所提出的许多关键性词汇、概念以及条文，被后来的国际公约所采纳；同时它也促使各国颁布了首批空中航行管理法令"①。

1919 年，38 个国家参加了在巴黎举行的国际会议，签订了《关于管理空中航行的公约》，这是"对空间法在多边基础上加以规定的第一个条约"②，其意义在于"以条约的形式确立了领空主权原则并建立了常设管理机构——'国际空中航行委员会'，标志着航空法的正式形成"③。但是，该公约由于通过了"无害通过"④的规定，使得国家的领空主权受到"无害通过"的限制。

1929 年，《统一国际运输某些规则的公约》（简称《华沙公约》）在波兰华沙签订，经过多次修改和完善，《华沙公约》以国际条约的形式明确了航空运输的业务范围、航空运输承运人的责任以及发生事故时的损害赔偿标准。

1944 年，美国邀请 52 个国家代表齐聚芝加哥，召开国际民用航空会议，最终签署了《国际航班过境协定》、《国际航空运输协定》以及《国际民用航空条约》（简称《芝加哥公约》）。在这次会议上，决定成立国际民用航空组织，并摒弃了 1919 年确立的"无害通过"原则，由此确定领土之上的空间具有"完全的和排他的主权"，并且，"一国的领土，应认

---

① 王铁崖：《国际法》，法律出版社，1995，第 213 页。
② 〔英〕詹宁斯、瓦茨：《奥本海国际法》第 1 卷第 2 分册，王铁崖等译，中国大百科全书出版社，1998，第 54 页。
③ 王铁崖：《国际法》，法律出版社，1995，第 214 页。
④ 1919 年签订的《巴黎公约》第 2 条第 1 款规定："每一缔约国承允，只要本公约规定的条件得以遵守，在和平时期给予其他缔约国的航空器无害通过其领土上空的自由。"

为是在该国主权、宗主权、保护或委任统治下的陆地区域及其邻接的领水"，从而最终确定了各国的空中边疆。[①]

在整个关于空中边疆的国际法的制定过程中，美国都发挥了至关重要的作用，尤其是在芝加哥召开的国际民用航空会议，最终使得"完全的和排他的主权"在每个主权国家的领土之上得以形成。在此基础之上，各个主权国家的空中边疆有了国际法的规定、约束和保障，空中边疆在法理上得以构建起来。

3. 管控空中边疆的利器：美国空军

空中边疆通过国际法的形式被确定下来，一国的空中边疆范围即该国的领陆和领海之上的空气空间。或者说，空中边疆是指处于一个国家主权支配之下，在国家领土之内陆地和水域以上的空气空间。如此则存在一个问题，这个空气空间以地球表面为起点，其上的终点在何处，或者说领空范围的上限在何处？领空的高度有多高？尚无定论。即使到了 1957 年苏联制造的世界上第一颗人造卫星成功发射，外层空间的概念横空出世，领空的上限问题还是没有得到解决。空气空间与外层空间的界限在何处，仍然不得而知。尽管如此，空中边疆界定和维护的问题还是摆在各主权国家面前，重要而紧迫。空中边疆虽然在法理上构建起来了，但对于每个具体国家而言，要实现空中边疆的实际管控，任重而道远。

从世界航空史的发展历程来看，美国最先生产飞机，最先建立陆军航空队，但并非最先建立独立空军。回顾美国空军历史，从 1907 年陆军通信兵成立航空科开始，一直到 1947 年美国的空军才独立出来，成为一个独立的军种，经历了跨度达 40 年之久的曲折发展。

美国空军发展史可追溯至 1907 在陆军通信兵内设立的航空科。此机构是为了侦察而设的。至 1914 年，美国陆军通信兵航空处成立，原来的

---

① 于沛：《全球化境遇中的西方边疆理论研究》，中国社会科学出版社，2008，第 128 页。

航空科变成新成立的航空处位于华盛顿的办事处。1918 年，为应对对德作战形势的变化，威尔逊政府将航空处从通信兵中分出来，成立了飞机制造局和军事航空处两个机构，直接归陆军部长管辖。随后，陆军部又将其合并成陆军航空勤务队。

"一战"期间，美国航空勤务队参加了战斗，尤其是由米切尔指挥的圣·米耶尔战役，是"一战"中美国航空兵力最集中的一次战役，且取得了较大规模的胜利。截至 1918 年 11 月 11 日，美国共有 767 名飞行员、740 架飞机、45 个中队在前线服役。① 飞机的发明及其广泛使用，影响了一战的战争方式，也凸显了制空权的重要性。于是，空军的建立和发展问题凸显出来。率先建立独立空军的是英国。这刺激了美国，激起了美国要求建立独立空军的热情，可由于军事保守派力量过于强大，在当时想建独立空军难以成功。

1926 年的"航空兵法"将之前的陆军航空勤务队改为陆军航空兵，使其获得了一定程度的自主权，但是其作为陆军下面的一个战斗兵种的性质并未改变。不过，此后的十年，陆军航空兵获得了长足的发展，并于1934 年底成立了陆军总部航空队，由一名航空兵将军指挥，不受野战集团军指挥，而直接受命于陆军参谋长或远征军司令。美国航空兵由此又获得了更多的自主权。

1938 年，罗斯福总统在德国扩张局势的刺激下强烈要求国会划拨 3 亿美元用作建设美国航空队。不仅如此，1939 年，罗斯福还促成"紧急防空法案"的通过，使得美国航空兵飞行员激增 3000 人，航空兵飞机增加到 5500 架，其中大部分是新型飞机。②

第二次世界大战中，美国更是利用战争赐予的良机来动员国内各种力

---

① 胡思远、戴金宇：《现代美国空军》，国防大学出版社，1995，第 10 页。
② 〔美〕阿伦·米利特、彼特·马斯罗斯金：《美国军事史》，军事科学院外国军事研究部译，军事科学出版社，1989，第 396 页。

量，增强本国的空中力量。为巩固国防，应对潜在威胁，罗斯福提出新增5000架飞机的计划。同时，陆军航空兵也想扩充编制，增强实力，提出将航空兵队伍扩充为84个大队以及7800架飞机的规模，均获得了批准。第二年，4个航空队得以在美国本土成立。同年6月，陆军航空兵扩建为陆军航空队，并拥有独立的参谋部和后勤指挥部，[①] 这是自1935年成立陆军总部航空队以来，陆军航空部队获得的最大自主权。尽管如此，这种自主却并不能顺利进行，直到美国参加"二战"以后，陆军航空兵才实现完全自主，其突出表现为"作为陆军航空队司令和负责航空事务的副参谋长阿诺德中将成为美国参谋长联席会议和英美联合参谋长的一员"[②]。这等于在美国历史上首次默认航空部队独立于海上力量和陆上力量之外，并和它们平起平坐。[③] 经过"二战"的洗礼和发展，美国共拥有陆军航空队16个、大队245个、飞机72726架。[④] 美国陆军航空队正积蓄力量以走向独立。

美国的空军真正实现独立是在1947年9月18日，首任空军部长和参谋长宣布就职，宣告美国空军成立。这得益于1947年"国家安全法"和第9877号行政命令的通过和实施。前者确立了"二战"以后美国国家安全体制的组织制度框架，既是对战时经验的总结，也是为应对与苏联展开的冷战而做出的制度设计，美国安全的范围得以拓宽。而后者详细地规定了海军、陆军以及空军各自的职责及所承担的任务。

4. 早期预警系统

美国预警系统的建立有其独特的历史背景。长久以来，优良的地缘环

---

① Warren A. Trest, *Air Force Roles and Missions: A History*, Washington, D. C., 1998, p. 88.

② 宫旭明：《美国空军与美国全球战略研究（1947～1969）》，博士学位论文，东北师范大学，2005，第23页。

③ 〔美〕沃尔特·博伊恩：《跨越苍穹：美国空军史（1947～1997）》，郑道根译，军事谊文出版杜，2000，第32页。

④ 宫旭明：《美国空军与美国全球战略研究（1947～1969）》，博士学位论文，东北师范大学，2005，第21页。

境保护着美国本土，给予美国长久的安全感。但是飞行器的发明及广泛使用、飞行技术的突飞猛进，尤其是强大的对手——苏联大批生产可以长途飞行且杀伤力巨大的图－4轰炸机，刺激到了美国。最具冲击力的是苏联成功试爆原子弹，使美国将国家空防问题提升到国家战略层面，预警系统的建立势在必行。

杜鲁门总统审时度势，适时调整了美国安全战略，将陆地防御作为保障国家安全的重中之重。就当时美国的防御装备和技术条件，大陆防御主要依靠早期预警系统。

针对苏联图－4轰炸机所带来的潜在威胁，美国于1947年底推出"霸权"计划。该计划需要建立大面积覆盖美国本土及阿拉斯加的飞行管制警报网，其核心部件是数十部雷达。该计划未获通过，因为耗资太大。

随后，美国推出"捆绑"计划。其目标是建成临时性防空警报网，需要在加州、美国东北、西北等一些战略要地建造数十个雷达站。此计划获准并很快实施起来。就在雷达站建设工作快要完成之际，苏联的原子弹成功试爆，深深刺激并威慑到美国。这给了美国发展预警系统一个良机，国会支持空军用新的计划取代滞后的"捆绑"计划，配备了最先进的雷达系统，提升了预警效能。同时，美国积极开展外交活动，征得邻国加拿大的同意，在其南部建造了一条命名为"松树线"的飞机管制和预警雷达线。[①]

美国针对空防的早期预警系统建设过程曲折，但总体而言，取得了一定成就。1952年下半年，美国的早期预警系统正式建立起来，这是美国总统和国会重视以及支持空防的结果。早期预警系统的初步建成使美国有了保障国家空中边疆安全的首条防线。

---

① 华人杰、曹毅风、陈惠秀：《空军学术思想史》，解放军出版社，1992，第86页。

5. 战略空军海外军事基地的部署

"二战"以后，美苏展开冷战。冷战初期，杜鲁门政府实施"遏制战略"来针对苏联。美国意识到，要在全球范围遏制社会主义势力的扩张，单靠自己是不够的，必须发动其他国家，尤其是资本主义阵营中的大国或者占据战略要点的国家，只有大家合作才行。对此，美国政府形成"范登堡决议"。该决议最主要一点是批准美国组建军事同盟，标志着干涉主义在美国的胜利。

有了"范登堡决议"的支持，美国在全球展开战略布局，不断同他国建立军事联系，签订军事协定。从签订顺序来看，首先是拉美，这是美国的后院，对于美国的安全至关重要。通过积极活动，包括美国在内的20个国家签订了《里约热内卢条约》。其次是欧洲，北约的成立离不开欧洲盟国的大力支持。再次是亚太地区，为遏制苏联和中国，美国先后同菲律宾、日本签订了安全条约。最后是大洋洲，美国和澳大利亚、新西兰签订了《美澳新安全条约》。

此外，杜鲁门政府还积极部署全球性的军事基地网，以保持美国在战略要地或重要区域的军事存在。其中，战略空军基地占多数。在欧洲，战略空军基地主要分布在西德、英国、西班牙、意大利等国家；此外，美国在中东、北非、加拿大、格陵兰以及冰岛等也部署了战略空军基地，这些基地与其他类型的基地相结合，形成了一个对社会主义国家的包围圈。①

艾森豪威尔政府继承并发展了前任的遏制战略，继续在全球建立军事联盟，和其他国家展开军事合作。不仅如此，他还实施大规模报复战略，将美国先进的战略轰炸机和中程导弹布置在社会主义国家周围。依时间顺序，美国先后签订了《美韩共同防御条约》《东南亚防务条约》《美台共

---

① 蔡祖铭：《美国军事战略研究》，军事科学出版社，1993，第3页。

同防御条约》《美日共同合作和安全条约》，先后建立了"东南亚条约组织""巴格达条约组织"等。通过以上举措，艾森豪威尔政府在前任的基础上，完善并强化了对社会主义集团的战略包围。

6. 空军的国防预算

杜鲁门政府国防预算政策的原则是均衡，对海军、陆军、空军都不偏袒，实现三者的均衡，但均衡并不等于平均。1948 年，美国国防预算是101 亿美元，其中，空军占 29 亿美元；第二是陆军，获得了 32 亿美元；最多的是海军，分得 40 亿美元。[①] 从数字上来看，空军最少，似乎反映了对空军的不重视，其实不然。因为军费分配的背后是军种之间的激烈博弈，刚独立不久的空军能够分到和老牌军种陆军差不多的份额，不能不说杜鲁门政府帮了空军不少忙。这从杜鲁门政府此后的几年对空军的重视也可以看出。

1949 年，美国军费预算为 144 亿美元，空军拔得头筹，分得 50 亿美元。其次是陆军，获得 48 亿美元。最后是海军，获得 46 亿美元。[②] 空军虽然排第一，但领先海军和陆军不多，三者几乎均衡。但 1953 年国防部拨款法及其补充条款的通过，使得空军分得 469 亿美元军费当中的 206 亿美元，占比达 44%，则更直接反映了杜鲁门政府对空军的重视，标志着均衡原则的结束。[③]

杜鲁门政府重视空军建设，随后的艾森豪威尔政府更是如此。基于对未来战争形势的预判，艾森豪威尔政府重点发展空军与战略性核武器。1955～1957 年，美国空军的军费支持高达 515 亿美元，几乎是陆军（267

① Warren A. Trest, *Air Force Roles and Missions: A History*, Washington, D. C., 1998, p. 119.

② Futrell, Robert Frank, *Ideas, Concepts, Doctrine: Basic Thinking in the United States Air Force 1907 – 1960*, Air University Press, 1989, p. 242.

③ Futrell, Robert Frank, *Ideas, Concepts, Doctrine: Basic Thinking in the United States Air Force 1907 – 1960*, Air University Press, 1989, p. 327.

亿美元）和海军（298 亿美元）军费支出总和。① 这并非昙花一现，整个艾森豪威尔政府时期，空军都最受重视。三军总兵力中，空军占比提升最快，由 27.96% 增至 32.9%；军费支出中，空军连年上升，占比也最大，由 32.8% 上升到 46%，几乎相当于陆、海军军费的总和。②

（二）高边疆

1. 艾森豪威尔政府的外层空间政策

在艾森豪威尔政府初期，"美国的外层空间的首要目标就是检查和开发太空的潜能，用军事卫星侦察打开禁闭的苏联疆界"③。可伴随着苏联导弹技术的突飞猛进，尤其是可跨越大洲的洲际导弹技术的出现，美国担忧本土遭到苏联导弹的袭击。为了评估来自苏联的潜在威胁，艾森豪威尔政府组织技术人员对此进行论证，形成了《应付突袭威胁》报告，这份报告不仅"促进了美国弹道导弹政策的重大变化，也为美国利用外层空间进行军事侦察开了先河"④。

1955 年，美国历史上第一个关于外层空间的政策文件出现了，这就是 NSC5520 号文件。由美国国防部提交，得到美国国家安全委员会的批准，其中心内容是科学卫星的研发。该报告强调了美国卫星发射技术的能力，指出苏联也正在加快推进人造卫星的研发工作，并强调，"第一颗卫星的发射必将对自由世界国家抵抗苏联威胁的政治意志产生不可估量的影响"⑤。

---

① 宫旭明：《美国空军与美国全球战略研究（1947～1969）》，博士学位论文，东北师范大学，2005，第 51 页。
② 蔡祖铭：《美国军事战略研究》，军事科学出版社，1993，第 119 页。
③ 宫旭明：《美国空军与美国全球战略研究（1947～1969）》，博士学位论文，东北师范大学，2005，第 65 页。
④ 宫旭明：《美国空军与美国全球战略研究（1947～1969）》，博士学位论文，东北师范大学，2005，第 65 页。
⑤ 宫旭明：《美国空军与美国全球战略研究（1947～1969）》，博士学位论文，东北师范大学，2005，第 66 页。

1957 年，人类历史上首颗卫星发射成功，可是这次"太空第一"并不属于美国，而是属于苏联。斯普特尼克 1 号的成功发射震惊世界，尤其对美国影响深远。在此之前，艾森豪威尔政府将导弹的重要性置于卫星之上，这是美国失去此次"太空第一"的主观原因，也是最重要的原因。因此，美国立即调整战略，将科学卫星作为外层空间计划的重中之重，并于第二年成立相应机构来推动"双太空"计划的实施。"双太空"是指太空的民用和军用两个方面，分别由国家宇航局和高级研究计划署负责。

第二年，美国又出台了一份关于外层空间的文件，和 NSC5520 号文件相比，该文件更为细化，从文件名称上也可见一斑——《关于美国外层空间的初步政策》，即 NSC5814/1 号文件。受苏联"太空第一"——第一个发射卫星的刺激，该文件成为美国角逐外层空间的重要文件。这份文件对外层空间的认识更加深刻，尤其体现在军事和科技方面。科学家们基于当时的技术水准及之后的发展趋势，提出一些未来武器的概念，不少都成了日后美国"星球大战"的重要内容，也对未来美国的军事利用太空提供了指导。同时，美国还不忘通过外层空间的各种活动，以及情报工作来破坏苏联领导的社会主义阵营的稳定。

1959 年，有美国最高行动指南之称的"国家基本安全政策"将外层空间的安全纳入其中，开了美国历史的先河，此后的历届总统均将外层空间看作国家基本安全不可或缺的重要部分。同年，美国又通过了 NSC5918 号文件，以取代上一年的 NSC5814/1 号文件。该文件的目标就是更积极主动地开发利用外层空间，以推动国家发展，包括经济、政治、军事以及科技等方面的整体提升。在文件中，美国还强调了国际合作的必要性。此外，文件还涉及外层空间的军事利用，但从实践来看，这方面不被重视，"和平利用"才是这届政府的关注所在。因此，"NSC5918 号文件指明了美国利用外层空间的总体方向，成为冷战时期美国外层空间政策史上较为普遍适用的一份基本指导文件"①。

2. 新边疆中的外太空探索

当肯尼迪以总统候选人的身份发表演讲时就说过："不论我们是不是在寻求'新边疆'，'新边疆'已既成事实……它指的是未知的科学与空间领域，未解决的和平与战争问题，尚未征服的无知与偏见的孤立地带，尚无答案的贫困与过剩的课题。"②

肯尼迪政府的外层空间政策基本继承了艾森豪威尔政府时期制定的基本原则，即"和平利用"外层空间，采用军用和民用双轨制来开发外层空间，反对在外层空间部署战略进攻性武器。由于肯尼迪政府在太空探索方面的快速发展，扭转了美国在外层空间领域落后于苏联的态势，美国在太空领域的信心大增。

肯尼迪在接受总统候选人提名时就曾明确指出，新边疆包括"未知的科学与空间领域"。1961 年 1 月 11 日，在肯尼迪的要求下，负责太空事务的威斯纳特别委员会提供了一份关于美国国家太空形势的分析和将来的建议报告。它指出新的国家宇航局和陆、海、空三军之间在太空研究和发展领域的竞争造成了重复和浪费，批评国防部没有遵循现存的协定协调好各军种与国家宇航局的关系。为了一个至关重要的国家太空计划，该委员会提出五点主要动机：第一，这事关国家声望；第二，我们相信除导弹之外的太空的某些发展能大大有助于我们的国家安全——包括在军事系统和军控检查及控制系统；第三，太空工具的发展为科学侦查和实验提供了新的机会；第四，将有许多重要的实践性太空计划在非军事方面应用；第五，特别在通信领域和开发太阳系的太空行动将提供给世界所有国家令人

---

① 宫旭明：《美国空军与美国全球战略研究 （1947～1969）》，博士学位论文，东北师范大学，2005，第 67 页。

② 〔美〕奥多·索伦森：《肯尼迪》，复旦大学经济研究所译，上海译文出版社，1981，第 74 页。

兴奋的国际合作的可能。①

威斯纳特别委员会认为美国在导弹和太空技术上正落后于苏联，因此建议政府进行更有效的管理和协调。它特别提出几点建议：将国家航空和航天委员会作为管理国家太空计划的有效机构；在国防部内建立单一负责管理太空计划的军事部门机构；将一个有力的、富有想象的、技术胜任的高级管理员提供给国家宇航局；国家太空计划应当根据助推器计划、载人太空飞行、军事利用太空和太空技术应用于民用活动方面的经验而被审查和重新定义；在政府内建立机构管理工业—政府—民用的太空计划。②

在威斯纳委员会的影响下，肯尼迪政府充分重视国家航空和航天委员会的管理和协调工作，并任命副总统林登·约翰逊为该委员会的主席来领导美国的航空航天事业。1961 年，苏联的加加林实现了人类历史上首次太空飞行。4 月 17 日，古巴猪湾危机发生。为转移国内外舆论对猪湾惨败的注意力，同时也为重新夺取在空间领域竞争的优势地位，肯尼迪总统立即指示副总统约翰逊迅速制定赶超苏联的太空计划，并立即恢复水星计划以试验载人太空飞行。③ 8 天后，约翰逊向肯尼迪总统提交一份建议报告，即国家宇航局的计划以水星计划开始，紧接着双子星计划，最后以阿波罗登月计划结束。肯尼迪批准了这个计划，主张登月将是"非常困难的目标，但是在苏联人之前登月成功将修补美国的形象，并恢复美国技术优势的信心"④。5 月 5 日，美国宇航员艾伦·谢泼德中校乘坐自由 7 号飞

① Jerome B. Wiesner, *Report to the President – Elect of the Ad Hoc Committee on Space*, 12 January 1961, in House, Defense Space Interests, 18, pp. 85 – 86.

② Jerome B. Wiesner, *Report to the President – Elect of the Ad Hoc Committee on Space*, 12 January 1961, in House, Defense Space Interests, 18, pp. 85 – 86.

③ 刘绪贻等主编《美国通史（第 6 卷）：战后美国史 1945 ~ 2000（上）》，人民出版社，2002，第 233 页。

④ Futrell, Robert Frank, *Ideas, Concepts, Doctrine：Basic Thinking in the United States Air Force 1907 –1960*, Air University Press, 1989, p. 677.

船顺利地进行了太空飞行，成为美国第一个太空人。这给美国太空计划的决策者们以很大鼓舞。5 月 5 日至 7 日，美国国家宇航局局长韦伯和国防部长麦克纳马拉制订了详细的太空计划。20 天以后，肯尼迪就向全世界宣布："我们国家应当努力在这十年结束以前，实现把一个人送上月球，再平安地返回地球这样一个目标。"轰动世界的阿波罗登月计划开启了。

这个庞大的登月计划经过了周密的安排，分阶段实施。美国土星 1 号火箭的成功发射是基础和前奏。火箭的研制和发射是为了解决登月飞行的运载工具问题。1965 年，美国土星 5 号的成功研制，最终解决了这个问题，土星 5 号火箭先后将阿波罗 4 号、8 号、9 号以及 10 号飞船载入太空。此外，还必须解决太空载人的问题，对此美国是通过水星计划和双子星计划来解决的。1962 年，水星 6 号载着小约翰·格伦中校顺利绕地球 3 周。第二年，戈登·库伯又环绕地球飞行 22 周，成功结束了水星计划的试验阶段。而双子星计划的试验成功结束于 1966 年。1965 年至 1966 年，美国成功开展了 22 次太空载人飞行。以上成就为阿波罗登月计划的实施奠定了坚实的技术、人力及组织基础。

1969 年 7 月 16 日，美国开始了人类历史上首次登上月球的太空航行。在肯尼迪宇航中心发射场，土星 5 号运载火箭将阿波罗 11 号飞船送入了太空。尼尔·阿姆斯特朗在月球上迈下的第一步，踩下了人类的首个脚印，更是踩下了美国开拓太空新边疆的第一个脚印。此后几年，美国宇航员先后 5 次登临月球。直到阿波罗 17 号飞船于 1972 年凯旋，历时十多年之久的阿波罗计划宣告圆满结束。

3. 格雷厄姆与高边疆理论

美国高边疆理论的出现是基于国家发展需要，在和苏联展开激烈竞争中产生的权宜之计，是特殊时代的产物。

从第一颗原子弹爆炸到 20 世纪 70 年代末，美国和苏联在核力量的研制方面展开了激烈的竞争，最终出现了核力量势均力敌的局面。两个国家分别拥有的核武器数量已达饱和状态，任何一方在给予对方首次核打击之后，受打击方都能够予以还击。由于核武器的毁灭性，以及双方所拥有的核武器数量之多，一旦展开核武器战争，必然是同归于尽，因此美国和苏联都不敢贸然发动核战争，由此所形成的理论被称为"相互确保摧毁"理论，但这种理论备受诟病。首先，这种理论所维持的和平不稳固，"相互确保摧毁"下的和平取决于双方领导人的理智，甚至还取决于控制核武器的计算机系统的稳定运行。其次，这种理论就像悬在美国和苏联头上的"达摩克利斯之剑"，两国民众缺乏真正的安全感。最后，这种理论下的均势局面也不稳固，只要一方的核力量发展到可以一次性摧毁对方，那么另一方就会面临巨大的威胁。

在高边疆理论提出之前，苏联军事力量的快速增长及其对美国形成的比较优势，严重威胁着美国。在常规武器方面，从 1974 年到 1982 年，苏联共生产了 6000 多架战斗机，是美国同期的两倍；生产了攻击型潜艇 61 艘，也是美国的两倍多；生产了 11200 辆装甲车，超过美国 4 倍；生产了 13000 门大炮和火箭发射器，超过美国 13 倍。不但如此，在常规军事力量对比方面，以苏联为首的华约与以美国为首的北约相比较优势更大，如步兵师之比为 22∶1，坦克为 36∶1。因此，从数量对比分析来看，华约在武器数量上的优势给北约尤其是美国带来了不小的压力。[①]

在导弹研发尤其是陆基洲际弹道导弹方面，苏联也对美国构成了威胁。截至 20 世纪 70 年代末，苏联的陆基洲际弹道导弹、潜射弹道导弹的射程和远程轰炸机的航程分别达到 11000 公里、7000 公里、12000 公里。这期间，陆基洲际弹道导弹的发展最为迅猛。1972 年，美苏两国基于战略武器的非理性增长而展开谈判，并最终签署了战略武器限制协议，此时苏联的洲际弹道导弹弹头数量为 2300 枚，总投掷重量约 300 万公斤；而

---

① 李瑞晨、孙俭、俞启宜：《星球大战与美苏太空争夺》，世界知识出版社，1989，第 13 页。

到 1979 年，这两个数字变成 3500 枚和 400 万公斤。也就是说，7 年之内苏联的洲际弹道导弹弹头数量不降反升，且增长了近 50%。[1] 不仅如此，苏联还在 20 世纪 70 年代中期对导弹核武器进行更新换代，并试验和部署新一代陆基洲际导弹。

除此以外，苏联还在战略防御力量和所创造的"空间第一"方面优于美国。苏联历来都看重战略防御力量的增强。除防御美国大规模的空中袭击以外，苏联将洲际弹道导弹的防御和空间防御提上建设日程。通过积极建设，苏联于 20 世纪 80 年代初成为全球唯一拥有反弹道导弹系统和反卫星系统的国家。此外，苏联还长期支持太空计划，并从国家战略的高度将其排在首位，同时划拨占苏联 GNP 2% 的巨额资金来实施太空项目。反观美国，仅划拨 0.5%。另外，数据显示，苏联已成功进行了 858 次军用和 392 次民用太空发射任务，远超美国的 420 次军用和 327 次民用发射。[2]

美国的比较优势主要体现在弹道导弹防御以及航天技术方面，尤其是非核拦截技术和定向能武器的研制。20 世纪 80 年代，美国不但发明了直接碰撞式的拦截弹，还在定向能武器方面领先于苏联。定向能武器依靠具有高能量的射束来攻击目标，这种射束的速度接近光速，且方向稳定，因此是一种精准而有效的反导武器。

美国还在天基反导武器的研制和部署方面处于领先地位。传统的反导武器属于陆基反导武器，是在陆地部署武器以攻击来袭的导弹，防御范围狭小，所能利用的防御时间很短，一般只有几分钟。而美国的天基反导武器是将武器系统合理部署在洲际导弹飞行的轨道上，因此，这种反导系统的防御范围大幅扩大，所能利用的防御时间也变长，可达半小时。天基反

---

① 李瑞晨、孙俭、俞启宜：《星球大战与美苏太空争夺》，世界知识出版社，1989，第 13 页。
② 朱听昌、刘菁：《争夺制天权：美国高边疆战略的发展历程及其影响》，《军事历史研究》2004 年第 3 期。

导系统的防御功效大为提升。"哥伦比亚号"航天飞机的成功研制使得美国天基反导系统如虎添翼。这种飞机可载人，能重复使用，具有多种功能，不但能够在地球和太空之间自由飞行，而且可以在天上发射新的卫星以及对旧的卫星进行回收和维护。此外，它还能支援永久性航天站等大型航天设施。

"相互确保摧毁"理论的备受诟病，苏联在常规武器、进攻性核力量、战略防御力量和所创造的"空间第一"等方面给予美国的巨大压力，逼迫美国调整其国家战略。为了扭转不利局面，美国扬长避短，出台了高边疆战略。

高边疆战略的形成离不开格雷厄姆中将的巨大贡献。他曾担任过美国国防部及中央情报局的重要职务，甚至还是里根参加总统竞选的国防顾问。里根上台后，格雷厄姆随即组建高边疆研究会。30余名专家经过200余天的共同努力，于1982年3月3日发布了《高边疆——新的国家战略》这份报告，令世人瞩目。这份报告为里根1983年正式提出"战略防御倡议"（即"星球大战"计划）提供了理论上和技术上的依据。

所谓高边疆，指的是太空领域。高边疆战略的实质是，美国想通过开拓和利用太空领域来发展经济，增强军事实力，以求在与苏联的竞争中保有战略优势。高边疆研究目的有三点：一是消除来自苏联的威胁；二是实现国家战略转换，用"确保生存"战略替换"相互确保摧毁"战略；三是既保障国家安全又充分挖掘外层空间的工商业潜力[1]。对此，存在两种基本的方案供选择——渐进法和勇进法。格雷厄姆显然赞成后者，即大胆创新的勇进法。

勇进法的主要内容包括六点。第一，战略防御是"确保生存"战略

---

[1] 〔美〕丹尼尔·奥·格雷厄姆：《高边疆——新的国家战略》，张健志、马俊才、傅家祯译，军事科学出版社，1988，第1页。

的重点，因此必须充分利用现有的技术和点防御计划。第二，系统要具备延展性和预见性，便于将未来可预见的先进技术和武器纳入该系统。第三，从解决美国所遭遇的众多现实问题出发，制定民用的外层空间计划，推动工商业的发展，加强外层空间的设防。第四，当前以非空间计划入手，注重其与新战略的兼容性问题，以推动中长期空间计划的实施。第五，注意控制支出，使其不高于当前的预算。第六，创新管理体制以应对新系统研发或采购中固有的周期过长的毛病。①

此外，里根政府还着重强调"保护性战略防御"理念，其核心是分层防御。这种防御体系首先强调天基防御系统的建设和部署，以拦截早期阶段的弹道导弹，并具有一定的能力阻止敌人其他目标进入空间，此构成第一层防御；第二层是天基保护系统，采用更先进的能束武器，在弹道中拦截更难对付的单个再入飞行器，从而建立起对付近地球轨道上的所有敌方目标的强大力量；② 第三层是陆基点防御系统；第四层是民防，虽是一种消极防御，但是其与以上各层的积极防御有机结合，则具备很强的战略性价值。

除此以外，格雷厄姆在其著作中讲到的涉及非军事的战略项目包括空间运输和空间站，空间能源系统，空间工业系统，指挥、控制、通信和情报系统，高性能航天飞机等。

4. 高边疆战略的实施：星球大战计划和太空工业化

自从高边疆战略通过以后，里根政府就积极组织实施。

1982年9月，航天司令部在美国成立。第二年3月23日，里根总统发表了著名的"星球大战"计划演说，它提出了美国建立空间防御体系

---

① 〔美〕丹尼尔·奥·格雷厄姆：《高边疆——新的国家战略》，张健志、马俊才、傅家祯译，军事科学出版社，1988，第28～29页。
② 〔美〕丹尼尔·奥·格雷厄姆：《高边疆——新的国家战略》，张健志、马俊才、傅家祯译，军事科学出版社，1988，第203页。

的总目标。两天以后，里根签署了 NSDD85 号文件，要求确定一项长期的研究开发计划，以便消除核武器的威胁，在此文件中，里根要求按照"成本效益标准"来评估 SDI（即"战略防御倡议"）系统，即该系统的价值不仅要从战略角度来衡量，而且还要从苏联为了对付这个系统而付出的经济代价来衡量。这份文件是里根政府最具说服力的有关 SDI 的解释。

1984 年 1 月 6 日，里根总统签署了 119 号国家安全指令，命令着手研究激光和粒子束等武器，"星球大战"计划正式开展起来。不久，里根在国情咨文中首次把开拓高边疆列入国家的战略目标。"我说的是美国的下一个边疆，是开发这个边疆充满活力的经济能刺激主动性和创造性，以建立新兴工业和使比较老的工业更具竞争力。其他没有任何地方比我们下一个边疆——太空——更为重要。"①

1985 年 2 月 6 日，里根总统在国情咨文中进一步把开发和利用太空作为美国第二次革命的战略任务。1987 年 9 月，"第二阶段战略防御系统计划"开始实施，以进一步推动"星球大战"计划。

综上所述，针对高边疆战略，美国已经初步建立了相关的组织机构，且从实践上开始了初步的实施。具体而言，分为军事方面的"星球大战"计划与经济方面的"太空工业化构想"。

（1）"星球大战"计划

"星球大战"计划的实施需要攻克不少高精尖技术难关，比如监视、捕获、跟踪和杀伤评价技术，定向能武器技术，动能武器技术，系统分析与作战管理技术，生存能力、杀伤能力和后勤保障技术，创新科学技术计划，等等。

反导系统最主要的目标就是拦截威胁物，消除危险。反导系统拦截对象包括类型不一的弹道导弹，所以，该系统作用的发挥有效与否离不开对

---

① 梅孜：《美国总统国情咨文选编》，时事出版社，1994，第 704 页。

拦截对象特殊飞行过程的研究。以洲际弹道导弹为例，其飞行过程要经历四个阶段：第一个阶段是助推段，该段起于导弹的发射，止于导弹的主要发动机关闭；第二个阶段是助推末段，起于导弹母舱投放弹头，止于弹头投放结束；第三个阶段是中段，起于弹头投放结束，止于弹头再次进入大气层；第四个阶段是末段，从弹头再次进入大气层到弹头起爆。因此，针对这四个阶段，美国开始设计和研发反导系统，以美国的反导装备技术条件为基础，结合拦截对象的飞行规律，美国将其反导系统也相应分为助推段防御、助推末段防御、中段防御、末段防御四个阶段。[①]

反导系统具体运作过程分五步：第一，监视和预警，反导系统下的监视系统会时刻监视威胁物，一旦发现便会启动预警系统；第二，分析与决策，根据前一阶段的情况，计算机系统会进行分析以辨明威胁物的真伪及其他信息，以便决策者做出决策；第三，跟踪与瞄准，决策者下达命令之后，会启动跟踪系统来跟踪威胁物，并对其加以瞄准；第四，拦截，一旦锁定目标便进行拦截；第五，鉴定，对之前的拦截行为进行鉴定，判断是否拦截成功，以决定之后的决策。

反导系统除了要把握住有利时机，提高拦截的成功率以外，还必须重视自身的生存能力，即反导系统本身的安全性和持久性，否则，敌方一旦能够轻易破坏美国的反导系统，那么无论反导系统本身多么高效，都失去了意义。另外，反导系统的建设是一项耗资巨大且耗时较长的高科技工程，还必须考虑效率与费用之比。因此，美国反导系统的设计原则是既要拦截成功率高，又要拥有强大的生存能力，更要考量效率与费用之比，三者缺一不可，是一个紧密联系的整体。

美国反导系统的建设建立在数十年的经验基础之上。小规模的弹道导

---

① 朱听昌、刘菁：《争夺制天权：美国高边疆战略的发展历程及其影响》，《军事历史研究》2004 年第 3 期。

弹的袭击，相对容易对付，不需要多层次多手段的拦截，可是苏联大规模地制造弹道导弹，其发动的导弹袭击不排除采取大规模高杀伤力的武器，这就对美国的反导系统提出要求，只有采取各种手段，部署多道防线，展开立体化拦截，才可能收到好的效果。

"星球大战"计划强调的多层次、多手段反导系统优于美国之前的"卫兵"反导系统和苏联的"橡皮套鞋"系统，它有着显著的特点：第一，其目标是应对大规模而非单一的袭击，必须能够保护全美国；第二，要求反导系统具备强大的生存能力；第三，效率与费用之比要比进攻导弹高；第四，拦截的手段必须多样，且必须是非核武器拦截，拦截层次必须立体化；第五，为了本土的安全，拦截区域必须在本土外的外层空间。[1]

（2）太空工业化

太空工业化指的是从经济发展的角度来看待和利用外层空间，是一种非军事化的构想，强调外层空间的工业和商业价值，是美国高边疆战略的重要组成部分。

太空工业化有助于解决美国面临的不少现实难题，比如资源匮乏、环境恶化等，就字面含义来说，太空工业化主要在于"工业"，这和太空及其所具有的资源的特殊性息息相关，主要包括：存在电场和磁场，空间轨道的失重性，无限散热性，高真空度，电磁辐射及太阳能的利用，一览无余的视野，具有绕月球、太阳和其他行星的不同轨道，矿物资源，消除人类文明在地球上发展的限制等。[2]

自里根宣示开拓高边疆以来，美国就十分关注从探索太空过渡到开发

---

① 朱听昌、刘菁：《争夺制天权：美国高边疆战略的发展历程及其影响》，《军事历史研究》2004 年第 3 期。

② 朱听昌、刘菁：《争夺制天权：美国高边疆战略的发展历程及其影响》，《军事历史研究》2004 年第 3 期。

太空的可行性研究，组织了广泛深入的研究及讨论，并提出了一些具体设想。1984 年，美国国家航空和航天局召开特别会议，研讨在月球上建立一个长期管理站的问题。会议提出建立一个月球基地是美国 21 世纪要实现的目标。7 月至 8 月，加利福尼亚航天研究所召开"走向 21 世纪的技术——空间资源及其利用"讨论会。会议提出，到 2010 年，在月球轨道和月球上建立空间站是可能的。1984 年 8 月，里根总统批准了新的太空战略。10 月，美国国家航空和航天局在华盛顿召开会议，着重讨论了月球开发的问题。

为了利用太空的特殊资源推进太空工业化，美国规划从以下几个方面着手。

首先是太空运输能力及能源系统问题，具体包括改善航天飞机，增加运输能力，降低运输成本；研制地球低轨道载人空间站；研发高效能的太空能源系统。

其次是注重太空系统的综合性，综合太空军事和民用系统。前者涉及情报搜集、防御及进攻，后者涉及工业、能源、信息、科学及服务业。仔细分析，二者存在一定程度的交融，其核心技术也有相似性。

最后是太空的工业用途，包括信息和通信、特殊材料生产、处理有害物质、矿物资源开发、服务业等。

第三节　美国立体化的边疆架构对国家发展的影响

通过对空中边疆的成功构建以及高边疆战略的制定和实施，美国将其国家意志和力量投射到空中及太空，从而将领空和太空纳入其边疆范畴当中，实现了美国边疆架构的立体化。空中边疆以及高边疆的成功构建对美国的国家发展产生了深远的影响，不仅如此，立体化的边疆架构构建成功以后，还对美国的国家发展产生了积极的推动作用。

一　影响美国的疆域

伴随着美国空中边疆和高边疆架构的成功构建，美国的疆域发生了巨大变化，表现在疆域形态、疆域规模和疆域结构三个主要方面。

在空中边疆出现之前，美国的疆域形态包含陆地疆域和海洋疆域两种类型，这是一种平面化疆域。随着科技的发展和战争的需要，飞行器得以发明并投入使用，借助飞行器，人类飞上天空。在陆地和海洋已经被纳入国家疆域结构的基础上，天空成为国家力量激烈博弈、冲突乃至战争的空间，国际社会就空中疆域问题展开博弈，最后以条约的形式将天空纳入国家主权保护范围，空中疆域由此构建起来。美国空中边疆的构建取决于两个方面：一是美国积极参与甚至主导了有关空中边疆的国际条约签订进程；二是美国空中军事力量的建设和不断完善。美国空中边疆的成功构建，使美国的疆域形态更为丰富。不仅如此，随着高边疆战略和"星球大战"计划的实施，美国将边疆开拓至太空，从而将太空纳入本国的疆域范围，使得美国的疆域形态包括了陆地疆域、海洋疆域、空中疆域以及太空疆域这四种形态。这是一种立体化的疆域。

空中边疆和太空边疆相继被纳入美国疆域范畴，不仅丰富了美国的疆域形态，更大幅扩大了美国的疆域规模。空中边疆是指一国陆地和海洋之上的空气空间，即领空。陆地疆域和海洋疆域的大小决定领空的大小。因为空气空间的高度是一定的，但每个国家的陆地疆域和海洋疆域则大小不一。美国的领陆、领海以及领空共同组成了美国的领土，决定了美国的疆域规模。而美国的高边疆即太空边疆的大小则不确定，从空间范围的角度来看，其规模远远大于美国的领土。需要强调的是，不是任何国家都有太空边疆，它只属于已在太空开展活动的国家。

美国边疆架构的立体化不仅使得美国的疆域规模扩大，更实现了美国疆域结构的优化。前者仅仅体现疆域量的变化，后者则反映美国疆域质的飞跃。美国的疆域实现了结构性变化：由之前的陆、海二元平面疆域结构，转变为陆、海、空三元立体化疆域结构，再变为陆、海、空、太空四元立体化疆域结构。之所以说美国的疆域实现了结构性的质变，主要是指空中边疆和太空边疆都被有机纳入美国疆域结构当中，美国的领陆、领海、领空以及太空之间是紧密联系、互为支撑的。领空和太空的存在，更有利于美国维护领陆和领海的安全和统一，当然前提条件是美国拥有能够管控领空和太空的国家力量。反过来，美国的领陆和领海是美国的领空和太空得以构建和存在的基础。没有领陆和领海，领空和太空则无从谈起。同时，管控领空和太空的国家力量全部来自由领陆和领海组成的平面化疆域。

二　为美国提供立体化的安全保障

美国空中边疆以及太空边疆架构的成功构建，使得美国的疆域结构大为优化，由之前的陆、海二元平面化疆域转变为陆、海、空、太空四元立体化疆域结构。在这四维空间中，美国依凭自身超强的综合实力尤其是军事实力，配置先进的军事力量，为美国的国家安全提供了立体化的安全保障。

美国为了保卫领土安全，尤其是应对苏联的威胁，很重视国防预警系统的建设。美国充分利用雷达，建立起防空系统。它利用技术先进的雷达来精准探测来自空中的威胁目标，一旦探测到此类目标，就会对其展开快速的分析，根据分析的结果加以处理，并快速将结果传递给指挥者，供其决策所用。决策者根据实际情况决定是否拦截或驱逐来犯之敌以及采取何种方式去实现这种目标。概而言之，这样的防空系统一般由测报中心、作战指挥中心以及武器控制系统组成。

当卫星被发明出来之后，美国不仅在地面部署雷达，更抢占太空制高点，在太空设侦察卫星、通信卫星及其他飞行器，并充分发挥陆、海、空、太空四维空间军事武装力量的紧密结合作用，从而实现了美国国土防御力量的立体化，提升了美国的国土安全防御水平，有效地保障了美国的国土安全。随着卫星技术的进步和完善，美国的陆海空三军已经日益依赖卫星从事预警、导航、侦察、通信、测地等工作。

此外，还必须提到美国的导弹防御系统。在构建立体化边疆架构的关键一步，即实施高边疆战略的过程中，美国为了应对苏联的军事威胁，尤其是核导弹的威胁，着力于导弹防御系统的建设。它能够起到国土安全防御作用，即对威胁美国的导弹起到一定准度的拦截作用，这是现实的防御作用。还有一种作用更为重要，即美国通过加强导弹防御系统的建设并取得领先于全球的导弹防御能力，在极大程度上对其他国家起到了威慑作用，使得拥有核导弹的国家不敢轻易使用其来攻击美国。拥有核导弹的主权国家一般都是地区范围甚至全球范围内的大国或强国，对于核武器的使用是极为谨慎的，当面对美国超强的军事实力尤其是美国强大的导弹防御能力时，则更为谨慎。当然，在这里必须强调是，这是针对主权国家和传统安全范畴而言的，对于恐怖主义势力则另当别论，这也就是防止核扩散对于全球安全的意义所在。

三　有助于美国赢得美苏争霸

高边疆战略对美国来说，并非一般层次的战略，而是国家层面的战略，是针对争霸路上最强大的对手——苏联而制定的国家战略。里根之所以如此支持高边疆战略并推行"星球大战"计划，完全是出于一种战略考量，其目的是通过实施该战略来占据太空优势，并达到拖垮苏联的目的。太空军事竞赛意味着消耗大量的资源，必须以雄厚的经济实力为后盾。在这方面，苏联的经济实力远远比不上美国，经济结构也劣于美国，因此，美国才寄希望于太空军备竞赛，企图拖垮苏联，抢夺世界霸主地位。

里根的国家安全顾问理查德·阿仑就说过，"里根并不是把 SDI 看作一个能够保护美国的一个屏障，因为它并不是无懈可击的。我以为他的这一想法最具刺激性，因为如果苏联人看我们把大把大把的钱花在这上面，那么他们必定会上当受骗"①。里根自己也清楚，SDI 的可操作性和可行性存在不确定因素，他曾说过："我从来就没有把这个计划视为坚不可摧的盾牌，因为没有一个系统是百分之百可靠的。"② 但这并未影响到里根推行"星球大战"计划的决心。正如格雷厄姆在《高边疆——新的国家战略》中所说的，"在人类历史上，一个国家若能从人类活动的一个领域最有效地迈向另一个新的领域，就能取得巨大的战略优势"③。美国领导人深知"星球大战"计划实施的难度，但是更憧憬该计划推行成功所带来的战略优势，尤其是在面对苏联咄咄逼人的情势下。为了摆脱这种战略劣势，取得争霸主动权，谋求太空领域的战略优势就成为美国着力下的一招棋。

高边疆战略并非单一性质的国家战略，而是包含丰富的内涵。其不仅具备强烈的军事意义，是一项加速发展美国军事力量、谋求对苏联的战略优势的计划；而且具备可行的经济意义，是一项加快美国高科技发展，推动美国产业结构调整，促进美国经济飞速发展的计划；更具备深远的政治意义，是一项诱引苏联将注意力和资源投入太空争霸中，拖垮苏联经济并影响苏联政治体制稳定的计划。总而言之，"星球大战"计划的最终目标是帮助美国在与苏联争霸中取得战略优势。

苏联方面对美国的"星球大战"计划反应强烈，认为苏联正面临自美国实行"遏制"战略以来最为严重的挑战。安德罗波夫在《真理报》上发表文章，对里根的"星球大战"计划展开强烈的谴责，表明了苏联

① 〔美〕彼得·施威策尔：《里根政府是怎样搞垮苏联的》，殷雄译，新华出版社，2001，第158～159 页。
② 〔美〕罗纳德·里根：《里根自传》，张宁译，世界知识出版社，1991，第 555 页。
③ 〔美〕丹尼尔·奥·格雷厄姆：《高边疆——新的国家战略》，张建志等译，军事科学出版社，1988，第 1 页。

的态度，他说："里根的'星球大战'计划旨在增加美国第一次打击的实力，全速发展和完善美国的战略进攻力量，企图利用导弹防御来摧毁别国相应的战略武器的能力，这是使苏联在美国的核威胁面前解除武装……（美国）任何谋求对苏联的军事优势的企图都将失败，苏联决不允许它们成功。"① 安德罗波夫的态度代表了苏联对"星球大战"计划的基本立场。

第二次世界大战以后，美苏争霸了数十年，一开始是美国占据绝对优势，后来苏联奋起直追，到20世纪70年代取得了与美国的"均势"，到20世纪70年代末，苏联甚至在某些方面占据了优势。可是，苏联为此付出了巨大代价。在整个20世纪70年代，苏联的军费增长迅猛，增速基本维持在4%～5%，占苏联国民生产总值的15%左右。② 而自20世纪70年代以来，苏联的经济增长率显著放缓，消费者所得份额也急剧降低，后来虽然提出以提高劳动生产率为核心，从粗放经营转变为集约经营的计划，但是由于各种原因该计划未得到有效实施。虽然苏联所付出的代价巨大，但是毕竟取得了对美国某些方面的优势，给美国造成巨大压力，于是美国想借"星球大战"计划来打破不利局面，抢占战略制高点，重新获得对苏联的战略优势。

国家之间的竞争，尤其是像美国和苏联这种规模和体量的国家之间的竞争，会消耗掉巨量的资源。美苏争霸的时间很长，使得苏联投入了大量的资源。据西方估计，苏联的军费开支约占政府总支出的1/3，其实际军费开支1965年为320亿美元，1981年增长到了1400亿美元，1981年到1985年，苏联的国防预算甚至增加了45%，其中反卫星武器以及战略防御武器系统占了很重要的一块。③ 如此大规模的军费开支的增长，在资源有限的前提下，能够用于发展非军事经济的资源就会急剧减少，苏联经济增长缺乏

---

① Compiled by the Arms Control Association, *Star Wars Quotes*, July 1986, p. 114.
② 《八十年代苏联经济问题》，时事出版社，1985，第49页。
③ 陆南泉、姜长斌：《苏联剧变深层次原因研究》，中国社会科学出版社，1999，第246页。

资源的支撑，导致苏联的整体经济形势不容乐观，情况越来越糟，经济增长率越来越低。数据显示，1951 年至 1955 年与 1986 年至 1990 年相比，苏联国民收入年均增长率从 11.4% 下降为 1.8%，到 1990 年甚至出现了负增长。[①]

苏联在军备竞赛上的巨大投入耗费了大量的国家资源，严重阻碍了戈尔巴乔夫对苏联经济体制的改革。别斯梅尔特内赫认为，"对于苏联来说，我们已经感受到军备竞赛所带来的压力了。戈尔巴乔夫想把改革继续进行下去，而持续不断的军备竞赛对这些改革的前景构成了巨大的障碍。"[②]

在与苏联争夺霸权的过程中，美国总能够通过雄厚的资金支持来解决问题——不管是制造新武器还是向第三世界盟国提供军事和经济援助，这都是苏联无法比的。即便在卡特和里根政府增加军费以后，美国的军费也仅占国民生产总值的 6%~7%。而苏联领导人必须尽力依靠其规模较小、缺乏活力的经济来生产武器、维持军队以及提升新的必要的军事技术，以求与美国抗衡。粗略估计，苏联在 20 世纪 80 年代中期的军费开支在整个经济中所占的比重是美国的几倍。苏联在同时提供大炮和黄油上历经了很长时间的困难，这削弱了它的发展模式对盟国和第三世界的吸引力。[③] 最终，苏联因长期存在的经济领域内的深层次矛盾而爆发了体制性危机，这种危机与其他因素结合使苏联走向解体，可以说，里根借"星球大战"计划拖垮苏联的构想在这个意义上是实现了。

四　促进美国的经济及科技的发展

"阿波罗"登月计划作为构建立体化边疆架构的重要一环，对美国的

---

① 陆南泉、姜长斌：《苏联剧变深层次原因研究》，中国社会科学出版社，1999，第 246 页。

② 〔美〕彼得·施威策尔：《里根政府是怎样搞垮苏联的》，殷雄译，新华出版社，2001，第 275 页。

③ 〔美〕韩德：《美利坚独步天下：美国是如何获得和动用它的世界优势的》，马荣九、牛悦、孙力舟等译，上海人民出版社，2011，第 279 页。

经济发展起到的作用巨大且深远。这个堪与第二次世界大战期间的"曼哈顿计划"相提并论的计划，极大程度地强化了美国对科技事业的战略性重视，加强了美国对科技的投资和管理，适应了科技发展的需要，一定程度上解放了生产力，促进了美国国家垄断资本主义的进一步发展。

就投入的资源来看，美国联邦对于宇航事业的经费投入在 20 世纪 60 年代高达 400 亿美元，参与的企业多达万家、高等院校超过 120 所，参与人数多达 42 万余人，仅国家航空和航天局本身的工作人员就多达 36000 人，他们建立起 11 个航天中心。联邦政府对太空事业的重视和庞大的支出，是 20 世纪 50 年代后半期到 60 年代中期美国全国研究与发展经费在国民生产总值当中比重迅速提升的主要原因，当时的比重为 3%，达到历史最高水平。这使得美国的劳动生产率迅速提升，其增长率在 1960～1965 年高达 21.2%，相较于 50 年代后半期的 12.9%，几乎翻了一倍。这也是美国经济在 20 世纪 60 年代出现高度繁荣局面的一个不可忽视的重要原因。①

美国宇航事业的飞速发展，带动了 20 世纪 60 年代美国科学研究多个方面的突破和发展，尤其值得强调的是电子计算机 3 代机的出现以及遥感技术的运用，已经构成第三次科技革命的重要内容。1962 年之前，美国的私人资本不允许进入卫星通信领域，而自从 1962 年卫星通信法通过之后，大量的私人资本涌入卫星通信领域，开启了卫星通信的新时代。基于对新边疆的探索而发展起来的空间技术，还被广泛应用到地球资源探测、气象观察、环境保护、航海、捕鱼、农业以及生命科学等基础研究之上，对美国科学技术的全面发展以及美国经济的发展，产生了重大影响。另外，美国立体化边疆架构的构建给美国南部和西南部发展提供了历史机

---

① 刘绪贻等主编《美国通史（第 6 卷）：战后美国史 1945～2000（上）》，人民出版社，2011，第 235 页。

遇，美国的宇航事业集中在这两个区域，刺激了当地的经济发展，并促进了阳光地带①的发展，有利于美国的产业布局调整及国家整体的发展。

美国空中边疆以及高边疆的构建中很重要的一方面是飞行器、预警系统、航天器、卫星、火箭、导弹等器具的研制、部署及应用，涉及美国高精尖武器和军事技术。为了允分调动各方积极性以及综合各方智慧，美国的军事科技发展采取的模式是产学研相结合，即产业、教育以及科研有机结合，发挥各自的优势，形成了防务—科研—工业联盟的布局。这种模式及布局一方面推动了美国的军事工业及军事科技的飞速发展，另一方面有利于美国的军事技术转化为民用，从而促使高新科技产业在美国的形成和发展。不仅如此，先进的军事技术转为民用，技术的更新推动了美国产业的升级换代，并带动了相关产业的发展，比如服务业，从而推动了美国经济的发展。

美国的军事实力在全球首屈一指，很重要的一方面是其先进的武器装备。伴随着美国空中边疆以及高边疆的构建，美国的武器装备更为先进，高科技含量更高，使得不少国家尤其是中东地区的国家对美国的武器产生了巨大的需求，形成了庞大的军火市场。对外军售之于美国经济发展的意义体现在两个方面。一方面通过对外出售武器，能够直接赚取外国的钱财，增加美国的财富。为了达到利润最大化，美国国务院、商务部等机构都采取措施，在全球帮助美国的军火商推销其先进武器。另一方面，武器尤其是高精尖武器并非一种普通的商品，其背后还蕴含政治、军事意义，可以

---

① 所谓的"阳光地带"，指的是美国的南部地区由于其低廉的房价吸引人口的大量迁入，随着人口的迁移，以及当地丰富的能源、农业资源，吸引着美国的新兴工业在南部的布局，从而形成了美国三大工业区之一——南部工业区，我们称之为美国的"阳光地带"。这是一个七十年代出现的概念，一般指北纬 37°以南地区，大致范围是：西起太平洋沿岸的加利福尼亚州，东到大西洋沿岸的北卡罗来纳州，北至密西西比河中游，南到墨西哥湾沿岸的一个区域。阳光地带之意为：南部"日照充足，气候温和，适宜人类居住地带"，亦有"这一地带各行各业蓬勃发展，经济日趋繁荣"之含义。

说，武器是一种战略性商品。因此，美国时常以军售为手段，将其影响力扩张至其认为重要的国家或地区，具体表现为美国不时将军售与外交结合起来，促进同其他国家和重要地区的合作或谋求海外军事基地；以军售来培植海外代理人，培养亲美势力为己所用；以军售作为控制战略区域力量平衡的手段。这些手段的使用也有利于美国海外经济利益的实现。

高边疆战略的实施，推动了美国国防经济及国民经济的飞速发展。高边疆战略是一个综合性的国家战略，其实施起来，必须综合利用国家的力量和资源来追求国家利益最大化。要实现 SDI 计划，最主要的一步是国会批准巨额的预算。在里根政府时期，国会总体上对高边疆战略是支持的，给该战略的实施提供了预算支持。巨额的资金支持推动了美国国防经济及国民经济的发展。"星球大战"计划以及"太空工业化"中巨额资金的投入，快速提升了美国的军事技术尤其是国防军事技术，培植并发展了美国的国防产业，提升了美国的国家生产力。同时，国民经济的发展与国防经济以及军事技术息息相关。在美国国防经济以及军事技术飞速发展的基础之上，得益于美国军事技术的"军转民"机制，美国先进的军事技术能够外溢、转化成相应的民用技术，从而推动美国国民经济的快速发展。军事技术的外溢和转化，一方面会填补民用技术的空白，另一方面则会推动原有民用技术的更新换代。而技术之于经济发展的意义极为关键和重要，有时甚至是经济发展的源泉所在。在市场方面，"星球大战"计划以及"太空工业化"的实施也会产生积极的作用。通过新空间的开拓、新技术的发明，人类可以从原有领域跨入一个全新的领域，刺激了市场需求，推动了经济发展。比如，"星球大战"计划推动了美国航天技术的迅猛发展，其投资效益比为 1∶14，以致从 1985～2010 年，空间商业收益达到6000 亿美元以上。[①]

---

① 彭晓枫：《军工产业在当代社会发展中的地位：以美国为例》，《战略与管理》1999 年第 6 期。

立体化边疆架构在推动美国经济发展的同时，也促进了美国科技的发展。"星球大战"计划及"太空工业化"几乎影响了美国所有重要的技术领域，对美国的军用技术以及民用技术的发展产生了深远的推动作用。一方面，"星球大战"计划对军事技术的重视决定了对军用技术领域的高投入，促进了美国军用技术的研发工作。伴随着研发工作的逐步推进，美国的军事技术获得飞速发展，一些关键的军事技术领域得以突破，使得美国在微波、红外线、激光等传感器与识别技术，计算机技术，导弹制导技术以及激光、粒子束、微波、动能等新式武器的研究方面取得重大进展，进而导致武器技术的革命。另一方面，军事技术领域的飞速发展以及美国高效的高端技术"军转民"，势必推动美国民用技术的迅猛发展甚至产生革命性变化。第一，推动了美国定向能技术的发展，尤其是激光技术，在医学上有非常可观的应用前景；第二，推动了美国的物质研究及材料生产，使得 SDI 高技术在美国的工业发展中得以广泛应用；第三，推动了美国军事技术逐渐向农业领域渗透，从而促进了美国农业技术的更新换代；第四，催生了新技术革命。新技术革命是一场多学科、跨领域的革命，是包含从海洋科学到空间科学、从核技术到生物工程、从计算机技术到光电技术的新的技术革命群。而高边疆战略在资金投入、高精尖技术劳动力市场开发、技术成果应用等方面对高技术领域的重要研究产生巨大影响，从而为美国的技术革命创造了条件。①

① 朱听昌、刘菁：《争夺制天权：美国高边疆战略的发展历程及其影响》，《军事历史研究》2004 年第 3 期。

第五章
超主权性边疆架构
支撑美国单极时代（1991 年至今）

　　超主权性边疆与主权性边疆相对。陆地、海洋、空中等边疆均基于国家主权而存在，这些边疆形态都严格受到本国主权管辖和控制，别国不得侵犯，属于主权性边疆。而超主权性边疆则指不受本国主权管辖和控制，但是受到本国力量软性控制的政治地理空间，以及基于政治地理空间而存在的其他形态的空间范畴。"冷战"结束以后，由于苏联的解体，世界的两极政治格局得以改变，世界逐渐朝着多极化的趋势发展。但就美国的整体实力，以及美国在国际舞台上的所作所为而言，"冷战"的结束在某种程度上开启了美国独自称霸的时代。而伴随着全球化的快速推进，美国开始构建起跨越本国主权管辖范围的利益边疆和信息边疆，并运用国家力量对其进行有效的管控，从而构建起美国独霸时期的超主权性边疆架构。超主权性边疆架构的构建需要一定的主客观条件，并非任何国家都能够构建并加以有效管控。美国构建这种超主权性边疆架构是基于其举世瞩目的国家发展的成就之上的，而在构建这种超主权性边疆架构的过程中以及构建成功并实施有效管控的过程中，这种新形态的边疆架构又对美国的国家发展产生或积极或消极的影响。

第一节　美国超主权性边疆架构构建前的国家发展

美国超主权性边疆架构的构建起于"冷战"结束。"冷战"结束以后，美国的国家发展达到了新的高度，布热津斯基说过："美国对手的垮台使美国处于一种独一无二的地位。它成为第一个也是唯一的真正的全球性大国……美国在全球力量四个具有决定性作用的方面居于首屈一指的地位。在军事方面，它有无可匹敌的在全球发挥作用的能力；在经济方面，它仍然是全球经济增长的主要火车头……在技术方面，美国在开创性的尖端领域保持着全面领先地位；在文化方面，美国文化……具有无比的吸引力……所有这些使美国具有一种任何其他国家都望尘莫及的政治影响。这四个方面加在一起，使美国成为一个唯一的全面的全球性超级大国。"①

一　发挥全球作用的军事实力

在长达数十年的"冷战"中，美国和苏联在全世界展开了边疆争夺，以意识形态为标准，抢占、划定并维护各自的势力范围。基于同苏联展开争夺边疆的需要，美国发展出了与这种需要相匹配的雄厚的军事实力，并在海外广泛布局，投射其强大的军事力量。

"冷战"结束以后，苏联解体，美国趁机发挥其传统的扩张特性，不断抢占对手的边疆，扩大自身的战略空间，挤压俄罗斯的战略空间。

就军事实力而言，美国已经从"冷战"时期在大半个地球上发挥作用，转变为能够在全球范围内发挥作用。这既取决于期望在全球发挥作用的战略意志或意图，还取决于根据这种意志和意图制定出的全球战略，更

---

① 〔美〕兹比格纽·布热津斯基：《大棋局：美国的首要地位及其地缘战略》，中国国际问题研究所译，上海人民出版社，1998，第 32～33 页。

取决于拥有与这种战略意志或意图以及全球战略相匹配的战略能力，尤其是称雄于世界的军事力量。

　　美国在"二战"过程中就逐渐发展出了反映其国内执政派意图的全球扩张主义。它的出现经历了激烈的博弈，源于孤立主义传统在美国的根深蒂固。但不管如何，全球扩张主义还是在美国占了上风，两种主义之间的博弈过程就是美国期望在全球发挥作用的战略意志或意图形成的过程。苏联的解体在某种程度上意味着美国全球扩张主义的胜利，这种胜利反过来又会强化全球扩张主义。"冷战"结束之后，不管是里根政府，还是布什政府，抑或克林顿政府，采取的都是全球战略，三者之间的区别在于实施战略的方式和手段不同而已。而美国的战略能力尤其是军事实力，为美国全球战略的实施奠定了坚实的军事基础。

　　既然军事实力为美国在全球发挥作用提供坚实的基础，那么美国自然会认识到这种基础性作用的重要性及意义，从而采取各种措施来增强自身的军事实力，并将其投射至对美国的战略和利益的实现起关键性作用的地区。

　　美国非常重视军事力量，因此对其的投入自然不会少，美国的军费开支高居不下，且远远高过其他国家。1990 年美国的军费开支为 3000 亿美元左右（占当年国民生产总值的 5.14%）。① 伴随着苏联解体，削减军费开支、裁减军队便成了美国适应国内经济发展与国际情势变化的自然之举。但即便如此，到 1999 年，美国的军费支出还是高达 2879 亿美元，约为欧洲、日本、俄罗斯以及中国军费总和的 1.5 倍。

　　在巨额军费投入的支撑下，美国的军事力量在质与量这两个方面都是其他国家难以企及的。从量上来看，美国的海军、空军最为庞大。在"冷战"期间因和苏联军备竞赛而发展起来的核武库，随着苏联的解体而

---

① 　朱明权：《美国国家安全政策》，天津人民出版社，1996，第 45~47 页。

变成世界之最。在武器质量和技术方面，美国同样占据第一。就常规军队而言，其现代化程度居世界之首，美国拥有最为先进的军事科学技术和武器装备。之前提到美国虽然在"冷战"结束以后开始减少军费和裁减军队，但是其对先进军事技术的追求和重视一如既往，甚至更为加强。就军事技术而言，美国的关注重心从核武器转移为高技术常规武器的更新换代，在军费预算有所降低的情况下，不仅继续提高经费以保障美国高精尖武器的研发及制造，还加快推进隐形、定向能、智能、精密制导、空间系统、生物工程等高新技术的发展。① 因此，美国在武器数量方面有所减少，但是武器质量却不断提升，使得美国的军事实力不降反升，尤其是将其放置到国际上去比较，更能凸显美国的军事霸主地位。

美国不仅注重提升军事力量，更重视将其投至海外关键地区。这是一种战略布局行为，或者是为了应对美国对海外利益的追求，或者是该地区对于美国而言具备战略意义。通过布局，美国还拥有全世界最多的海外基地及海外驻军，其军事存在遍布全球的关键地区和战略要地。

此外，美国还特别重视发挥联盟的作用，尤其是北大西洋公约组织（简称"北约"）。"冷战"结束以后，北约的对手——华沙条约组织（简称"华约"）不复存在。而作为北约的盟主，美国不仅没有解散北约的意图，还加强对北约的控制，并积极开展北约东扩，挤压俄罗斯的战略空间，为美国称霸全球服务。北约东扩是美国全球战略的重要一步。美国之所以不愿意解散北约，是因为北约是其实现称霸全球的重要工具，对控制欧亚大陆至关重要。此外，美国甚至想将北约打造成符合美国利益的利剑，以避开中国、俄罗斯的掣肘。在联合国的制度安排和结构体系当中，美国许多维护其自身霸权的行为往往得不到中国、俄罗斯的支持。而在北约组织当中，虽然存在欧洲盟国与美国的抗衡，但是，"北约系统结构依

---

① 潘振强：《国际裁军与军备控制》，国防大学出版社，1996，第 29 页。

然是一个以美国力量居于顶端的单极结构"①，美国可以依靠并利用这种
单极结构，来服务美国的霸权。

二　居世界首位的经济实力

20 世纪 90 年代之初，美国是全世界最大的经济体，其经济实力仍然
居世界首位。

第一，就经济发展速度来看，美国与其他经济发达国家相比处于优
势。1992 年的美国、日本、欧盟的经济增长速度分别为 2.3%、1.1%、
1.1%，1993 年 的 数 据 为 3.1%、0.1%、-0.3%，1994 年 的 数 据 为
3.7%、0.9%、2.1%②。从 1992 年开始，美国的经济已连续九年保持增
长，是"二战"后美国最长的经济增长期。1999 年，美国经济增长约
4%，其经济总量已超过 9 万亿美元，约占全球同期的 30%③。连续的经
济增长，使得美国将其他发达经济体远远地甩在后面。此外，这种优势也
部分归因于其他传统大国的相对衰落——俄罗斯衰落了，欧盟经济发展缓
慢，日本陷入十年经济停滞当中。④

第二，就经济总量而言，美国更是大大超出其他发达国家。1990 年，
美国的 GNP 高达 54652 亿美元，全球第一。日本和德国，是苏联解体之
后经济实力快速上升的两个大国，它们加上法国 GNP 总量才超过美国。⑤
而 1991 年，联合国的数据显示，欧共体的 GDP 为 62515 亿美元，美国为

① 周丕启：《合法性与大战略：北约体系内美国的霸权护持》，北京大学出版社，2005，第
177 页。
② 丁洪：《美国在世界经济地位中的评估》，《世界经济》1995 年第 10 期。
③ 林利民：《关于中国 21 世纪初对外战略的几点思考》，《现代国际关系》2000 年第 3 期。
④ 〔美〕约翰·伊肯伯里：《自由主义利维坦：美利坚世界秩序的起源、危机和转型》，赵明
昊译，上海人民出版社，2013，第 205 页。
⑤ 顾关福：《战后国际关系》，时事出版社，2003，第 42~43 页。

55775 亿美元，日本 GDP 为 33633 亿美元。① 而同年，美国的 GNP 达56775 亿美元，人均 GNP 为 20060 美元，美国的 GNP 顶得上欧共体 12国，比日本多 40%。② 1992 年，美国的 GNP 为 59202 亿美元，日本的GNP 为 36710 亿美元，德国则为 17892 亿美元，日本的 GNP 为美国的62%，德国的 GNP 为美国的 30%。从 GNP 占世界产值的百分比来看，1992 年，美国、日本以及德国占比分别为 25.7%、15.9%、7.8%。按照购买力平价法计算的人均 GNP，美国第一，日本的人均 GNP 相当于美国的 83%，德国的人均 GNP 相当于美国的 89%。③ 按美国中央情报局和商业部根据购买力平价法估算的数据，1994 年美国仍为世界首富，人均GNP 高达 26640 美元，随后是卢森堡，日本和德国则分列第 10 和第24 位。④

第三，以美国为核心的自由贸易区的建立也反映了美国超强的经济实力和影响力。进入 20 世纪 90 年代，为了维护和巩固美国在世界事务中的领先地位，克林顿政府特别强调对外贸易在美国经济安全中的重要地位。因此，"冷战"后的美国贸易战略导向就是积极推进地区贸易自由化，制定面向全球、面向未来的国际贸易战略，将自由贸易作为通向全球自由贸易的铺路石。1993 年 8 月，在美国的不懈努力下，美国、加拿大、墨西哥三方终于达成了"北美自由贸易协定"。协定于 1994 年 1 月正式启动，标志着北美区域经济发展从此进入了一个新时代。根据规则，自该协定生效之日起，80%的进出口贸易可以免税在三国之间流通，剩余的 20% 劳务和商品的关税将在此后 15 年内逐步取消。该协定的达成，推动了整个美洲贸易自由

① 陈德照：《"冷战"后国际局势中的若干问题》，《世界经济与政治》1993 年第 12 期。
② 畅征：《美国独霸全球的 20 年》，中国经济出版社，2012，第 52 页。
③ 丁洪：《美国在世界经济地位中的评估》，《世界经济》1995 年第 10 期。
④ Central Intelligence Agency，*The World Year book 1995*；Bureau of E - conomic Analysis，U. S. Department of Commerce，*The World Almanac and the Book of Facts 1997*，1996，p. 134.

化的进程，标志着美国在美洲大陆已构筑起一个人口 3.6 亿人，年 GDP6.4 万亿美元，进出口贸易达 1.2 万亿美元的世界最大的区域经济集团。①

第四，就经济竞争力而言，美国还占据世界首位。从 1994 年开始连续三年，美国都是世界第一。根据瑞士一家研究机构的研究报告，1996 年美国的经济竞争力排世界第一，日本第四（新加坡和中国香港分别列第二、三位），美国在国内经济实力、基础设施、政府作用、国际化、科学技术开发等指标上都高于日本。② 与此同时，美国注重科技开发，能更多地把美国在科学研究领域中的优势转化为生产力和商品，形成技术与商品之间的良性循环。从 1980～1994 年，美国制造业的劳动生产率提高了60%，比日本高出 17 个百分点，比德国高出 21 个百分点。③

第五，美国的美元霸权地位。1994 年，美元占国际货币基金组织成员国官方外汇储备的 57.1%，美国的美元霸权地位可能比其在世界经济中的主导地位持续的时间要长。④ 1995 年美元储备在世界已分配储备额中的比例为 59.02%，1996 年是 62.07%。⑤ 美元作为储备货币的地位使美国获得铸币权，这种权利可以支撑美国的赤字，也可以使其开打战争，增加国内支出，在不用担心像其他国家一样在那种痛苦的情况下举债。⑥

以上所阐述的仅仅是反映美国经济实力的具体指标，但对于以下两个

---

① 江心学：《"冷战"后的美国经济安全》，《解放军外语学院学报》1998 年第 3 期。

② 国际竞争力比较课题组：《1996 年中国国际竞争力报告》，《战略与管理》1997 年第 2 期。另据报道，在世界经济论坛发表的 1997 年全球竞争力报告中，新加坡、中国香港和美国排列第一位。（见《光明日报》1997 年 5 月 22 日）。

③ 陈宝森：《评克林顿政府的国内外经济政策》，《美国研究》1994 年第 2 期。

④ 高海红：《美元国际货币地位下降将是一个缓慢的过程》，《国际经济评论》1996 年第 5～6 期。

⑤ 数据来自国际货币基金组织官方网站数据库，http://www.imf.org/external/np/sta/cofer/eng。

⑥ 〔美〕约翰·伊肯伯里：《自由主义利维坦：美利坚世界秩序的起源、危机和转型》，赵明昊译，上海人民出版社，2013，第 205 页。

为之后美国经济发展奠定坚实基础的方面，我们要更加重视。

一方面，和其他国家相比，美国拥有丰富的自然资源、优越的地缘政治条件、幅员辽阔、人口数量多且人员素质高，尤其是高科技人才充裕。这些方面构成了美国经济发展的基础性条件。当人类生存环境逐渐恶化，人口与环境、资源的矛盾日益突出，资源越来越稀缺的时候，美国的优势将更加凸显。

另一方面，美国作为信息技术革命的发起者和推动者，率先跨入信息时代，拥有无与伦比的先发优势。不仅如此，美国还率先完成经济结构的调整，建立了一套知识经济体系。在知识经济时代，美国的航空航天、生物医药、新能源材料、信息科技等高科技企业将获得快速发展，不仅如此，高新技术还为美国传统产业的发展注入新的活力，促使其技术的更新换代，使得传统产业焕发新的生命力。

美国的 S. 克莱因发明了一种方法，来对某个国家的经济实力进行综合评估，用他的方法，美国的经济实力高居榜首，其总得分是 351.33 分，而日本的总得分为 139.20 分，德国则为 113.47 分。不仅总分第一，美国在反映经济实力的 GDP、能源、食品、工业生产能力和对外贸易单项比较中，都大大超过日本和德国。①

三　居世界第一的科技实力

从研究与开发费用占 GDP 的比例来看，1991 年美国为 2.78%，日本为 2.86%，欧共体国家为 2.02%，虽然从所占比例的角度看，日本超过美国，但以费用绝对数来分析，美国位居世界第一。据统计，1989～1992年，美国投资于研发的资金平均每年达 1574 亿美元，而科研方面的最强劲对手——日本、德国则为 944 亿美元和 436 亿美元。这种高投入，是美

---

① 丁洪：《美国在世界经济地位中的评估》，《世界经济》1995 年第 10 期。

国科技保持总体优势的重要保证。① 根据美国国会技术评估局的报告，联邦政府每年花在科学研究方面的资金约为 710 亿美元，差不多是 10 年前联邦政府预算的两倍，占美国整个科学研究经费的 47%。美国公司 1991 年为科研提供的经费为 740 亿美元，比日本的 360 亿美元多一倍以上，且大大超过欧共体的 470 亿美元。②

从科技人员的数量来看，美国的研究人员总数为 82.5 万人，为世界排名第二的日本的 1.7 倍。③ 更重要的是，美国的人才引进机制和模式吸引了全球顶尖的人才为美国效力。自 20 世纪 90 年代以来，外籍科学家、工程师已经占据美国此类人才比例的 17% 左右④，在硅谷工作的外籍科技人员占比高达 33%。另外，美国工商企业每年用于培训在职职工的经费已达 2100 亿美元，超过了 1990 亿美元的中学教育经费和 1330 亿美元的高等教育经费。⑤

就科研成果优势而言，美国研究人员得到的专利权数比其他国家的总和还要多，1946~1981 年全世界的诺贝尔奖获得者共 208 名，美籍学者就有 109 人，占 52%。此后一直保持甚至还超过了这一比例。美籍学者在世界先导性自然科学和工程技术杂志上发表的论文数，基本保持了占据全世界 1/3 稍多的份额。⑥

技术方面，美国在关键性的高精尖领域引领全球。1995 年，美国一份官方的研究成果表明，在 27 个关键技术领域内，美国引领全球。报告指出，通过对 1990~1994 年美国和其劲敌——日本和德国的对比分析，在信息和通信领域里，美国领先程度很大；在生物、医学、农业和食品等

---

① 丁洪：《美国在世界经济地位中的评估》，《世界经济》1995 年第 10 期。
② 张敏谦：《"冷战"后时代美国的科技战略选择》，《世界经济与政治》1993 年第 3 期。
③ 〔日〕饭岛孝、肖元真：《美国科学技术的政策动向》，《世界科学》1991 年第 4 期。
④ 丁洪：《美国在世界经济地位中的评估》，《世界经济》1995 年第 10 期。
⑤ 钱黄生：《美国注重开发人才资源》，《世界形势研究》1992 年第 7 期。
⑥ 张敏谦：《"冷战"后时代美国的科技战略选择》，《世界经济与政治》1993 年第 3 期。

领域，美国保有优势地位；在环保领域，美国还是超前。与日本相比，美国在 10 个领域领先程度很大，在 11 个领域内保持优势。与欧洲相比，美国在 1 个领域内领先程度很大，在 18 个领域内保持优势。所以，美国依然是全球科技最发达的国家。[①]

就先进技术产品出口优势而言，根据美国商务部国际经济学家 J. 耶拉契奇的统计，1991 年美国在先进技术产品方面的贸易顺差增加到了 367 亿美元，比 1990 年增长 7.3%。先进技术产品方面的整个贸易（进出口之和）在 1991 年达 1630 亿美元，占美国全部贸易额的 1/6。[②] 即使在竞争激烈的世界电子产品市场上，尽管日本在消费电子产品如电视机、录像机、激光唱机等产品的销售中占统治地位，但在微型芯片、医疗仪器、电信设备等许多电子产品领域，尤其是高技术产品领域，美国公司独占鳌头。这在欧洲市场上表现得非常明显。美国的英特尔公司和得克萨斯仪器公司在半导体方面的销售量甚至超过了日本的东芝、日本电气和日立等大公司。1991 年美国英特尔公司集成电路板的销售量超过了德国西门子公司和意大利汤姆森无线电报总公司，居西欧市场第二位，仅次于荷兰飞利浦公司。

第二节　美国超主权性边疆架构的形成

美国的国家发展对美国超主权边疆架构的催生作用既表现在为超主权性边疆架构的构建提供坚实的经济、政治、军事以及技术基础，更为其提供强劲的动力。二者有机结合，缺一不可，共同推动美国构建利益边疆以及信息边疆，从而形成超主权性边疆架构。

---

① 丁洪：《美国在世界经济地位中的评估》，《世界经济》1995 年第 10 期。
② 张敏谦：《"冷战"后时代美国的科技战略选择》，《世界经济与政治》1993 年第 3 期。

一 国家发展是美国超主权性边疆架构构建的基础和动力

（一）国家发展的状况是美国超主权性边疆架构构建的基础

超主权性边疆是相对于主权性边疆而言的。陆地边疆、海洋边疆、空中边疆都是基于国家主权而存在的，这些边疆都严格受到本国至高无上的主权管辖和控制，别国不得侵犯，因此，它们都属于主权性边疆。美国的超主权性边疆指的是不受美国主权管辖和控制，但是受到美国超强国家力量软性控制的政治地理空间，以及基于政治地理空间而存在的其他形态的空间范畴。而美国对这种超主权性边疆所形成的观念、理论，以及在此基础上所制定的战略和开展的实践活动，就构成了美国的超主权性边疆架构。超主权性边疆架构并非任何国家都有，它取决于这种超主权性边疆的"超主权性"，一个国家要在本不属于自身主权管辖的范围内，甚至是在别的国家主权管辖范围内施展软性控制，必须具备相应的经济、政治、军事、科技实力。美国在"冷战"后的国家发展所取得的巨大成就，以超强的经济实力、政治影响力、军事实力以及科技实力体现出来，这些实力的综合就构成了其构建超主权性边疆架构的坚实基础。

一是坚实的经济基础。之所以超主权性边疆架构的构建需要坚实的经济基础，一方面是因为雄厚的经济实力是构建超主权边疆架构的物质基础，另一方面是因为在全球化快速推进的时代，国家利益外溢出主权管辖的领土范围而在别的国家领土上存在，出现了国家之间利益的交融，这就为一个具体的国家衍生出国家海外利益的维护问题。如何维护这些领土外的国家利益，采取何种方式来维护，成了国家谋求自身发展的重要课题。在经济全球化时代，经济手段自然是维护国家利益的首要方式，而经济手段的强弱直接取决于国家的经济实力。

美国的经济实力在"冷战"结束以后仍然是世界第一。不管是经济总量，还是经济竞争力，不管是美元在世界货币体系当中的地位，还是美国的经济结构，其他国家都难以企及。美国在全球经济体系当中仍然起到火车头的作用。这种无可匹敌的经济实力为美国的超主权性边疆架构的构建提供了最为坚实的物质基础。

此外，美国牢牢占据国际经济体系的塔尖位置，在国际经济体系中发挥着举足轻重的作用。"二战"结束后，在美国的主导下，布雷顿森林体系得以建立。该体系的三大支柱为国际货币基金组织、世界银行、关税及贸易总协定。这样一套将各个国家和地区从经济上紧密联系起来的制度机制，其主导权掌握在美国手中。虽然布雷顿森林体系在 20 世纪 70 年代崩溃了，但其"三驾马车"当中的国际货币基金组织、世界银行仍然存在，关税及贸易总协定被世界贸易组织取代，美国仍然在新的国际经济制度机制当中占据主导地位。以上优势给美国构建超主权性边疆架构提供了制度性便利，有利于其展开卓有成效的经济外交。这是其他任何国家都无法比拟的。

二是有利的政治基础。"二战"以来，美国一直是资本主义世界的政治霸主。随后经历了长达数十年的"冷战"，最后以苏联解体而结束，持续 40 余年之久的两极政治格局，变为以美国为单极的政治格局，美国自然登顶全球政治霸主地位。这一地位，是美国构建超主权性边疆架构最有利的政治基础。"美国对手的垮台使美国处于一种独一无二的地位。它成为第一个也是唯一的一个真正的全球性大国"[1]，"美国在全球至高无上的地位，是由一个的确覆盖全球的同盟和联盟所组成的精细体系支撑的"[2]。美国作为世界政治中心的地位极为稳固，作为国际关系的主导者，美国依据国家利益需要来决定和开展与其他国家的关系；它还为实现本国利益，

---

[1]　〔美〕兹比格纽·布热津斯基：《大棋局：美国的首要地位及其地缘战略》，中国国际问题研究所译，上海人民出版社，1998，第 36 页。

[2]　〔美〕兹比格纽·布热津斯基：《大棋局：美国的首要地位及其地缘战略》，中国国际问题研究所译，上海人民出版社，1998，第 13 页。

构建符合其国家利益的国际行为标准和体系，通过国际政治组织来引领国际社会议程设置，掌控国际社会的政治经济话语权。在全球化快速推进的形势下，应对全球化挑战，维护海外利益，加强全球合作或全球治理日益成为各国普遍关注的重要问题。美国作为"冷战"后唯一的超级大国，在塑造世界政治新秩序中掌握的主动权和主导权，十分有利于美国构建超主权性边疆架构。

除此以外，长达40余年的美苏争霸以苏联解体而结束，某种程度上意味着美国民主制度的胜利，使得福山在其经典著作中宣称"历史的终结"，即人类最后的历史是自由民主的历史。美国自建国以来长期实行民主共和制度，政体稳定，且在短短两百余年的历史进程中，不断实现跨越式发展，"冷战"结束以后，还成为世界上唯一的超级大国，这些都增添了美国民主制度的吸引力，提升了美国的政治影响力。另外，在美国国内，通过激烈博弈，全球主义战胜传统的孤立主义政治传统，也有利于美国在全球发挥作用，为美国构建超主权性边疆架构奠定了有利的政治基础。

三是称霸全球的军事实力。"二战"以来，美国一直是资本主义世界的军事霸主，在"冷战"中，美国投入巨资，开展军备竞赛，促使美国的军事实力更上一层楼。而随着苏联解体，美国就成了全球的军事霸主。其军费开支屡创新高，大大超出其他国家，甚至是排在其后数个军事强国的军费开支总和。惊人的军费开支造就了全球最为庞大的海军和空军，核武力量也占据世界第一，而且美国极为重视先进军事技术的研发和武器装备的更新换代，尤其是高精尖武器傲视群雄，使得美国军队的现代化水平也领先全球。最重要的是，美国不仅拥有全球首位的军事实力，而且将其投射到全球，在数十个国家建立军事基地。正如布热津斯基所说，"美国不仅控制着世界上所有的洋和海，而且还发展了可以海陆空协同作战控制海岸的十分自信的军事能力。这种能力使美国能够以在政治上有意义的方式把它的力量投送到内陆。美国的军事部队牢固地驻扎在欧亚大陆，还控制着波斯湾。美国的仆从国和附庸国分布在整个欧亚大陆，其中一些还渴望与华盛顿建立更加正式的联系"①。超强的军事实力以及遍布全球的军事存在，为美国构建超主权性边疆架构奠定了坚实的军事基础。

此外，美国还极为重视结盟的作用，主导建立并控制着全球最强的军事同盟——北约，这使得美国的军事实力更强大，能动用的军事资源更丰富，能利用的军事手段更多样和高效，有利于美国构建符合其国家利益的超主权性边疆架构。

四是无可匹敌的科技实力。科技实力对于超主权性边疆架构构建的意义不言而喻，除了提供必要的技术支撑以外，信息网络技术的飞速发展本身就造就了信息边疆这一超主权性边疆。美国的科技实力傲视群雄，不仅体现在对科研的经费投入上，还体现在科研人员数量和素养上；不但体现在科研成果优势上，而且体现在技术方面，美国在开创性的尖端技术领域保持着全面领先地位；除此以外，美国的先进技术产品的出口优势也非常明显。在这当中，尤其要强调的是美国在高新技术领域的优势。在航空航天技术、生物技术、信息技术、新材料技术方面，美国在总体上也明显占据优势。信息技术领域除半导体芯片被日本超过之外，软件、超级计算机、光纤通信方面仍居世界首位。尤其是在信息和通信领域大为领先的优势，为美国率先抢占全球信息边疆奠定了坚实的技术基础。

理论上，构成美国国家发展的经济实力、政治影响力、军事实力以及科技实力都为美国构建超主权性边疆架构提供了坚实的基础并发挥了支撑作用，在这里单独分出来，是为了分析的便利。可在实践中，这四大基础性力量是紧密联系、相互影响、不可分割的整体。雄厚的经济实力是增强

---

① 〔美〕兹比格纽·布热津斯基：《大棋局：美国的首要地位及其地缘战略》，中国国际问题研究所译，上海人民出版社，1998，第 31 页。

政治影响力、军事实力以及科技实力的物质基础和保障；政治影响力的增强有利于营造良好的经济环境，有利于军事力量作用的发挥和科技实力的提升；军事力量的强大能够维护好美国遍布世界的海外经济利益，军事实力本身就是政治影响力的坚强后盾，军事实力的增强有时本身就意味着科技实力的提升；而科技实力又是政治、经济以及军事的技术支撑，科技的发展直接影响经济结构的转变，极大程度推动经济快速发展，科技实力是军事实力的重要基础，影响到武器装备的先进与否。总之，美国在"冷战"结束以后所形成的国家发展成就，为美国构建超主权性边疆架构奠定了坚实的基础。

（二）国家发展的需要是美国超主权性边疆架构构建的动力

超主权性边疆架构的构建不仅需要坚实的基础，更需要构建的动力，需要背后的推动因素来促使美国的超主权性边疆展开构建。国家发展永无止境，美国也不例外，虽然在"冷战"结束以后，美国处于独霸全球的地位，但还是面临在这个特定时代的国家发展问题。

"冷战"结束以后，美国的经济实力虽然仍是世界第一，但也面临相对衰落的问题；全球化快速推进及深入发展，对美国的国家发展提出了新的要求；美国处于独霸地位，对其国家发展也提出了新的要求。美国在这个特定时期所面临的问题，需要通过不断的国家发展来加以解决，是新的时代背景下国家发展的需要推动着美国超主权性边疆架构的构建。

首先，"冷战"结束时，美国的经济陷入了衰退，以至于克林顿政府制定和实施"参与和扩展"战略。该战略旨在通过输出自由市场经济模式、拓展国际市场和提升美国经济的国际竞争力，为美国的全球霸权奠定坚实的经济基础。从边疆拓展的角度来解读"参与和扩展"战略，该战略是美国在历史巨变的新时期，为有效解决国内面临的经济问题而推出的国家战略，旨在构建、拓展美国的利益边疆。因此，解决美国国内的经济问题这一国家发展的需要推动着美国超主权性边疆架构的构建。

　　20 世纪 90 年代初，美国虽然赢得了"冷战"的胜利，登上了全球霸主的宝座，但是长时间的军备竞赛，也使其付出了巨大的经济代价。美国经济竞争力虽然仍占据世界第一，但是已经明显下降。与此同时，美国经济虽占全球经济的份额虽然仍排第一，但也在不断降低，令美国政府忧心忡忡。不仅如此，美国从"二战"后到"冷战"结束时，已经爆发了 9 次经济危机，美国 GDP 在全球总量中的比重也在不断下降。美国的外贸逆差和国债激增。"赢得"冷战"却输掉经济"是当时美国人的共识，其直接后果就是共和党的布什在选举中败给了民主党的克林顿。

　　"二战"以后的第 9 次经济危机始于 1990 年 7 月，止于 1994 年 4 月，但经济危机的停止并不意味着美国经济的复苏，相反，在共和党的执政下，美国的经济复苏乏力。布什政府在选民心目中留下了治理经济无能的印象，美国民众渴望通过新一轮选举来解决经济衰退问题。民主党的克林顿虽然较布什年轻不少，威望也不能与之相比，但是其竞选团队设计的"振兴美国经济"和"国内问题优先"两面大旗吸引了选民的投票，助推克林顿登上了总统的宝座。上台伊始，克林顿就兑现诺言，将重心转移到振兴美国经济上面，并制定和实施"参与和扩展"战略。克林顿政府认为，在经济全球化时代，美国要实现经济的复苏甚至繁荣，必须将目光投向国外并积极开拓市场，必须制定对美国最为有利的国际经济规则。因此，必须广泛参与国际事务，大力扩展美国在全球经济中的影响力，以实现美国对全球的领导。从边疆开拓的角度来看，"参与和扩展"战略就是美国开拓利益边疆的战略。

　　其次，全球化的快速推进和深入发展，对美国的国家发展提出了新的挑战。在这一历史巨变时期，美国要实现进一步的国家发展，必须顺应时代的要求。全球化的飞速发展表现在广度和深度两个方面，人们在加强经济联系的基础之上，形成了更加广泛、日益深入且复杂多样的联系。领土之外的他国对国家发展的影响越来越重要，原先被国家主权严格控制的领土范围之内的国家利益，开始越过领土疆域的限制，外溢出去，这部分利益的实现和维护，自然推动着美国超主权性边疆架构的构建。

全球化不仅包括经济全球化，还包括政治、社会、技术、文化等多个层面的全球化。经济层面的全球化，主要指的是世界市场化；政治层面的全球化，指人类社会和政治制度多元化、民主化；社会层面的全球化，指的是社会管理体制的趋同，政治制度存在差异的国家可以实现经济体制的接轨；技术层面的全球化，指的是随着信息技术的出现，尤其是计算机、互联网的发明和广泛应用，人们在进行经济、政治、文化往来时面临的地理空间障碍得到极大程度的消除，人们的联系变得空前通畅；文化层面的全球化，指的是随着跨越国界的经济、政治、文化方面的交往日益频繁，在此基础上不同文化展开碰撞和沟通，由此产生了一些规范，人类对共同利益和生存的价值逐渐形成共识。① 各个层面的全球化意味着美国看待其国外利益时，不能仅仅着眼于经济利益，还必须关注政治利益、文化利益，换句话说，美国利益边疆架构中的利益不仅包括经济利益，还包括政治利益、文化利益、安全利益以及战略利益。美国要进一步实现在全球化全面深化和快速推进时代的国家发展，就必须回应海外存在的各种类型的利益的开拓与维护问题，对这些问题的回应和解决就必然推动美国超主权边疆架构的构建。

最后，伴随着苏联解体，"冷战"结束，美国登上全球霸主的宝座。这是美国在"冷战"后面临的最重要的变化。这一巨变不仅改变了世界政治格局，也对美国以后的国家发展提出了新的要求，即如何维持美国的全球霸主地位，变美国的单极时刻为单极时代。将维护美国的全球霸权放在全球化快速推进和全面深化的历史背景下来看，美国的国家发展就不仅需要回应全球化的挑战，更需要发挥服务和支撑美国全球霸权的作用，而

---

① 和平、俞景华：《全球化与国际政治》，中央编译出版社，2008，第5页。

发挥这种作用必须在海外做文章。因为在全球化时代，美国的国家利益遍布全球，美国的海外利益之于美国的国家发展意义重大，对这些海外利益（包括经济利益、政治利益、文化利益、安全利益以及战略利益等）的开拓与维护，本身就是在构建和维护美国的利益边疆。

二　利益边疆的构建

（一）利益边疆的内涵与特性

利益边疆指的是在全球化快速推进的背景下，一个国家能够控制或施加有效影响的领土外利益空间。利益边疆是在特定的历史条件下，即全球化全面推进和深入发展的背景下才凸显出来的。

从构建真正产生全球化作用的制度机制的角度来看，全球化开启于第二次世界大战以后[1]。联合国、国际货币基金组织、世界银行、关税与贸易总协定等国际组织的建立，开启了全球化的进程，并推动全球化的飞速发展。其中，由后三者为支柱组成的布雷顿森林体系发挥了根本性作用。正如徐蓝所说，"布雷顿森林体系在带动各国经济增长，加深国际经济联系，推动发展中国家参与国际经济合作，从而促进世界一体化与全球化的进一步发展等方面，功不可没"[2]。后来，虽然布雷顿森林体系崩溃，世界贸易组织取代了关税与贸易总协定，但是布雷顿森林体系和联合国"对全球化的模铸作用是无法否定的"，[3] 以至于"到 20 世纪 80 年代末，经济全球化趋势已经相当明显"[4]。需要强调的是，意识形态截然不同的美国和苏联率领着各自集团展开了长达 40 余年的"冷战"，使得一道"铁幕"横亘在两大集团之间，这在很大程度上阻碍了全球化的进程。严

---

① 周平：《全球化时代的疆域与边疆》，《中国边疆史地研究》2014 年第 3 期。
② 徐蓝：《试论第二次世界大战后国际秩序的建立与发展》，《世界历史》2003 年第 6 期。
③ 周平：《全球化时代的疆域与边疆》，《中国边疆史地研究》2014 年第 3 期。
④ 杨雪冬：《全球化：西方理论前沿》，社会科学文献出版社，2002，第 103 页。

格来讲，"冷战"时期的全球化应称作"半球化"。所以，当苏联解体，两极格局变成美国的单极格局时，全球化快速推进的时代开启了。国家利益日益在更深刻、更广阔的层面上融入世界，在这种情况下，融入全球化的国家，其国家利益就越来越多地外溢出本国领土，在别国领土上存在，这必然涉及这部分国家利益的实现和维护问题。当国家动用各种力量，采取各种手段实现了对本国利益所涉及的领土外空间的控制和有效影响时，利益边疆便构建成功了。国家为实现本国利益，能够控制或施加有效影响的领土外空间，就用"利益边疆"来指称了。

利益边疆是主观构建的产物，它具有超主权性、建构性、利益交融性、非排他性、变动性等特点。

所谓超主权性指的是利益边疆超越于本国主权所管辖的领土范围而在本国领土之外存在，强调的是超越本国主权。至于利益边疆超越本国主权而在本国领土之外的何种空间存在，则分两种情况：在由具体某个其他国家主权管辖的地理空间上存在，在不受任何国家主权管辖的地理空间上存在。

所谓建构性指的是利益边疆必须经过主体国家的主观建构才能形成，主体国家必须运用国家力量，根据本国对国家利益的具体界定采取具体方式，比如经济手段、外交手段、政治手段、文化手段或军事手段，来实现对领土外某空间的控制或有效施加影响。从建构的逻辑上来分析，利益边疆建构的前提就是首先必须清晰地界定本国国家利益，包括经济利益、政治利益、安全利益、战略利益等。其次，需要在此基础上，对涉及国家利益实现的领土外空间进行分析、论证，即利益边疆的认知层面的建构，分清楚轻重缓急。最后，在前两步的基础上，制定利益边疆战略，并采取具体手段来对认知层面的利益边疆进行实践层面的建构，以形成对领土外空间的控制或施加影响，最终确保国家利益的实现。从这个角度来分析，利益边疆的构建包含了利益边疆的管控和治理，利益边疆的构建和利益边疆的管控和治理是一体两面的关系。在利益边疆的建构性上，国家利益是起点，又是终点，建构的动机源于国家利益，建构的目的是为了实现国家利益。

所谓利益交融性分两种情况：一是本国利益的交融，即在某个国家的具体某块利益边疆上，存在经济利益、政治利益、文化利益以及战略利益等利益的交融；二是本国利益与其他一个或多个国家利益的交融。这两种情况又交织在一起，形成利益边疆上复杂的利益交融性。这种利益交融性影响着利益边疆的主体国家采取何种方式或手段来施加影响和实施控制，以及影响着利益边疆的主体国家与哪个或哪几个客体国家开展关系，以实现对认知层面的利益边疆施加影响或控制。

所谓非排他性指的是一国的利益边疆有可能是其他国家的利益边疆，主体国家对某利益边疆的控制或施加影响并不能排除其他国家对该空间的控制或施加影响，这就决定了构建利益边疆的控制方式是一种非主权性、非排他性的控制，"相对于主权的排他性控制来说，这是一种'软控制'"[1]。利益边疆的非排他性决定了利益边疆的争夺会异常激烈，国家之间会基于国家实力、国家利益、国家意志展开对利益边疆的构建和争夺。

所谓变动性指的是利益边疆建构起来之后，并非一直保持原样，而是会产生变化。利益边疆的主体国家如果对利益边疆维护不力，或在利益边疆的激烈争夺中失利，就有可能丧失该利益边疆，即产生利益边疆主体国家的变动；或者利益边疆的主体国家本身对国家利益的界定和认知产生了变化，也会使利益边疆产生变动，换言之，如果某个国家认为原先的利益边疆对于国家利益无意义或者不重要，该国也会主动放弃该利益边疆。因为国家利益是基于客观条件的主观构建，如果主客观条件都发生变化，对国家利益的界定和认知相应地会发生改变，从而导致利益边疆的变化。

---

[1]　周平：《中国应该有自己的利益边疆》，《探索与争鸣》2014 年第 5 期。

（二）孤立主义与全球主义之争

在美国利益边疆构建之前，美国的孤立主义极为高涨，孤立主义者们认为，"冷战"结束之后，美国应该将主要精力放在国内，着眼解决美国所面临的国内问题，而不要将过多的精力投入其他国家和地区。

全球主义与孤立主义的争论是，美国在赢得了遏制苏联共产主义威胁和扩张之后，是否应该从外部世界撤回，把主要精力和资源用于解决日益突出的国内问题，这种争论是关涉美国大战略的最高层次的争论。"冷战"后美国的唯一超级大国地位和经济全球化加速发展导致的全球相互依赖，使美国无法撤回到"美国堡垒"，因此全球主义对孤立主义占有绝对优势，并成为"冷战"后美国对外战略的基本取向。①

"冷战"结束后美国新孤立主义的抬头，是奉行全球主义的克林顿当局面临的一大挑战，因此抑制孤立主义、高扬全球主义从而使美国在广泛的国际参与中实现对全世界的领导，也是克林顿当局出台"参与和扩展"战略的重要原因。

"冷战"结束后，由于苏联解体、美国经济衰退和国内问题凸显，美国主流民意趋于"内向化"，认为是美国享受"和平红利"、振兴美国经济和重点处理国内问题的时候了。于是，蛰伏了半个世纪的孤立主义思潮乘机再起。"冷战"后美国的新孤立主义认为，在苏联威胁消失和国内经济衰退的形势下，美国应该尽量避免卷入国外纷争，以集中精力关注自己的切身利益和处理国内问题。以共和党总统初选候选人布坎南为代表的极端保守势力和新孤立主义势力异军突起，他们打着"美国至上"和"美国优先"的旗号，强烈要求放弃对外干涉的国际主义外交，主张贸易保护主义和严格限制外来移民，甚至主张退出联合国、北约、世界贸易组织和北美自由贸易区。布坎南在竞选时提出了一系列极端孤立主义的对外政

①　郑保国：《美利坚霸权透析》，中央编译出版社，2011，第243页。

策主张：停止美韩联合军事演习，尽早从韩国撤军，尽早废除美日安全保障条约；撤回美军和核武器，将北约交给欧洲管理；停止对第三世界国家的一切援助，从国际发展机构和亚非拉地区发展银行中撤出；停止向国际货币基金组织和世界银行提供资金。[①] "新孤立主义的实质是强调重建美国国内政治、经济、社会秩序，减少承担海外政治、军事义务，停止对外援助，实现美国对外战略的全球性收缩。"[②]

虽然美国主流民意和外交精英并不支持这种极端外交主张，但是主流民意的"内向化"不利于美国凭借唯一超级大国地位实现其梦寐以求的全球领导地位。因此，以国际主义引导美国，激发其根深蒂固的道德使命感和理想主义追求，并据此制定和实施"参与和扩展"战略，推行全球霸权主义，是克林顿当局外交工作的当务之急。克林顿反复强调，在美国利益与世界密切相关以及内政外交难以分开的形势下，作为唯一超级大国，美国必须承担领导世界的责任，必须面对众多全球性和地区性挑战。他同时指出，美国"必须克服这个国家中要我们只把目光盯着我们在美国遇到的问题的那种危险而且日益严重的诱惑"，并告诫国民"如果我们今天在世界撤退，明天我们就不得不努力对付由于我们的疏忽而造成的后果"[③]。

（三）美国的利益边疆构建及发展

美国的利益边疆构建有其特殊的时代背景和主客观条件，遵循其构建的内在逻辑。1991 年 12 月 25 日，苏联解体，美国成为全球唯一的超级大国，世界政治格局由之前的两极变成单极，美国终于登上了全球霸主宝

---

①　郑保国：《美利坚霸权透析》，中央编译出版社，2011，第 246 页。

②　刘丽云、张惟英、李庆四：《美国政治经济与外交概论》，中国人民大学出版社，2004，第 295 页。

③　刘丽云、张惟英、李庆四：《美国政治经济与外交概论》，中国人民大学出版社，2004，第 296 页。

座。与此同时，由于苏联解体"冷战"结束，全球化也进入了快速推进的时代。在这样的特殊时代，美国作为全球霸权国家，如何让单极时刻变成单极时代，长久地保持霸权地位，是美国"冷战"后各届政府所考虑的最为核心、最为重要的国家利益。也就是说，美国利益边疆构建的出发点或动机，就是如何有效地维持美国的全球霸权。在此基础上，构建认知层面的利益边疆，即认定利益边疆的范围，划定利益边疆的层次，并制定相应的战略，采取合适的方式和手段加以实施，从而构建起现实层面的利益边疆，以实现美国的国家利益。

从"冷战"结束至 2017 年，美国主要经历了克林顿政府、小布什政府以及奥巴马政府时期。这三位总统由于施政理念和所面临的国内外情势不同，所采取的施政方略和利益边疆战略存在明显的区别，因此，美国利益边疆的构建也就以三位总统的施政时期为界，划分成三个阶段。但必须强调的是，三位总统所需要维护的美国最为核心且最为重要的国家利益是一致的，即维持美国的全球霸主地位。

1. 克林顿政府时期

美国是世界上最重视国家利益研究的国家之一。从某种程度上，"国家利益"是"美国在"冷战"过程中为明确国家安全战略而发展起来的学说"[①]。它以地缘政治为基础，以现实主义思想为特点，通过分析国家利益以及进一步确定威胁来源及程度、可动用的战略资源，形成国家安全战略。对于美国而言，国家安全战略不是一般性的战略，而是"最高层次的宏观大战略"[②]，"对军事战略以及经济、外交战略具有指导和统领作用"[③]。美国国家安全战略报告通常在开篇就对"美国的国家利益"和"维护美国国家利益的主要目标"做出阐释，以作为美国制定国家"宏观

① 王荣：《〈美国国家安全战略报告〉研究》，时事出版社，2014，第 117 页。
② 王荣：《〈美国国家安全战略报告〉研究》，时事出版社，2014，第 38 页。
③ 王荣：《〈美国国家安全战略报告〉研究》，时事出版社，2014，第 36 页。

大战略"的出发点和基础。

克林顿政府对后"冷战"时代美国国家利益的确定，是基于当时美国的国际地位和所处的时代环境而产生的认知。"冷战"结束以后，美国的国际地位发生了质的变化，由"冷战"前的资本主义世界霸主变成全球霸主，与此同时，全球化进入快速推进和全面发展的时代。正如 1994年美国的《国家安全战略报告》所指出的，"一个新的时代已经来临，"冷战"已结束。苏联'帝国'的解体从根本上改变了美国及我们的盟国所面临的安全环境"，"我们现在有一个由快速通信网络联系在一起的、真正的全球经济"。① 在此基础之上，克林顿在 1994 年的《国家安全战略报告》当中将美国的国家利益界定为"对国家生存和基本制度的保护和经济繁荣，还包括环境安全以及扩大民主国家大家庭而取得的价值观的安全"，进而具体表述为"以准备战斗的军事力量稳妥地支持美国的安全"，"支持美国的经济复兴"，"在国外促进民主"。② 而在 1996 年，由美国国家利益委员会发布的《美国国家利益》将国家利益分为生死攸关的利益、极其重要的利益、重要利益以及次要利益。这份报告对克林顿有关国家利益的界定产生了重要影响，以至于其在第二任期内的《国家安全战略报告》首次将国家利益分层，具体为生死攸关的利益、重要的国家利益、人道主义及其他利益。③ 生死攸关的利益是指对美国国家生存、安全具有广泛和压倒一切重要性的利益，这种利益关系到美国及其盟国的领土安全、美国公民的安全、美国社会的经济利益和重要的基础设施的安全。重要的国家利益是指虽不影响美国的生存，但影响美国的安宁和外部环境的

① *A National Security Strategy of Engagement and Enlargement*, Washington, D. C. : The White House, July 1994.

② *A National Security Strategy of Engagement and Enlargement*, Washington, D. C. : The White House, July 1994.

③ *A National Security Strategy for a New Century*, Washington, D. C. : The White House, May 1997.

国家利益，包括对美国有重要经济利益的地区的保护，对美国承诺其安全
的盟国的保护，对环境的保护以及解决难民问题。人道主义及其他利益是
基于美国价值观的要求，其内容包括对严重侵犯人权行为的打击，支持民
主化，维护法制，以创造一个对美国价值观和利益最有力的国际社会。①
简而言之，克林顿政府时期将美国的基本国家利益确定为加强安全、经济
繁荣以及促进民主三个方面。

　　克林顿政府面对美国所面临的全新的国际环境和维持全球霸权的目标，
所制定和推行的对外战略被称为"参与和扩展"战略。"参与"指的是参与
国际事务，"扩展"指的是"扩大这个世界由市场民主制国家组成的自由大
家庭"②，或者说扩展自由世界的疆界，通过参与和扩展，以确保 21 世纪
成为"美国世纪"。该战略将美国的军事力量、美国的经济安全以及全球
民主化作为"冷战"后美国霸权战略的三大要素（或者称为三大支柱），
这三大支柱对应着美国的基本国家利益的三个方面。克林顿政府宣称，
"我们是世界上最强大的国家，我们在全球拥有利益，而且负有责任"③，
"倘若我们在国外发挥我们的领导作用，遏制侵略，促进和平，解决危险
的冲突，开辟国外市场，帮助民主政权和解决全球性的问题，美国将会更
加安全和更加繁荣"。④ 因此，从某种程度上讲，"参与和扩展"战略就是
美国的利益边疆战略，克林顿政府认识到在全球化时代，美国的国家利益
遍布全球，美国必须把握好"冷战"结束以后的战略机遇期，充分运用
国家力量，积极参与到国际事务当中，不管是安全事务，还是经济事务，
抑或民主扩展，对涉及美国重要的国家利益的领土外空间必须施加有效影

---

①　王荣：《〈美国国家安全战略报告〉研究》，时事出版社，2014，第 129 页。

②　Anthony Lake，"*From Containment to Enlargement*"，John Hopkins University，School of Advanced International Studies，Washington，D. C.，Sep. 21，1993.

③　梅孜：《美国国家安全战略报告汇编》，时事出版社，1996，第 245 页。

④　梅孜：《美国国家安全战略报告汇编》，时事出版社，1996，第 247 页。

响或软性控制。

美国在全球拥有利益，并不是指在全球每个国家都拥有利益，而是指美国的国家利益遍布全球的一些重要国家或区域。至于是哪些重要的国家或区域，美国基于地缘战略的思想传统，利用地缘政治分析，在不同的时代背景下，主观认知的利益边疆范围就会不同，得出的答案就会不一样。就克林顿政府而言，布热津斯基的地缘政治思想，对克林顿政府的利益边疆认知层面的构建影响巨大。

（1）欧亚大陆

《大棋局：美国的首要地位及其地缘战略》是布热津斯基的代表性著作，在该书中他强调，"对美国来说，欧亚大陆是最重要的地缘政治目标"①。毋庸置疑，欧亚大陆因其重要的地缘政治条件，而在美国的利益边疆架构中居于最显要的位置。首先，从地缘政治角度来看，欧亚大陆是任何一个谋求全球霸权的国家，都必须极为重视的区域，历代地缘政治战略家都将其视为追求霸权的重要之地。其次，对欧亚大陆的控制意味着对经济发达的欧洲、石油资源丰富的中东、经济发展极具潜力的东亚的控制，在此基础上便于对紧邻欧亚大陆的非洲及其他地区的控制。最后，就美国维持世界霸权而言，欧亚大陆同样是重中之重。这块面积广大的陆地，聚集了全球最为重要的一些政治大国、经济大国、军事大国，欧亚大陆国家的集体力量远超过美国。因此，正如布热津斯基等学者所建议的，美国必须将欧亚陆地置于其"大棋局"的首要位置，制定和实施对实现美国国家利益有益的欧亚大陆均势战略，阻止有实力且有意图占据欧亚大陆主导地区并挑战美国的国家出现。

欧亚大陆对于美国国家利益的实现意义重大，关涉美国的战略利益、

---

① 〔美〕兹比格纽·布热津斯基：《大棋局：美国的首要地位及其地缘战略》，中国国际问题研究所译，上海人民出版社，2007，第 26 页。

安全利益、经济利益、政治利益等各方面重要利益。但由于欧亚大陆过于庞大，且并非其上的所有区域都对美国至关重要，因此，从美国利益边疆的构建角度，可以将欧亚大陆大致分为三块——欧洲、亚太地区、中东地区。

就欧洲而言，不管是在"冷战"期间，还是在"冷战"结束以后的克林顿政府时期，其都是美国全球战略考虑的重中之重。克林顿时期最重要的国家利益就是全球霸权地位的维护，避免其他国家或联盟对其产生威胁。而欧洲尤其是欧盟和俄罗斯是最有实力威胁美国这一地位的行为体，因此，美国将构建其利益边疆的重中之重放在欧洲是理所当然。

克林顿政府时期，美国在欧洲具有重要的经济利益、安全利益以及政治利益，为成功构建现实的利益边疆，美国必须在欧洲关注三个方面，分别是对俄罗斯政策、欧洲一体化以及欧洲防务政策。

"冷战"虽然结束了，但是对俄罗斯的遏制和防范并未结束，防止其在未来成为具有全球性影响的欧亚帝国必然是美国现在及将来全球战略的重中之重，只不过在防范的同时还与俄罗斯展开了经济、政治以及安全领域的合作。这和全球化尤其是经济全球化快速推进，以及克林顿政府实行的"参与和扩展"战略密不可分。首先是经济方面，美国虽然没有对俄罗斯提出"马歇尔计划"式的援助，但也给俄罗斯提供了附有条件的 45 亿美元的双边资助。条件就是俄罗斯进行市场经济改革，核心就是私有化。这一计划使得俄罗斯到 1996 年，已有 12 万多家国有企业已转入私人手中，俄罗斯六成以上的 GDP 由私营部门创造。同时，在美国进出口银行、海外投资公司、贸易开发署的共同支持下，美国成为俄罗斯最大的外国投资者。[1] 其次是安全或战略利益方面，涉及核武器处理问题以及北约

---

① 李庆余：《美国外交史——从独立战争至 2004 年》，山东画报出版社，2008，第 382 页。

东扩。"冷战"结束以后，核武器处理问题凸显出来。"冷战"时代，苏联的核武器集中在莫斯科，而"冷战"结束，苏联的核武库被几十个当地军事指挥官分别控制。因此，为解决这一问题，克林顿政府尽最大努力，促成了美国、俄罗斯、乌克兰三国签署协议，最终使得乌克兰境内的核武器或被拆除，或被转移到俄罗斯集中控制。这一协议和拆除行为增加了双方的信任和安全感，对建立双边关系颇有助益。最后是扩展民主方面。1994 年的美国《国家安全战略报告》明确提出，民主改革是对付俄罗斯、苏联和东欧国家"'冷战'结束后产生的具有侵略性的民族主义和种族仇恨的最好办法。对于美国而言，其他任何区域的民主取得成功都不如这些国家的民主取得成功更重要"①。因此，扩展民主是美国防止俄罗斯恢复其在苏联地区的政治经济影响力所采取的主要政策手段。实践中确实取得了一定成效，以至于"在美国看来，自由市场的扩展、1995 年的议会选举和 1996 年的总统选举，都表明民主已开始在俄罗斯生根。尽管俄罗斯要赶上西欧国家还需时日，但是通过和平革命，俄罗斯已经迎来了代议制民主和自由市场资本主义"②。

欧洲一体化是美国极为重视的议题。对于欧洲一体化，美国是矛盾的。一方面，欧洲一体化对美国有利，在克林顿时期，欧洲一体化主要涉及西欧，而西欧的一体化所带来的经济发展及稳定局面，会对中欧及东欧产生巨大影响，因为苏联解体之后，作为欧亚大陆最为重要的西欧，依然是美国向中东欧扩张民主最有力的跳板。与此同时，欧洲经济的发展给美欧之间的经济合作奠定了更好的基础；而另一方面，美国又担心欧洲一体化的发展会威胁其全球霸主地位。因此，美国的考量是尽

① *A National Security Strategy of Engagement and Enlargement*, Washington, D. C. : The White House, July 1994.
② 李庆余：《美国外交史——从独立战争至 2004 年》，山东画报出版社，2008，第 382 ~ 383 页。

可能将欧洲一体化置于可控范围，"参与和扩展"战略就是克林顿政府的应对之策。就经济利益而言，美欧之间的合作于 1995 年取得重要成就，大西洋两岸新日程启动了。双方通过谈判和协商，同意采取措施，通过建立开放的跨大西洋新市场，以及签订相互承认协议，减少双方贸易和投资的壁垒。三年之后，双方还建立起大西洋两岸经济伙伴关系。相反，美欧之间也存在贸易摩擦甚至冲突，为维护本国经济利益，美国不惜以"公平贸易"为名，迫使欧洲对其开放市场，三次发动对欧制裁，并在能源、电信、交通等领域对欧盟实施报复。就民主扩张而言，美国积极在东欧执行其扩展民主政策，大力推进民主改革。因为，"中欧和东欧以及欧亚地区的民主改革是避免为种族暴乱和地区冲突创造条件的最好措施。新独立国家的独立、主权、领土完整以及民主和经济改革对美国利益关系重大"①。

欧洲防务政策关涉美国的安全利益和战略利益在欧洲的实现。在这个问题上，北约发挥着至关重要的作用。北约作为美国在欧洲的战略性工具，不仅保障了欧洲的安全，还有助于实现欧洲的一体化。"冷战"结束以后，苏联领导的华约组织解体，而美国领导的北约不仅没有解体，还实现了战略的转型，以适应美国维护霸权以及新时代背景下实现欧洲防务的需要。不仅如此，美国还积极启动北约东扩。克林顿政府于 1993 年提出北约东扩计划，意图逐步将东欧、波罗的海三国、独联体国家等苏联的势力范围纳入美国的势力范围。1994 年，美国正式提出北约伙伴关系计划，并在北约首脑会议上通过。1999 年，波兰、匈牙利以及捷克顺利进入北约，"冷战"结束以来北约的第一次东扩得以实现，美国将其利益边疆扩展到俄罗斯家门口，大大压缩了俄罗斯的战略空间。更重要的是，美国成

---

① *A National Security Strategy for a New Century*, Washington, D.C.: The White House, December 1999.

功地主导并实现了北约的转型，提出了所谓的"北约新战略概念"①，使其"成为一种超越联合国、可以不遵守一切现行国际关系准则对全世界任何国家和地区进行侵略的势力，也是为美国称霸世界的全球战略服务的御用工具"②。

在克林顿政府期间，美国利用北约发动了科索沃战争。这是美国首次以"人道主义"名义，打着"人权高于主权"的旗号，对一个主权国家发动侵略战争，开创了以人权问题为借口粗暴干涉他国内政的先河。③ 这次战争名义上是"人道主义"，实则为了实现美国的战略利益。"尽管科索沃的面积仅相当于威斯康星州，但关系到美国的根本利益。美国在维护东欧的和平稳定、建立法治、保护人权和司法正义上具有至关重要的利益，而科索沃冲突破坏了美国在推进这些利益上所承担的义务。"④ 不仅如此，从民族主义角度来看，与其说美国关注科索沃冲突，不如说关注科索沃的阿族人的民族主义情绪，担忧其产生连锁反应影响到邻国，可能造成巴尔干地区的不稳定，因为阿尔巴尼亚、希腊、马其顿以及南斯拉夫都有阿族人居住。从北约的角度来审视，科索沃冲突的解决与否，不但影响当时北约的荣誉，更影响北约未来的生存与发展。而从战略利益的角度来看，科索沃危机对于美国而言是一个介入巴尔干地区的良机，通过涉足这

---

① "北约新战略概念"的主要内容有三点：第一，北约覆盖范围有逐渐全球化的趋势，其成员已由 16 个增加到 19 个，加上北约和平伙伴关系计划以及以北约为首的欧洲大西洋合作理事会，共有 44 个成员国，其实际覆盖范围已遍及欧洲、北美和中亚地区；第二，北约活动方式由"集体防御"原则改为"捍卫共同利益"原则，认为北约除继续保卫扩大了的领土疆界外，还要应付来自北约以外但危及北约安全的一切威胁，在成员国以外地区积极进行集体干预；第三，北约可以不经联合国安全理事会授权，干涉防区以外独立国家的内部事务。参见刘绪贻等主编《美国通史（第 6 卷）：战后美国史 1945～2000（下）》，人民出版社，2011，第 595 页。

② 刘绪贻等主编《美国通史（第 6 卷）：战后美国史 1945～2000（下）》，人民出版社，2011，第 595 页。

③ 韩庆娜：《武力与霸权："冷战"后美国对外军事行动》，人民出版社，2014，第 149 页。

④ Linda D. Kozaryn, "*Albright Says Kosovo Matters to United States*", February 8, 1999.

个苏联的势力范围来改造欧洲，实现其在该地区的战略利益。[①] 最终，美国初步实现了该目标，持续 78 天之久的空袭迫使南联盟从自己的领土科索沃撤军，米洛舍维奇政权也间接被更替。

在亚太地区，美国涉及的国家利益主要有经济利益、安全利益以及政治利益。美国在亚太地区利益边疆的构建主要涉及三个方面：美国在亚太地区的定位、如何处理与中国的关系、同盟关系的建立。

美国在亚太地区的定位会影响到美国在该地区的利益边疆的构建以及国家利益的实现。克林顿政府时期，美国将自身定位为一个亚太国家，并提出"新太平洋共同体"的战略构想，包括安全、经济和民主三大要素，此外，还包括三大支柱：防止大规模杀伤性武器在朝鲜及南亚的扩散，应对多种威胁及迎接新的机遇，支持席卷该地区的民主改革浪潮。[②] 1995 年美国国防部发表的《美国东亚战略报告》规定了美国东亚战略的基本定位："以安全利益为基本出发点和立足点；经济利益优先；以人权外交为重要工具，推进民主化进程；全面开展经济、政治、军事、外交和意识形态进攻；确保美国在东亚地区的主导地位。"[③] 这种定位使得克林顿政府大力推行经济外交，积极参与亚太地区的国际经济磋商、协调与合作，极力促进并主导美国控制下的区域经济集团化。1993 年 11 月，美国主持召开了亚太经济合作组织首届非正式首脑会议，倡导促进该组织内的经济合作和贸易自由化，以提升该多边经济论坛的地位以及美国在其中的作用。

处理同中国的关系，是美国亚太战略的重中之重，克林顿政府采取接触和遏制并存策略，但以接触为主。这最符合美国经济利益的实现，通过

---

① 韩庆娜：《武力与霸权："冷战"后美国对外军事行动》，人民出版社，2014，第 153 ~ 154 页。

② *A National Security Strategy of Engagement and Enlargement*，Washington，D. C.：The White House，July 1994.

③ 罗艳华：《美国输出民主的历史与现实》，世界知识出版社，2009，第 282 页。

经济合作可以促进美国的经济繁荣。因此，美国积极实施接触政策，使得中美高层加强往来和交流，政治、外交对话的内容和层次日益扩大，经济贸易关系迅速发展。与此同时，克林顿不仅宣布将人权与最惠国待遇脱钩，重申对中国的贸易最惠国地位，同年还恢复了中断了 5 年之久的美中军事交流，签署了有关核材料与导弹的协议。不仅如此，克林顿还于1998 年访问中国，声明与中国共同缔造"建设性的战略伙伴关系"。第二年，美中两国还就中国加入世贸组织的谈判达成协议。2000 年，美国国会还通过了对华永久性正常贸易关系的投票。

美国对中国的遏制主要体现在利用台湾问题以及同盟关系来遏制中国。第一，改变台湾地区驻美国的机构名称，由之前的"北美事务协调委员会"变成"台北驻美经济文化代表处"；第二，就美国官员访问台湾进行新的规定，允许经济贸易、科学技术以及文化等方面的官员在特殊的情况下访问台湾；第三，台北高层可以在美国过境停留；第四，美国采取各种措施支持台湾地区加入非国家性的国际经贸组织；第五，对于对台军售这个敏感问题，美国依然维持其原有政策，严重损害了中国的国家利益。① 更严重的是，美国允许"台独"分子李登辉访美，导致中美关系急剧恶化。

对中国的遏制还必然涉及美国在亚太地区的同盟关系的构建。"二战"结束以后，美国在亚太地区组建了以双边同盟为基础的国际关系体系，确立了以美国为主导，由多个双边同盟关系组成的辐射整个亚太地区的体系。在该体系中，美日同盟是基础，是整个美国亚太战略的核心。到了克林顿时代，美日同盟找到了新的"生长点"②：一方面，经济、政治上的相互需要构成相互联结的纽带；另一方面，快速发展的中国被美国视

---

① 李庆余：《美国外交史——从独立战争至 2004 年》，山东画报出版社，2008，第 389 页。
② 王辑思、徐辉、倪峰：《"冷战"后的美国外交（1989~2000）》，时事出版社，2008，第224 页。

为潜在的威胁，为美日同盟注入了新的动力。美日同盟在美国的战略布局当中更为重要。因此，美国国防部于 1995 年发表《东亚和太平洋安全保障战略》，放弃前任政府逐步裁减驻日、驻韩美军的计划，决定将驻亚太军队保持在现有的 10 万人左右的水平。同时，克林顿在 1996 访问日本时，就安全保障问题展开交流和磋商，发表了《日美安全保障共同宣言——面向 21 世纪的同盟》。之后，《日美相互提供后勤支援、物资和劳务协定》以及《新防卫合作指针》的签订，更加强了以美日共同作战体制为主要内容的安保体制。

当然，美国与日本的关系不仅是合作。克林顿政府为实现美国的经济利益，不惜对日本施加压力。借由"公平贸易"的幌子，美国对日本实行高压的贸易政策，迫使日本对其开放商品市场。1994 年 10 月之后，美国就玻璃业、保险业、医疗器材、通信设备的政府采购等问题以及汽车、汽车零件贸易问题迫使日本签订了有利于美国经济利益的协议。1996 年克林顿给国会的一个报告承认"在过去 3 年里，美国向日本的出口增加了 34%，现在增长的速度超过了美国总出口的增长速度"。自克林顿就职以来，在最近与日本达成的贸易协议所涉及的部门的出口增加了 80% 以上；在 1995 年，美国对日本出口的增长比进口的增长快近 4 倍，这使得美国同日本的贸易逆差在该年减少了 9.7%。"[1]

此外，美国于 1994 年取消了对越南的贸易禁运，第二年又实现了与越南的外交关系正常化，不仅有利于美国解决美军战俘这一历史遗留问题，还使得美国对越南的出口额在 1995 年迅速增加，达到 2.53 亿美元，比上年提升了 47%。[2]

---

[1]　刘绪贻等主编《美国通史（第 6 卷）：战后美国史 1945～2000（下）》，人民出版社，2011，第 585 页。

[2]　李庆余：《美国外交史——从独立战争至 2004 年》，山东画报出版社，2008 版，第 385 页。

从地缘政治上来看，中东地区自古以来是东西方交通枢纽，位于"两洋三洲五海"之地，战略位置极其重要，且中东地区石油极其丰富，占世界已探明石油储量的 56.6%[①]。更重要的是其每年的产量高、所出产的油品上佳、运输也极为方便。控制了中东，就等于控制了全球经济的命脉。因此，美国在该地区有极为重要的经济利益和战略利益。

与布什政府时期相比，克林顿政府已不再从全球的角度来考虑其中东政策，其制定中东政策的着眼点，主要是美国在中东的切身利益。美国认识到，保持中东地区的稳定，可有效地保证其在中东的石油利益及包括军火在内的巨额贸易。[②]

石油对美国意义重大。第一，美国作为超级霸主，自身的发展离不开石油资源；第二，美国通过控制石油产地来控制全世界；第三，石油和美元的结合，即"石油以美元标价的巩固成为 20 世纪 70 年代以后美国霸权的重要基础之一"。[③] 因此，美国为了切身的石油利益，积极采取经济、军事、政治手段来介入中东事务。稳定、和平且在美国主导下的中东秩序符合美国的经济利益和战略利益，而要实现这一目标，中东和平进程、伊朗和伊拉克问题是美国绕不开的重要议题，克林顿的政策是"东遏两伊，西促和谈"。

阿拉伯国家和以色列之间的关系（简称"阿以关系"）是中东安全的核心内容。一直以来，由于国内犹太人利益集团的影响，美国在阿以关系中一直偏袒以色列，通过控制以色列来确保美国对中东地区石油资源的控制。但阿以关系的恶性发展不利于美国在中东地区利益的实现，因此，美国积极支持中东和平进程。克林顿一上台，就全力介入中东和平进程，使阿以之间的关系得到改善。《奥斯陆协议》和《塔巴协议》的签订就是美

---

① 吴晔：《资源战争：世界，美国控》，团结出版社，2013，第 89 页。

② 黄培昭：《克林顿政府的中东政策》，《阿拉伯世界》1995 年第 4 期。

③ 梁亚滨：《称霸密码：美国霸权的金融逻辑》，新华出版社，2011，第 175 页。

国主导下的外交成果。

对于伊朗和伊拉克，美国采取的是"双重遏制"政策，避免伊朗或伊拉克称霸海湾地区，损害美国的利益。为使埃及有能力继续发挥地区大国作用，配合美国中东战略的实施，美国对埃及每年21亿美元的援助不变。同时，继续拉拢或扶植土耳其、沙特阿拉伯、约旦、突尼斯等相对温和的国家。搞好与这些国家的关系，以维护安全为名，进一步加强美国在该地区的军事投放能力。这种加强从欧亚大战略中这三大战略区军事力量的此消彼长中可以看出。在克林顿任期内，美国驻欧军队从30万人迅速减少到10万人，驻东亚美军保持10万人不变，驻中东的军事力量加强，其重要表现之一就是1995年7月重组负责从印度洋到波斯湾防务的美国第五舰队。① 与埃及等温和国家保持较好的关系，不但有助于美国借重这些国家推动和支持和平进程，而且有利于打击、孤立地区激进国家和极端势力，巩固和加强与海湾国家战后确立的新型关系，使美军事存在合法化、长期化，对进一步扩大地区影响、主宰中东事务，不无裨益。

就军火交易而言，美国从与中东部分国家的贸易中收获不少。1992～1999年底，科威特和沙特两个国家与美国签署的军火协议价值分别为37亿美元和204亿美元。2000年3月，阿联酋也和美国达成了64亿美元的军购合同。② 军购合同使美国不但收获了大量财富，而且夯实了其与一些重要海湾国家的结盟基础。

（2）美洲

从地理位置来看，美国是一个美洲国家，因此在地缘战略角度，美洲是美国全球战略的战略依托，其在美洲主要涉及经济利益和政治利益，且以经济利益为主。

---

① 郑保国：《美利坚霸权透析》，中央编译出版社，2011，第259页。
② 〔美〕安东尼·科德斯曼：《海湾战争后十年美国政策》，《外交政策》2001年第1期。

　　克林顿政府将经济繁荣作为其施政目标的重中之重，在全球化快速推进的时代，美国积极投入并主导美洲的经济一体化进程，以追求并实现本国在美洲的经济利益，构建起美国在美洲的利益边疆。"冷战"结束以后，美国对美洲的定位发生了转变。"冷战"时期，因为与苏联争霸的需要，美国更强调美洲对自身的安全意义，而"冷战"结束以后，美国更重视美洲的经济意义。布什政府在苏联解体之后就开始促进北美地区经济增长，由之前的经济、军事援助转向推动贸易自由化，由泛美政治军事联盟转为泛美经济政治联盟，并且在 1991 年底，美国和 31 个美洲国家签署了双边自由贸易的框架协议。《北美自由贸易区协议》也于 1992 年 12 月签署，并规定 1994 年 1 月生效。由此，北美自由贸易区成为发达国家与发展中国家组成的首个经济一体化集团。①

　　在《北美自由贸易区协议》生效的基础之上，克林顿又提出美洲自由贸易区计划，构想将北美自由贸易区向中南美洲推进，最终建立起西半球自由贸易区，并于 1994 年底发起举行美洲国家首脑会议，讨论规划美洲自由贸易区，争取在 2005 年之前建立一个包含整个美洲在内的全球最大的自由贸易区。

　　克林顿时期美国在美洲的政治利益主要涉及民主的扩展。所谓民主的扩展，即输出美国式民主，其本质是在美洲国家推行美国霸权。苏联解体之后，美国不必担心外部势力对拉美后院进行渗透，因而可以放手去实施民主扩展。克林顿政府积极推动拉美国家建立起促进人权和强化法制的民主制度，并反复强调要在西半球巩固民主体制，建立民主共同体。不仅如此，美国还利用全球化的契机，将促进发展和促进民主结合起来，采取软性方式兜售民主，试图通过贸易、投资以及减少债务的方式，来促进拉美地区向政治民主化和经济自由化转变。一旦软性方式达不到目标，美国就

---

　　①　周瑾：《从 NAFTA 内美墨之间的不平衡看美洲经济一体化》，《国际观察》2000 年第 6 期。

动用渗透、颠覆甚至是武力的方式来解决。

首先是古巴，由于古巴实行的社会制度及其对美国的不合作甚至敌视的态度，美国一直将古巴排挤出美洲国家行列，并想通过"以压促变"的战略，通过和平途径颠覆古巴政权，建立起符合美国国家利益的政权。克林顿时期，美国不仅置联合国决议于不顾，从经济上封锁古巴，还制定并通过了《赫尔姆斯——伯顿法》，以惩罚那些和古巴做生意的外国企业，此举引起公愤。

其次是海地。劳尔·赛德拉斯用武力推翻了民选的阿里斯蒂政权，建立起独裁政权。美国对此丝毫不能容忍，克林顿上台以后，先是力促政变当局和民选总统和谈，并达成《戈弗诺协议》，但政变当局置协议于不顾，不履行承诺。于是美国利用联合国发动对海地的全面制裁。此举无效以后，克林顿就竭力推动联合国通过决议，授权美国组建多国部队，采取一切手段恢复海地的民主。最终，海地军政府迫于强大的压力，签订了《太子港协议》，民选的阿里斯蒂回国执政，建立起亲美政权。

（3）非洲

从地缘政治角度来看，非洲是离美国最远的一个大陆，且经济落后，不是美国全球战略和利益边疆构建的重点区域。"冷战"期间，美国也主要是为应对苏联在非洲的渗透而关注非洲，和苏联争夺势力范围，主要关注的是军事及安全意义。而"冷战"结束以后，美国对非洲的关注转向经济意义。

非洲国家本身资源丰富，市场潜力大。除丰富的农、林、牧、渔、旅游资源以外，矿产资源和战略性资源也非常丰富，如钻石、黄金、铁、铜、锰、铀、钴、铝矾土、石油、天然气等。从市场潜力来看，非洲人口仅次于亚洲，且1994年以来非洲的外贸额以7%的速度增长。就贸易对手来看，欧洲在非洲的市场占有率为40%，而美国仅为7.7%。从投资回报率看，美国在非洲的投资回报率为25%，远高于在世界其他地区17%的平均回报率。因此，非洲未来市场潜力巨大，以至于从非洲考察回国的美国商业部长布朗指出，"资源丰富、市场广阔的非洲对美国具有战略意义，然而长期以来我们却忽略了非洲。现在是美国资本进入非洲的时候了"。①

为实现在非洲的经济利益，克林顿政府积极倡议于 1995 年召开第一届非洲贸易与投资会议，同年还在塞内加尔召开了第三届美非高级会议，主要就美非之间的经济合作展开讨论。第二年，克林顿政府制定了一份关于非洲政策的报告，强调了美非之间经济贸易往来的重要性，拟定了对非洲的经济政策及经贸发展的五年计划。不过，报告所确定的将 1996 年对非洲的经济援助削减三成，从一定程度上反映了美国只想从非洲获取利益，却不想承担援助非洲的责任。②

美国在非洲不仅有经济利益，还存在政治利益，即美式民主的扩展。美国采取的方式是对外援助和民主化挂钩，迫使非洲国家实行多党民主制。克林顿出台的"非洲增长与机会法案"给非洲国家的经济发展带来了希望，但是前提是要"实行政治民主、尊重人权和经济自由化，明确要求非洲国家在得到任何经济实惠之前必须按照美国所主张的方式，开展经济和政治改革，只有那些制度民主化、企业私营化、尊重人权、对美国商品开放市场并最大限度地降低关税、致力于经济自由化改革的非洲国家才能享受优惠条件"③。这是一种赤裸裸的渗透非洲国家的方式。此外，美国还采取免除债务的方式扩展民主，方法和"非洲增长与机会法案"类似，只有积极开展符合美国利益的政治、经济改革的国家才能享受国家债务的免除。不仅如此，美国领导人还频繁出访欧洲，美国的外交人员甚至直接插手驻在国的民主选举，与反对派接触，支持其夺取政权。克林顿

---

① 王莺莺、孙巧成：《大国开始重新认识非洲》，《国际问题研究》1996 年第 31 期。
② 刘绪贻等主编《美国通史 （第 6 卷）：战后美国史 1945～2000 （下）》，人民出版社，2011，第 581 页。
③ 罗艳华：《美国输出民主的历史与现实》，世界知识出版社，2009，第 286 页。

政府先后支持和帮助 11 个非洲国家建立了选举委员会，为非洲国家培训政府官员，并提供教育基金培养年轻一代亲西方民主人士。[①] 对于美国所认为的破坏民主和人权的国家，克林顿政府则对其进行经济制裁。

2. 小布什政府时期

小布什上任美国总统不到八个月时间，震惊全球的"9·11"恐怖袭击就发生了。这次袭击的目标有四个：美国经济的象征、纽约标志性建筑——世界贸易中心双子塔；军事的象征、最高军事指挥部——华盛顿国防部五角大楼；国家的象征——白宫；华盛顿的象征——国会山。因乘客与恐怖分子的英勇搏斗打乱了基地组织预定的袭击方案，后两个目标没有达成。[②] 这是自 1812 年英国入侵以来，美国本土所遭受的第一次大规模攻击，死亡人数多达 3000 多人，经济损失高达数千亿美元。

"9·11"事件对美国产生了深远的影响，尤其是颠覆了美国传统的国家安全观。美国凭借两大洋以及全方位立体化的军事力量构建起来的安全屏障，被恐怖分子的袭击冲个粉碎。美国自上而下，从官方到民间，开始以全新的视角审视国际事务，尤其是对美国自身的国家安全战略进行深刻的反思，从而开启了美国全球地缘战略的新时代。

小布什政府对国家安全战略的反思反映在其任期的两份国家安全战略报告当中。2002 年的《国家安全战略报告》称："美国正在全球范围内同恐怖主义作战。敌人不是某个政权、个人、宗教或意识形态，敌人是恐怖主义……针对无辜平民进行的有预谋、有政治目的的暴力行为"。[③] 2006年的《国家安全战略报告》更是提出"美国正处于战争之中。这是一份

---

① 罗艳华：《美国输出民主的历史与现实》，世界知识出版社，2009，第 287 页。
② 朱明权：《领导世界还是支配世界？——"冷战"后美国国家安全战略》，天津人民出版社，2005，第 82 页。
③ *The National Security Strategy of the United States of America*，Washington，D. C. ：The White House，September 2002.

战时国家安全战略，以应对我们面临的严重威胁——以仇恨和谋杀为特征的、由富有侵略性的意识形态所驱动的恐怖主义"，"美国正处于一场长期战争的初始阶段"。① 从这两份报告中可以清晰地看到，美国将恐怖主义看作最严重甚至是唯一的威胁。美国从此进入反恐时代。在这样的时代，美国的国家利益观必然发生巨变，相比克林顿政府将经济利益放在核心位置，小布什则最重视国家的安全利益。

安全利益的凸显自然影响到美国利益边疆的构建，反恐思维影响到美国和其他国家的关系，甚至是以前很少开展合作的国家，也影响到美国构建利益边疆的方式，总而言之，反恐思维已渗透美国利益边疆的构建进程。

（1）欧亚大陆

小布什政府时期美国利益边疆的构建，欧亚大陆仍然是最重要的。只是在欧亚大陆的内部发生了变化，大中东地区②的地位凸显至首位，亚太的重要性在相对上升。

由于"9·11"事件的罪魁祸首本·拉登获得了大中东地区的阿富汗塔利班政权的支持，美国迅速发动了对阿富汗的反恐战争。这是一次追求美国安全利益的国家行为，从利益边疆构建的角度看，这是美国通过军事手段对阿富汗施加控制和影响的行为，是针对美国的安全利益而构建起的利益边疆。美国希望通过构建起符合美国安全利益的利益边疆，并对其加以维护，以实现美国在反恐时代的国家安全。这次构建行动从军事层面来看，基本是成功的，战争摧毁了塔利班政权的军用设施和恐怖分子训练营，推翻了塔利班政权，基本上实现了战争目标。但是从战后重建的政治

---

① *The National Security Strategy of the United States of America*, Washington, D. C.：The White House, March 2006.

② 阿富汗不属于中东地区，而属于中亚，属于大中东地区。"大中东地区"这个概念源于美国于 2004 年提出的"大中东计划"，包括以色列、土耳其、伊朗、阿富汗、巴基斯坦以及 22 个阿拉伯国家在内，一共由 27 个国家组成。

角度、武力反恐的实际效果来看，此次战争并未成功。同时，美国还获得了重要的战略利益，通过阿富汗战争，美国将触角伸向了之前从未到达过的中亚地区。中亚地区的石油和天然气储量仅次于波斯湾，阿富汗又是输出这些油气资源的最有利于美国的通道，① 因此，控制阿富汗进而谋求在中亚地区的主导权，对美国具有极为重要的战略意义。

美国在大中东地区构建其利益边疆涉及的另一个重要地方就是伊拉克。小布什发动伊拉克战争的缘起还是"9·11"事件。"9·11"事件发生以后，小布什政府担忧如果恐怖分子拥有大规模杀伤性武器，后果不堪设想。因此，美国认为对其的首要威胁是恐怖主义与大规模杀伤性武器的结合。而美国悍然发动伊拉克战争，其理由是伊拉克的萨达姆政权不仅拥有大规模杀伤性武器，而且支持恐怖主义。这个理由经实践证明是不存在的，是由小布什政府编造并广泛传播开来的。而无法公开的动机才体现出美国所追求的国家利益。

首先是经济利益和战略利益，这主要涉及具有战略意义的石油资源。伊拉克的石油储量居世界第二，且易开采，成本低，运输系统便捷。美国作为全球最大的石油进口国和消费国，对伊拉克的石油垂涎已久。可萨达姆处处与美国为敌，使得美国很难进入伊拉克的石油市场。加之伊拉克于2000年宣布将放弃使用美元来对石油进行计价，而选择欧元来代替，试图架空美元，惹恼了美国。因此，美国早就想推翻萨达姆政权了。格林斯潘直言不讳地宣称："政治上很难承认一个人人都明白的事实：伊拉克战争主要是为了石油。我对这一点感到很难过。"② 其次是地缘战略考量。控制伊拉克进而控制中东是美国全球战略的重要一环，而驻中东地区的美军数量与中东的重要地位严重不符，如果发动伊拉克战争，可以趁机加强

---

① 张文木：《阿富汗战争与不对称世界格局》，《战略与管理》2002年第2期。

② 梁亚滨：《称霸密码：美国霸权的金融逻辑》，新华出版社，2011，第187页。

军事力量的部署，以趁势对付伊朗、叙利亚等反美国家，抢夺俄罗斯在中东的战略空间，从而实现对中东的控制。最后，萨达姆政权的独裁统治、穷兵黩武以及其他的斑斑劣迹，最严重的是处处和美国叫板，早就成为美国的眼中钉。伊拉克战争最终推翻了萨达姆政权，取得了军事意义上的胜利。

除了以上两场战争，美国还采取其他方式对中东地区施加影响。"9·11"事件之前，美国对中东地区采取的是维持现状的均势战略，而之后推行的是全面改造中东的霸权战略，明确提出包括阿富汗在内的"大中东战略"。对中东地区另一个"不听话"的国家伊朗，美国将其确定为威胁美国安全的"邪恶轴心"。在伊拉克战争之后，小布什表明将通过国际合作来解决伊朗的核问题。而对于中东和平进程问题，美国除了出台"大中东和平新计划"以外，还与欧盟、俄罗斯以及联合国等有关方面在该计划的基础之上，形成了中东和平"路线图"计划。

就亚太地区而言，反恐时代的美国亚太战略发生了巨大变化，主要围绕配合美国全球反恐战略、应对亚太日益多元化的威胁而展开，以军事安全内容为核心，加强了亚太各次级区域在军事安全领域的互动，同时在政治外交方面力求稳定，避免地区危机干扰美国总体战略安排。[1] 与此同时，美国还必须回应中国的快速发展以及亚太其他地区不断发展的多边机制和区域整合所带来的挑战，比如东盟、"10＋3"（东盟十国和中日韩三国）、亚太经合组织以及上海合作组织等。面对中国在推动多边机制方面所扮演的角色和努力，美国也提高了警惕。因此，在新时代背景下，基于反恐，美国在亚太地区的战略定位是，立足坚固可靠的传统双边关系，同时考虑多边机制。而在亚太地区的传统双边关系结构当中，美日关系是基石。为了谋求亚太地区的霸权以及防范中国，小布什政府进一步调整了美

---

① 王荣：《〈美国国家安全战略报告〉研究》，时事出版社，2014，第 224 页。

日同盟关系，并强调了和亚洲国家的同盟关系在美国反恐战略中的重要地位。就美日同盟而言，2005 年《美日共同声明》发布，强调了两国在亚太地区的 12 条共同战略目标，其中就包括朝核危机、海峡两岸以及俄日争议领土问题等。当然，美国在反恐时代与中国的关系不全是防范性和对抗性的，也有合作，因为全球反恐需要各国尤其是大国之间的合作。"9·11"事件之后，中美两国在很多领域展开了合作，不仅是反恐，还包括朝鲜半岛的稳定、环保领域、跨国问题等方面。

对欧洲，美国在反恐时代的战略发生了巨大变化。首先是对俄战略，两国在反恐领域加强了合作，使得两国关系有所改善，正如 2002 年美国《国家安全战略报告》中指出的那样，美俄关系已经由对抗变成合作，当然这种合作主要指反恐方面的合作。源于美国长久以来对俄罗斯强烈的不信任，遏制和防范是难以改变的。美国还是采取各种措施想推动俄罗斯民主化进程，但是效果不是很明显。同时，在小布什政府时期，北约和欧盟的向东扩展进程取得了显著的成就，中东欧地区的多个国家被纳入北约和欧盟框架和机制当中，挤压了俄罗斯的战略空间。

（2）美洲

反恐时代，美国对自己的家门口或后院这部分利益边疆的关注加强了，尤其是美国在该地区的安全考量。"9·11"事件的强烈冲击，使美国对美洲事务和地位有了重新的认识和反省。"西半球是保卫美国安全的第一线。"[1] 由于地理位置的接近，拉丁美洲所面临的毒品、暴力冲突以及恐怖主义是美国深为担忧的影响地区安全的问题，因为这些都直接威胁到美国的安全利益。在北美地区防务方面，美国加深了与加拿大和墨西哥这两个毗邻国家的合作。主要体现在利用美洲国家组织、美洲开发银行等

---

[1] *The National Security Strategy of the United States of America*, Washington, D. C. : The White House, March 2006.

多边机构上，通过这些机构来促进统一行动，以解决在这些地区的稳定、安全、繁荣或民主进程中出现的威胁。

　　经济方面，小布什政府延续了克林顿政府时期的做法，以自由贸易政策为基础，在自由贸易政策的引导下，努力推进美洲地区经济一体化。小布什上台之后，美国频繁展开外交以加快推进美洲自由贸易区的建设步伐。第三届美洲国家首脑会议于 2001 年在加拿大召开，会议对加快美洲自由贸易区建设形成共识，决定于 4 年后结束美洲自由贸易区的谈判工作，并签署了美洲自由贸易协定。第二年，贸易促进权法案获得批准通过，使得小布什政府在开展贸易谈判时可快速决策而不受之前烦琐的程序限制，以方便谈判并形成协议。此外，美国还于 2002~2004 年，与智利、萨尔瓦多、洪都拉斯、危地马拉、尼加拉瓜、多米尼加、哥斯达黎加等美洲国家积极谈判，并最终签署了贸易协定，从而推动美洲自由贸易区的建设。

　　反恐时代，小布什政府指出，美国将在拉美发挥重要作用，促进安全、强化民主制度、增进繁荣和增加人民福祉。查韦斯上台之前，委内瑞拉对美国采取的是"一边倒"的亲美政策，而强硬的查韦斯上台后，积极宣传反美思想。同时，美国在伊拉克战争中的单边主义行动更加剧了拉美民众的反美情绪。为了应对这一局势，小布什从 2007 年 3 月开始，访问了巴西等拉美五国，遍访美洲大陆的南北中三个部分，意图遏制查韦斯在拉美的"政治扩张"，恢复美国的影响力，但是效果不明显。

　　（3）非洲

　　"9·11"恐怖袭击对小布什政府在非洲构建美国利益边疆产生了巨大的影响，改变了美国对非洲特别是对非洲的战略重点的认知，美国在非洲要实现的利益的重要性也发生了改变。

　　就战略重点而言，之前的克林顿政府主要关注非洲的经济意义，而小布什自然地将战略重点转向了反恐，将美国的安全利益升至首位。非洲虽说不是国际恐怖主义中心地区和恐怖分子的主要巢穴所在，但由于非洲一直以来发展落后，国家之间的边界混乱不堪、经济水平及人民生活水平低下、生存条件恶劣，地区冲突频繁、金融制度松散、武器泛滥，加之种族、宗教矛盾复杂，恐怖主义活动也十分活跃，这必然成为美国的安全隐忧，以至于美国在 2002 年的《国家安全战略报告》中明确指出"在非洲，希望、机会和战争、疾病与贫困并存，这不仅威胁到美国维护人类尊严这个核心价值理念，而且威胁到全球反恐这一战略性优先事项"，因此，"我们必须与欧洲盟国一起，帮助巩固非洲脆弱的国家、建立保卫其漏洞百出的边界的本土能力，并加强执法和情报基础设施，使恐怖分子没有藏身之处。"① 在实践中，美国一方面大力加强了在非洲的军事存在，充分利用双边或多边反恐倡议来构建更为完善的非洲反恐网络，并且想方设法促进非洲发展区域性安全机制，努力促进北约"南下"战略。另一方面，美国在 2007 年10 月正式建立"非洲司令部"，整合了美国在非洲的军事力量，提升了美国对非洲的军事战略，其意图很明显——在满足其反恐需要的同时，致力于维护美国在非洲的能源安全，同时通过强大的军事存在来遏制地区武装冲突以及人道主义危机。除此以外，抑制中国在非洲逐步上升的影响力从而阻遏中国的快速发展也是美国着重想达到的目的。

　　就经济利益而言，小布什政府延续了克林顿政府的对非政策，通过贸易和投资手段来开拓非洲市场，不仅维持了之前的贸易促进机制，还建立了若干更强有力的贸易合作机制。中东地区的动荡不安，使得小布什政府不得不考虑其能源供应问题，单一化的能源供应不利于能源战略的实施，因此，为使美国能源供应多元化，就必须开拓新的能源市场。素有"世界自然资源宝库"的非洲所拥有的丰富的能源，尤其是石油，使得美国

① *The National Security Strategy of the United States of America*, Washington, D. C. : The White House, September 2002.

将非洲看作中东的潜在替代，进而更为重视非洲的战略作用。小布什政府不仅这样规划，更将其落到实处。2006 年，美国从非洲进口的石油数量占其石油进口总量的 18.7%，从历史的角度来看，非洲第一次超过了中东，成为美国最大的石油来源地，[①] 从而使得非洲在美国能源战略中的地位越来越高，美国在非洲的经济利益和战略利益不断增加，以至于美国在其 2006 年的《国家安全战略报告》中明确指出"非洲是一个充满希望和机遇的地方，通过历史、文化、商业和战略重要性与美国联系在一起……我们的目标是使非洲成为一个自由、和平、稳定以及越来越繁荣的大洲。"[②]

　　非洲的政治民主化进程关涉美国在非洲的政治利益，民主改革依然是美国对非洲战略的重要内容。进入反恐时代，小布什政府一方面将非洲纳入其全球反恐的链条当中。伊拉克战争爆发之后，美国采取引诱和施压并举的手段，将埃塞俄比亚等 5 个国家纳入"倒萨"同盟，并以反恐为由划清敌友关系，强迫非洲国家支持其反恐。另一方面，美国还突出了谈判手段对于解决非洲所面临的政治问题的重要性。小布什宣扬在平等关系的基础之上，推进民主，解决非洲遇到的难题。在非洲的地区性冲突方面，比如苏丹问题，美国积极运用谈判协商的和平手段来加以缓解甚至解决。这也符合美国对非洲的战略构想——"我们的安全依赖和非洲人民共同努力，加强非洲国家应对脆弱和衰退的能力，并使不受统治的地区处于有效的民主政府的控制之下。克服非洲面临的难题需要伙伴关系，而非家长式统治。"[③]

---

① 王荣：《〈美国国家安全战略报告〉研究》，时事出版社，2014，第 247 页。
② *The National Security Strategy of the United States of America*，Washington，D. C.：The White House，March 2006.
③ *The National Security Strategy of the United States of America*，Washington，D. C.：The White House，March 2006.

3. 奥巴马政府时期

小布什政府面对突如其来的"9·11"恐怖袭击，匆忙应对，悍然发动阿富汗战争和伊拉克战争，并在全球开展反恐战争，大量消耗了美国的资源，联邦财政赤字急速攀升，其"单边主义"和"先发制人"遭世人诟病，导致传统盟国关系出现裂痕，国家实力和形象急剧下降。加之2008年的经济危机，美国失业率超过10%，创历史新高，奥巴马面对的是一个小布什留下的烂摊子。结合时代背景和国内外情况所界定的美国国家利益必然发生改变，其国家战略调整也势在必行。

2010年《国家安全战略报告》将美国的国家利益概括为"安全、繁荣、价值观、国际秩序"①四个方面。一是安全利益，不仅包括本国国土、公民的安全，还包括美国盟友和伙伴的安全。二是繁荣，即经济利益，在国际经济体系当中保持美国经济的强大和持续增长。三是价值观，即政治或文化利益，美国的价值观得到推广。四是国际秩序，即战略利益，在美国的领导下推进国际秩序向前发展，促进和平与安全，并通过强有力的合作增加应对全球挑战的能力，这与小布什的"单边主义"相对。总而言之，奥巴马政府对国家利益的界定体现了一种兼顾平衡的特点，摆脱了小布什政府以反恐为中心的思维，显得更为务实和理性。

在国家利益界定的基础之上，奥巴马政府对小布什政府时期的利益边疆进行了调整和改变，形成了具有奥巴马政府特色的利益边疆架构。在这其中，奥巴马采取的方式不同于小布什的"单边主义"和"先发制人"。小布什主要依靠硬实力的展现和运用，提出并积极运用"巧实力"，实现硬实力与软实力的有机结合；奥巴马则更多地依靠伙伴关系，采取协商与合作来实现其国家利益。

---

① *National Security Strategy*, Washington, D. C.: The White House, May 2010.

（1）欧亚大陆

在欧亚大陆上，与俄罗斯的关系一直是美国重点考虑的对象，奥巴马政府也不例外。美国将核武器的削减工作当作与俄外交的重中之重，因为这关涉美国的安全利益。从全球范围来看，有强大的军事实力且最能够对美国产生潜在威胁的非俄罗斯莫属。因此，奥巴马重新启动了与俄罗斯的裁减核武器的谈判。经过努力，双方就战略核导弹的削减达成共识，双方将各自削减 1/3 的核弹头，以实现 2009 年两国首脑会谈时达成的目标。① 而为了表示诚意，推动俄罗斯的削减行为，奥巴马还向对方示好，在其发表就职演说时，就将俄罗斯称为美国反恐的"盟友"，并暂缓导弹防御系统在波兰和捷克的部署工作，暂时停止将格鲁吉亚纳入北约体系。

为实现美国在欧洲的经济利益，奥巴马加强了推动美欧之间贸易方面的谈判，一是想减少甚至消除二者之间的贸易摩擦，二是推动二者经济的共同发展。奥巴马赢得连任后在首次国情咨文中就强调，美国将正式启动与欧盟的自贸区谈判，根据双方谈判确定的进程，美国和欧洲的自由贸易协定（FTA）谈判工作将不超过两年就完成。这是美国继"跨太平洋伙伴关系协定"（TPP）之后在欧洲的一次经济布局，体现了奥巴马政府的经济战略取向，在经济全球化背景下，美欧之间的自由贸易谈判对于二者是双赢的。美国经历了金融危机的打击，企图以此提振经济，欧洲也深陷债务危机，试图借此走出困境。"跨大西洋贸易与投资伙伴协议"（TTIP）的谈判，是奥巴马推动美欧自由贸易协定的一个重要抓手，因为，"如果完全实现 TTIP，每年将分别给欧盟和美国带来 1600 亿美元和 1280 亿美元

---

① Tom Lasseter, "*U. S. , Russia Agree to Missile Cuts, but Tensions Remain*", McClatchy, July 6, 2009.

的收益，带来 200 万个就业机会，并及时地在全球创造没有通胀的增长"①。蓝图虽好，可要实现还有很长的路要走，双方的分歧太多，尤其是战略性分歧。就如何看待 TTIP 的作用，双方存在根本性分歧，但不管怎样，双方已经迈出关键的第一步了。

奥巴马政府时期，美国将亚太地区看作其全球战略的重中之重，因此，逐渐将战略重心向亚太地区转移。2009 年，奥巴马刚登上总统宝座，就宣称要当太平洋总统，其国务卿希拉里·克林顿还特意发表《美国的太平洋世纪》文章来强调亚太政策，并在一次精心设置的演讲中提道："美国已经重返亚洲……不仅重返，而且会留下来。"②

就政治层面而言，美国积极主动地介入亚太，相比较军事战略的调整需要较长时间、经济战略需要亚太其他国家的配合，政治介入则最为便捷，在整个重返亚太的战略中，政治介入扮演了先行者的角色。一方面，美国加强与传统盟国的联系，比如日本、韩国以及澳大利亚等国家，并和其他国家建立伙伴关系，比如菲律宾、缅甸以及越南。另一方面，美国积极加入亚太地区的各种安全对话机制，如东亚峰会、东盟防长扩大会议以及香格里拉安全对话等。美国政要频繁访问东亚，为美国"重返东亚"营造了强大的政治声势。除此以外，美国还插足亚太地区的领土争端，如介入南海问题及钓鱼岛问题。对领土争端的介入主要针对的就是中国，以遏制中国的发展。为从政治上围堵中国，美国还和印度频繁外交，2009年，希拉里访问印度，双方就安全合作达成协议。美国以军售为手段，鼓励印度发挥更强大的作用。该年 11 月，奥巴马将其担任总统以来的第一次盛大国宴安排给了印度总理，以拉拢印度。

---

① 陈晓晨、徐以升：《美国大转向：美国如何迈向下一个十年》，中国经济出版社，2014，第 246 页。
② 陈晓晨、徐以升：《美国大转向：美国如何迈向下一个十年》，中国经济出版社，2014，第 69 页。

对于朝核问题，奥巴马改变了之前小布什的政策，加强了与朝鲜周边国家日本和韩国的合作。美国从之前寄希望于通过六方会谈来实现朝鲜无核的战略目标，转变为基于增强与日本和韩国的交流和协调之上，来增强美国在东亚范围的战略行动能力。韩国的李明博政府与美国的关系十分亲近，该政府努力配合美国。美韩两国在此基础上将之前的军事同盟升级，在更高层次的目标上形成共识：该同盟不但要保障韩国的安全和朝鲜半岛的稳定，还必须能够对东北亚的和平局势负起更大的责任。

就经济层面而言，美国重返亚太最重要的抓手是 TPP。TPP 对于美国意义重大。首先，有助于美国经济发展。该协议有利于美国企业开拓投资市场以及"出口倍增"计划的实现，对美国的再工业化也大有帮助。"TPP 有助于美国在亚太建成一个高水平的自由贸易区，以相互之间 1.4万亿美元的年贸易额在亚太地区发挥影响力"[1]。其次，美国通过 TPP 的设计，有助于塑造符合美国国家利益的国际贸易规则。最后，企图通过 TPP 来实现美国在亚太地区的经济主导权。当然，TPP 还含有制约中国的因素。为此，马来西亚、澳大利亚、秘鲁、越南均被美国邀请进入 TPP 的集体谈判。2012 年，美国更是将墨西哥和加拿大也吸纳进来谈判。最重要的是，美国成功促成日本这个亚洲地区最忠诚的盟友加入 TPP。

此外，随着美国页岩气技术的发展，页岩气革命首先在美国出现。因此，液化天然气出口成为美国重返亚太地区的一张经济牌。[2] 页岩气革命使美国的天然气成本急剧下降，其价格持续走低。作为一种重要的能源，亚太地区对液化天然气的需求很大，美国的大规模出口液化天然气不仅影响亚洲的天然气市场，更是美国施加地缘政治压力的利器，因为美国可以

[1]　陈晓晨、徐以升：《美国大转向：美国如何迈向下一个十年》，中国经济出版社，2014，第 88 页。
[2]　陈晓晨、徐以升：《美国大转向：美国如何迈向下一个十年》，中国经济出版社，2014，第 89 页。

选择性地出口。和 TTP 相匹配，美国和同盟的韩国、日本、印度等国家的企业达成了液化天然气的进出口协议。

除了大力推动 TPP 谈判以及液化天然气出口以外，奥巴马还采取各种措施推动国会通过了与韩国的自贸协定。其实美国与韩国早在 2007 年就达成了自由贸易谈判，并签署了协定，但因未获国会批准而搁浅。2011 年 10 月，奥巴马政府采取各种措施来影响国会，奥巴马的积极推动有了成效，美韩自由贸易协定终于得以通过，并于 2012 年正式生效。

美国在中东的利益认知相较于前一任政府未发生根本变化，主要包括战略利益、现实利益和道义利益三个层面：一是维护美国在中东地区的主导权；二是阻止大规模杀伤性武器扩散；三是维护中东能源供应稳定；四是确保盟国以色列、土耳其和海合会成员国的安全；五是推广西方民主和价值观①。

奥巴马上台以后，改变了之前小布什政府广泛反恐的不合理行为，将反恐的打击目标清晰明确起来，企图将"基地"组织赶出中东地区，坚定地反对塔利班组织破坏巴基斯坦及阿富汗的政治稳定。此外，由于以色列总理内塔尼亚胡拒绝在约旦河停止建犹太人居住点，美国政府对此大力谴责。为了缓和与穆斯林的紧张关系，奥巴马还公开宣称美国是伊斯兰世界的朋友，这与前任小布什政府将恐怖主义形容为"伊斯兰法西斯主义"形成鲜明的对比。奥巴马政府这些有针对性的举措，在一定程度上改善了美国在阿拉伯国家以及穆斯林群众中的形象，有利于缓和二者之间的紧张关系。

同时，奥巴马政府对小布什政府发动的阿富汗战争以及伊拉克战争进

①　美国哈佛大学沃尔特教授把美国在中东的利益分为战略利益和道义利益两类，前者包括确保国际石油和天然气正常供应、打击中东反美恐怖主义、阻止大规模杀伤性武器扩散；后者包括促进中东的人权与保证以色列的安全。参见 Stephen Walt, *US. Middle East Strategy*: *Back to Balancing*, Foreign Policy, November 21, 2013。

行了深刻反思及全面评估，总结了不少经验和教训，并适时调整了对阿富汗和伊拉克的政策。

对阿富汗问题，美国之前制定的战略是要彻底摧毁塔利班恐怖势力。奥巴马上台以后，制定了新的战略目标，即阻止塔利班恐怖势力重新夺取阿富汗政权，避免阿富汗被塔利班恐怖势力再次当作庇护所。

2009 年，为了保障在阿富汗军事行动的成功，驻阿富汗的军事长官请求进一步派遣部队进入阿富汗。在这种情况下，奥巴马政府权衡利弊，决定改变对阿富汗的方针政策，鼓励阿富汗政府与恐怖势力进行对话。此外，从缓和阿富汗国内激烈的政治纷争的角度考量，美国要求卡尔扎伊政府尽快实施第二轮选举。同时将彻底阻止塔利班势力重新夺回阿富汗政权的战略目标，适时调整为阻止阿富汗范围之内的叛乱行为，并采取各种方式来保障其政治秩序的稳定。

之前，美国军队被派遣至伊拉克主要是为了打击各种叛乱势力，经过政策调整，美国军队主要帮助伊拉克政权保障其政治秩序的稳定，并帮助其进行经济建设。此外，美国极为重视伊拉克政府自身能力建设，采取各种措施来帮助伊拉克政府提升其应对现实问题的能力。对于伊拉克的政府军，美国也帮助制定训练计划及部署兵力。

奥巴马还极为重视以色列与巴勒斯坦问题。就任总统的第二天，他就高调宣布，派遣乔治·米歇尔出使中东地区，以负责调解二者之间的矛盾。刚一上台就着手调解以色列与巴勒斯坦问题，这在美国历史上实属罕见，这正好凸显了奥巴马这届政府试图改变美国之前在伊斯兰国家中不良形象的迫切期望。不仅如此，2009 年，在奥巴马政府积极促动下，国会通过了 9 亿美元的资金拨款，用来支援巴勒斯坦人民。

此外，奥巴马将增强与巴基斯坦的伙伴关系和打击恐怖势力相结合，不但要求巴基斯坦政权积极打击其国内的恐怖势力，还给予了巴基斯坦政权巨额的经济支援。当然，这种经济援助附带了条件，即允许美国军队在巴方边境上使用无人机来打击附近的恐怖势力。

2009 年 12 月 25 日，一个伦敦大学工程系在读学生穆塔拉卜企图炸毁飞往美国的航班，但是未遂。事后调查报告显示，在也门的"基地组织"分部策划了此次恐怖袭击。这使得中东地区这个不起眼的小国瞬间成为美国关注的焦点。奥巴马对此事件的处理与小布什政府最大的不同是摒弃了"单边主义"和"先发制人"。奥巴马政府充分利用欧洲众多盟友的支持，给也门政府造成巨大压力，强烈要求其打开国门，便于美国军事力量进入也门打击恐怖势力。同时排除强硬的军事打击方式，代之以培训也门政府的反恐情报部门，在整个过程中，美国非常重视与英、法等欧洲国家的沟通和合作。

（2）拉美

奥巴马在竞选之初，就将新的美洲联盟的建立以及与美拉关系的改善作为其政府的重要目标，承诺在其任内掀开美拉关系新的篇章。2009 年，奥巴马进一步表示愿意做出改变，承认美国以往在拉美所犯的错误，以修复双边受损的关系，与拉美国家构建"平等的伙伴关系"，最终进入美拉关系的新时代。

在第五届美洲国家首脑会议上，为重新构建美国在拉美地区的形象，奥巴马加强了与拉美左翼领导人的交流对话，并且充分展示其对拉美国家的魅力攻势。在峰会上，奥巴马主动与查韦斯示好，而查韦斯也积极回应，双方以友好的姿态向媒体展示了握手秀。美拉关系的改善，一个重要方面在于美巴关系的转变。在奥巴马的拉美政策调整中，加强与巴西的关系是一个重要方面。2009 年，奥巴马上任不久，就主动邀请时任巴西总统卢拉访美以缓解双边僵硬的关系。2011 年 3 月，奥巴马开始了对巴西的首次访问。在此次访问中，双方签署了 10 项有助于加深双边合作的协议。美国参众两院还同意减轻对古巴的制裁，放宽对古巴的限制，公开宣布美国将在多个领域与古巴进行接触合作，以改善半个世纪以来双边的恶劣关系。此外，奥巴马又派出美国议员代表团访问古巴，并且与卡斯特罗兄弟进行了历史性的会晤。作为回应，古巴表达了愿意与美国对话的态度。

奥巴马上任之初，就明确表示要帮助拉美国家减轻金融危机带来的危害，帮助拉美人民恢复经济，创造更多的就业机会，消灭贫穷，并为此设立西半球小额信贷基金，向包括拉美国家在内的受金融危机重创的西半球国家提供 4.48 亿美元额度的援助。2011 年 3 月，奥巴马在对巴西、智利和萨尔瓦多进行访问期间，将经济议题贯穿其中。在巴西，奥巴马与巴西政府签署了十多项能源与经贸协议。此外，奥巴马也与智利签署了核能合作协议，将萨尔瓦多列入美国增长伙伴国计划。奥巴马在拉美地区的主要经济策略是推行 FTA 与 TPP，最终实现美国主导下的美洲自由贸易区。从奥巴马的一系列经济动作，我们也可以看出拉美地区在美国的经济格局中占据了重要的地位。

非法移民、毒品问题以及拉美地区日益活跃的恐怖主义不仅是拉美地区长期存在的社会问题，也是影响美国国内安全的严峻问题。2008 年，奥巴马在总统选举中就非法移民问题提出了自己的政策主张，内容包括支持移民制度的全面改革，帮助非法移民成为美国公民，推行客籍工人计划以及其他能使非法移民成为合法公民的办法，并称这一方法为"移民系统全面改革之前的权宜之计"。① 对于毒品问题，奥巴马政府在继续推动"西南边界安全倡议"的同时，和拉美国家展开更广泛而深入的合作，与此同时，对拉美国家的投资与援助也在增加，以创造更多的就业机会，通过教育预防与治疗，逐步解决毒品问题。而对于恐怖主义，奥巴马政府反思小布什任内强硬打击却效果不明显的行为，综合运用软实力和硬实力，

---

① 冯峰、湛园庭：《拉美裔移民对美国大选的影响及美国移民政策的调整》，《拉丁美洲研究》2008 年第 6 期。

加强与拉美国家的合作，同时增加对拉美国家尤其是哥伦比亚、巴拉圭等国家的军事援助，训练该国军队，帮助拉美国家减少贫穷人口，从而从多方面用力，进一步打击拉美地区的恐怖主义。

（3）非洲

奥巴马政府时期，非洲在美国全球战略中的地位有所上升，这从奥巴马以及国务卿希拉里频繁出访非洲可以看出。奥巴马上台没多久就访问了加纳，成为执政后最早访问非洲的美国总统。希拉里则在奥巴马出访加纳之后一个月就开始陆续访问肯尼亚、南非、安哥拉、刚果（金）、尼日利亚、利比里亚和佛得角等非洲七国。2013 年，奥巴马又对塞内加尔、南非及坦桑尼亚展开国事访问。之所以如此重视非洲，和奥巴马政府对国家利益以及非洲所涉及的美国利益的界定有关。就国家利益的内容而言，非洲关涉美国的安全、经济以及政治等方面的利益，具体包括以下五个方面：一是确保美国公民、盟友及伙伴的安全；二是在国际舞台上支持该地区具有经济活力的民主国家与合作伙伴；三是扩大美国的贸易和投资机会；四是防止冲突与大规模暴行；五是促进基础广泛、可持续的经济增长与减贫。[①] 而为实现以上目标，美国在以下几个方面展开了努力。

第一，扩展美式民主，加强对民主政体的支持。在加纳做演讲时，奥巴马着重指出，"有能力、可信赖和透明的体制是成功的关键"。[②] 在美国对非洲的战略中，奥巴马也认为，"在法治得到维护的前提下，强大且负责任的民主体制将会带来更进一步的繁荣与稳定，在缓解冲突及保障安全

[①]　陈积敏、罗建波：《奥巴马政府对非外交评析》，《现代国际关系》2013 年第 3 期。

[②]　*Remarks by the President to the Ghanaian Parliament*，July 11，2009，http：//www. whitehouse. gov/the－press－office/remarks－president－ghanaian－parliament.

方面也会取得更大成功"。① 而在连任之后的就职仪式上，奥巴马更是明确指出："我们将会支持从亚洲到非洲，从美洲到中东的民主进程。"② 为此，在 2011 年，奥巴马推行开放型政府合作伙伴计划，积极参与非洲政府与公民社会组织的建设，以提高非洲政府的透明度与问责度。面对苏丹达尔富尔问题，奥巴马政府改变上届政府不合理的政策和策略，与相关各方积极进行全面接触，展开合作，甚至和苏丹政府达成一定程度的妥协。除此以外，美国还施加压力来改变联合国在苏丹的工作重心，将 2010 年的苏丹选举及其南部地区的独立公投作为工作的重中之重。

　　第二，为非洲的自主发展营造良好的贸易投资环境。非洲的发展和稳定符合美国的利益，因此，美国十分重视将非洲的资源优势转化为现实生产力，以此推动非洲的发展并使美国的利益得以实现。对非援助是一种有效的方式。奥巴马强调，"在非洲人民努力实现这一希望的过程中，美国将更负责任地伸出援手……援助本身不是目的，而是创造出不再需要这一援助的环境"。③ 登上总统宝座不久，奥巴马就启动了对非洲的高达 35 亿美元的粮食安全计划，其内容是支援非洲的粮食生产，其中不仅向非洲输送美国的生产商和商品，更包含为非洲农民提供新方法及新技术。④ 除此以外，奥巴马政府还大力推动非洲区域一体化进程，强调要让美国与东非之间所签署的贸易投资倡议等各项政策措施落到实处，推动贸易便利化、

---

① The White House, *U. S. Strategy toward Sub - Saharan Africa*, June 2012, http://www. whitehouse. gov/sites/default/files/docs/africa_ strategy_ 2. pdf.

② The White House, *Inaugural Address by President Barack Obama*, January 21, 2013, http://www. whitehouse. gov/the - press - office/2013/01/21/inaugural - address - president - barack - obama.

③ *Remarks by the President to the Ghanaian Parliament*, July 11, 2009, http://www. whitehouse. gov/the - press - office/remarks - president - ghanaian - parliament.

④ Johnnie Carson, *U. S. Policy in Sub - Saharan Africa*, Testimony Before the House Committee on Foreign Affairs Subcommittee on Africa and Global Health, March 24, 2010, http://www/state/gov/p/af/rls/rm/2010/139002/html.

海关现代化与标准统一化，以期增强非洲国家自主发展的能力。

第三，维护非洲的安全和稳定。首先，针对"基地组织"，美国积极采取措施，集中优势力量以分化、瓦解"基地组织"及其在非洲的附属机构，确保美国及盟国的安全。其次，美国注重多边机制的利用，以应对非洲的种种安全威胁，而非单打独斗。比如对"非洲和平与安全架构"予以支持，为不同层级的非洲后备部队提供培训和顾问支持，继续实施"非洲应急行动培训与援助"计划，等等。最后，加强在非洲地区的军事存在也是美国维护国家安全的一项重要举措。奥巴马政府完善了美国的非洲司令部建设，加大对非洲司令部的资金投入，将其财政预算由上一年的3.89亿美元激增至2010年的7.63亿美元，在此之外，国会还批准4.51亿美元的资金用以更新非洲司令部和中央司令部的各种设备。[1] 最后，美国还在非洲加大打击国际有组织犯罪的力度、支持联合国维和行动，并积极斡旋非洲国家内争，促进和平政治进程的可持续发展。

第四，加强公共卫生工作，积极而弹性地应对气候变化，努力促进非洲的社会公平和可持续发展。非洲是奥巴马总统实施三大计划即"全球健康计划"、"未来粮食保障计划"和"全球气候变化计划"的核心目标地区。为更好地实施上述计划，奥巴马上台之初就启动了一项全球综合健康战略，承诺在6年内投入630亿美元，用于非洲传染性疾病的防控与诊疗，尤其是关注妇女、新生儿、儿童的健康。美国同时还帮助培训非洲医护人员，以满足非洲民众的基本医疗需求。[2] 该计划为超过500万非洲艾滋病患者提供了治疗，并使100万非洲新生婴儿免于感染艾滋病。[3] 此

---

① Daniel Volman, *Africa: Africom to Continue Under Obama*, http://allafrica.com/stories/20090611088.html.

② Johnnie Carson, *U. S. Policy in Sub - Saharan Africa*, Testimony Before the House Committee on Foreign Affairs Subcommittee on Africa and Global Health, March 24, 2010, http://www/state/gov/p/af/rls/rm/2010/139002/html.

③ 刘飞涛：《奥巴马政府对非"巧实力"外交》，《国际问题研究》2010年第1期。

外，奥巴马政府还开启以"电力非洲"与"贸易非洲"为先导的促进非洲经济发展计划。其中"电力非洲"计划将惠及 2000 万非洲家庭和企业电力接入，这在电力普及率非常低的撒哈拉以南非洲是值得公众期待的。① 此外，美国试图通过外交援助等措施实施其"妇女、和平与安全国家行动计划"，以帮助维护非洲妇女权益；通过实施"总统非洲青年领袖计划"，支持非洲国家的青年领导人。在应对食品安全、水资源以及气候变化等全球性问题方面，美国积极支持非洲的可持续发展战略。

三　信息边疆的构建及治理

20 世纪 90 年代以来，随着遥感技术、卫星通信技术、计算机技术等技术的飞速发展，信息技术呈现网络型的发展趋势。信息技术构建了一个原本并不存在的虚拟性空间。这个空间基于数量庞大的计算机和各种类型的网络，通过各种通信线路联结在一起，组成了一个全球性的信息网络。对这样一个虚拟性的网络空间，我们用"信息边疆"来指称。在这个虚拟空间中，国家之间的权力结构依然存在，并影响着信息化时代的财富的流向。② 以至于美国战略学家库伯（Jeffrey R. Cooper）明确指出："新的信息技术的发展，互联网爆炸性的成长导致了数字空间的产生。这些的确创造了一个新的领地，也就是说打开了一个新的边疆。而美国作为开拓和利用新边疆经验最丰富的国家，应当有这样的文化传统来抓住信息边疆所提供的机会。"③

---

① *Leveraging Partnerships to Increase Access to Power in Sub - Saharan Africa*, USAID. http：// www. usaid. gov/sites/default/files/documents/1860/power - africa - overview. pdf, 2014 - 05 - 22.
② 杨剑：《数字边疆的权力与财富》，上海人民出版社，2012，第 105 页。
③ Jeffrey R. Cooper. 2000. *The Cyber Frontier and America at the Turn of the 21 st Century：Reopening Frederick Jackson Turner's Frontier*, First Monday, July 3, 2000, Vol. 5, No. 7 （http：www. firstmonday. dk/）.

（一）信息边疆的构建

信息边疆的构建起于美国，构建主体包括美国的政治精英、技术精英和企业精英。政治精英立法、出台政策、组建机构，技术精英提供技术支撑和制定技术标准，企业精英则将信息边疆及行业标准推向全球，并从中获取巨额的财富。

美国国会于 1991 年通过了《高性能计算与通信法案》，因为是由戈尔提出的，因此又被称为《戈尔法案》。该法案批准了 6 亿美元的拨款用来推动与高性能计算相关的科研，通过美国政府、学界以及企业界的共同努力，促进美国互联网的发展。随后，戈尔在一篇文章中强调，"美国应当大力进行信息基础设施建设，确保所有美国人都可以在第一时间接触到这种改变世界的技术"[1]。而之前，美国数十年的通信和计算机技术的发展为信息边疆的构建奠定了坚实的基础，包括在"冷战"时期军事部门研制并建成的 ARPANET，被世人普遍认为现代互联网的鼻祖。

克林顿上台以后，极为重视信息技术的发展，任命戈尔为副总统，负责实施"国家信息基础设施"行动计划。该计划的实施，标志着美国国家信息基础设施计划的全面启动，意味着美国政治精英开始了通过政策计划的制定和执行来推动信息边疆的构建。依照该计划，美国成立了信息基础设施特殊工作小组，其任务是"促进私营企业投资信息技术领域，鼓励各种技术创新及其应用，保障信息安全及网络的可靠性，保护信息技术的知识产权，协调与州政府的关系，解决相关的国际问题"[2]。通过执行计划，美国率先建立起具有开放性和交互性且"能够给用户提供大量信息的，由通信网络、计算机、数据库以及日用电子产品组成"[3] 的信息技术空间，为美国信息边疆的构建抢得先机，并使美国掌握了创始者的权

① 杨剑：《数字边疆的权力与财富》，上海人民出版社，2012，第 107 页。
② 罗曼：《信息政策》，科学出版社，2005，第 43~44 页。
③ 主父笑飞、赵景芳：《美国信息战略探析》，《现代国际关系》2006 年第 7 期。

力，因为"初创者往往是标准的创立者和信息系统结构的设计者，该系统的路径依赖发展反映了初创者的优势所在。互联网上使用英语和顶级域名的模式提供了相关的例子"①。

NII 的成功实施帮助美国建立了国内网络，但要将全球纳入美国的信息边疆，则必须建立起全球性的网络。对此，戈尔于 1994 年制定出"全球信息基础设施计划"（GII）。他认为，"维持发展的基本前提是创建连接各个网络的全球网络。必须建成并开通一个全球性的信息基础结构，为每个人提供周游世界的环球信息高速公路"②。要实现这一目标，没有发达国家的支持是行不通的，因此美国向富国俱乐部的 7 个国家提交了关于全球信息基础设施合作的报告，邀请他们参与信息基础设施建设。此外，为了便于展开合作，美国还和英国、法国、德国等欧洲国家以及日本的信息产业制造商协会协商出长期的工作计划。③ 2000 年，《全球信息社会冲绳宪章》形成，"占全球国民生产总值三分之二的八个国家达成共识，要协调一致，最大限度利用信息技术所带来的成果和益处，同时要在这种革命性变化中制订信息技术的各种相关规则"④。总之，GII 实质上是一场由美国政治精英主导，美国企业亟需的培育信息基础设施市场的运动，相关的美国硬件和软件生产厂商从中捕获了巨大的商机。⑤

全球性网络的建立，基于一种技术性带来的权力，或者说是信息边疆初创者所独具的权力——封疆权和路由权⑥。在互联网中，13 台域名服务

① Keohane, Robert O., and Joseph S. Nye, Jr., *Power and Interdependence in the Information Age.* Foreign Affairs. (September/October) 77 (5). 1998.

② AI Gore GII Buenos Aires Speech, http：//www. interesting - people. Org/archives/interesting - people/199403/msg00113. html.

③ 葛伟民：《网络效应：互联网发展对全球经济的影响》，上海社会科学出版社，2004，第 49 页。

④ 杨剑：《数字边疆的权力与财富》，上海人民出版社，2012，第 108 页。

⑤ 杨剑：《数字边疆的权力与财富》，上海人民出版社，2012，第 109 页。

⑥ 杨剑：《数字边疆的权力与财富》，上海人民出版社，2012，第 109 页。

器的根服务器决定着全球网络所有的网址，这 13 台根服务器有 10 台在美国，其余 3 台分布在日本、英国和挪威。而这 13 部电脑指令程序的内容全部由互联网域名和地址管理机构（ICANN）控制，美国则通过掌控该机构，实现了对域名和地址封疆权的掌控，从而最终将全球的互联网置于其管控范围。不仅如此，由于美国掌控着卫星、光缆等主要的通信线路，使得全球的互联网主干线都以美国为中心。互联网的主干线、干线和支线的划分权甚至线路容量的大小都由美国决定。

信息边疆无影无形，却无处不在。这样的空间虽然无形，但和有形的地理空间一样，需要管控的规则，不仅需要保护合法的使用者，更需要惩罚破坏者或非法使用者，此外，还需要知识产权的保护。美国的政治精英在这些方面做了不少努力，制定了有关计算机网络的知识产权法律法规。一方面是对原有知识产权的法律法规进行修改和完善，比如《专利法》《版权法》等；另一方面出台了一些新法规，如《千禧年数字版权法》等。与此同时，美国还想方设法促进知识产权协议的签订。美国利用优势地位，与技术后发国家围绕通信新技术进行谈判，在谈判的过程中，美国重点围绕电信准入、网络服务两大关键性问题进行博弈，施加压力，强烈要求对方允许美国投资该国的信息及通信这些关系国家命脉的领域，确保网络基础设施的提供者和使用这些设施的主要服务部门的市场准入和国民待遇，要求实现电信运营商和网络的完全私有化的目标。[①] 1997 年，美国还发布"全球电子商务框架"，"这是在高技术条件下，重新瓜分世界市场和资源的'新圈地运动'的宣言"[②]。美国企图凭借信息霸主的地位，采用电子商务这个工具，来达到重新配置全球资源和财富的目标。

在美国信息边疆的开拓中，技术精英和企业精英发挥了至关重要的作

---

① 周光斌：《对新一轮 WTO 电信谈判的思考》，《通信世界》2005 年第 9 期。
② 孙健：《网络经济学导论》，电子工业出版社，2001，第 98 页。

用。他们承担着将设立的标准和美国生产的技术设备在全球推广开来的任务。一方面，他们"利用创制者的角色对信息技术空间的各种资源进行有利于美国的配置；另一方面，利用美国政府推动的全球信息基础设施计划，抢占信息技术基础设施的市场资源"①。

网络技术的发明和推广、计算机网络的标准制定及其推广，都离不开美国技术精英的努力。早在 1980 年，美国就建立了局域网标准委员会，并提出局域网建设标准及其他方面的技术标准，绝大部分被国际标准化组织所接纳，并成为全球性标准。2005 年，美国又提出 21 世纪的美国标准战略。一方面要求美国的企业、标准制定部门和政府相互配合，消除国际技术壁垒障碍，以使美国的技术产品及服务行销全世界；另一方面要求各方共同努力，协同作战，让美国标准成为全球标准。标准化是为了扩大信息技术的效用，实现标准化对象的共享，但美国实际上是将标准化尤其是技术标准化当作一把利器，来加强控制并赚取巨额财富。正如美国前商务部部长助理梅尔曼所说："技术标准也日益成为政府干预的一个领域。标准已经成为一个极具活力的经济战场。"

美国信息技术企业和技术精英利用初创者的优势地位，快速抢占市场，实现对全球信息基础设施市场的控制。其基本逻辑是，"企业通过迅速的技术更新创建事实技术标准，并通过各种企业战略将事实标准变成行业标准，并且通过知识产权体系将这些标准专利化，从而实现占据产业竞争的最佳位置"②。此外，美国信息技术企业还具有独一无二的市场权力。就传统的经济规律而言，没有一个生产厂商可以控制市场需求，顶多只能刺激需求，供给、需求总会存在一个供给方很难控制的平衡点。而对于信息技术产品，不管是硬件还是软件，其淘汰和更新，很多情况下用户都不

---

① 杨剑：《数字边疆的权力与财富》，上海人民出版社，2012，第 112 页。
② 杨剑：《数字边疆的权力与财富》，上海人民出版社，2012，第 114 页。

能做主，而被生产厂商所控制。供给方控制着市场的需求，从而保证获取巨额利润。在这方面，美国的思科、英特尔以及微软公司这三大全球型企业即是明证。它们通过对信息技术产品网络效用的利用，先采取低门槛让尽可能多的用户进入，之后采取措施锁定用户群，使得用户基于各种原因无法退出，只得一直使用该产品，即使该产品价格逐渐升高。在这样的模式下，最为关键的是标准的制定和客户群的锁定，而成本的降低和效率的提高则被排到次位。美国信息技术企业精英在如此多的优势条件下，在全球攻城略地，将其产品行销到世界各个角落，从而扩大了美国的信息边疆。

（二）信息边疆的治理

通过政治精英、技术精英以及企业精英的共同努力，美国的信息边疆得以构建成功。随着信息技术的广泛应用，计算机和互联网不断普及，使用计算机和互联网的人数剧增，信息边疆的安全问题随即凸显出来。美国国防部指出："随着网络空间的广泛应用，美国更加容易遭到网络威胁和攻击，使得美国的国家利益面临更大的风险。网络空间的行为体可以在全球的任何地方发起攻击，无论是美国本土、盟国，还是敌对国家。网络空间活动的复杂性和数量的庞大，使得我们难以探测和阻止恶意行为或是找到其根源。"①

2001 年的"9·11"恐怖袭击使得美国将国家安全放到最重要的位置，包括网络安全及其他依赖信息技术基础设施的安全。对此，小布什签署并发布行政命令，加强对信息边疆的安全保卫。第二年又签署发布《联邦信息安全管理法案》。二者构成了美国行政系统的网络空间的安全计划。

---

① U. S. Department of Defense, Quadrennial Roles and Missiona Review Report, January 2009, p. 14.

2003 年，为了动员美国各方力量来保护信息技术空间，尤其是互联网的安全，小布什又发布了网络空间安全战略报告。该报告指出，2003 年前后，美国的经济和安全对信息技术，特别是信息技术基础设施的依赖与日俱增。信息技术网络支撑着所有美国经济部门的发展及运作。因此，"网络空间的安全战略是美国整体安全的一部分，也是美国新成立的国土安全部的重要任务组件"①。同年，作为执行该战略的核心机构——国土安全部新建了一个部门，即国家网络安全处，以着手解决与信息技术相关的基础设施所面临的威胁问题，应对可能对私营和政府计算机系统造成安全破坏的问题。在小布什任期的最后阶段，他又签署了一项秘密计划——《国家网络安全综合计划》，以提升美国的网络安全。

随后的奥巴马政府，对美国的信息边疆展开了更全面的治理，主要包括以下几个方面。

第一，治理机构和基础技术设施建设。为实施国家网络安全战略，"美国各个重要的部门都设立了网络安全专职机构：美国国土安全部之下设立美国计算机应急响应小组，国防部之下设立联合作战部队全球网络行动中心和网络犯罪中心，联邦调查局下设国家网络调查联合小组，国家情报总监办公室下设情报界网络事故行动小组，国务院也设立了网际事务协调员办公室，以协调美国与其他国家的政策和行动"②。同时，美国还投入大量资金来提高网络基础设施的安全性，如"爱因斯坦 2"和"爱因斯坦 3"的开发和应用。前者主要是对未授权访问和恶意内容网络流量展开监测和检查，后者则可以提升美国网络安全的分析、监测及预警能力。除此以外，美国国土安全部还联合美国行政管理和预算局启动了"可信互联网连接"改造工程，以保障联邦政府的网络安全。

---

① White House, The National Strategy to Secure Cyberspace, February, 2003.
② 杨剑：《数字边疆的权力与财富》，上海人民出版社，2012，第 130 页。

　　第二，制度机制建设。对信息边疆的治理离不开法律制度的完善和公私合作机制的建设。前者必然涉及现行法律的冲突及国会的作用。美国要想实现"互联网自由"，必然会碰到公民个人的隐私权和私营部门的信息保密问题。美国政府想加强对网络的监控，所面对的既定法律是《电子通信隐私法案》。美国政府想收回在信息边疆开拓期所给予技术精英以及私营企业制定规则的权力，也会遭到既得利益者的强烈抵制。奥巴马政府制定的网络治理战略所期望取得的目标是"根据美国的法律原则组建新的立法框架，对涉及信息、通信、网络和技术上的相互重叠的法律进行合理的调整，对已有的法律进行新的诠释，使之适应技术变革与实现政治目标。"① 同时，美国国会由于掌握预算权和立法权而对美国信息边疆的治理至关重要。在这方面，美国政府期望推动国会创建一个参议院、众议院以及民主党和共和党均达成共识的关于网络安全的委员会。2010 年，美国国会共和党众议员克里斯·史密斯和民主党众议员吴振伟联合发起成立"全球互联网自由议员团"，并提出"全球互联网自由法案"，以推进全球网络自由。同年，美国资深参议员乔·利伯曼提出一项保护国有资产信息技术空间的法案。根据该提案，遇到紧急情况，美国总统有权命令谷歌、雅虎等搜索引擎暂停互联网服务。以美国为基地的互联网服务的其他供应商，在遇到互联网安全紧急事件时，都将接受美国政府的管控，如果不服从，将受到惩罚。

　　就公私合作机制而言，美国在《信息技术空间国际战略》中有了特殊的强调，"我们将与肩负着确保网络正常运行的主要职责的基础设施拥有者和运营者密切合作，倡导网络生态系统安全，维护网络空间的利益和

---

① The White House, *Cyberspace Police Review*: *Assuring a Trusted and Resilient Information and Communications Infrastructure*, May 2009, p. 10.

特性，拓展技术革新道路，推广和平和安全的原则"①。奥巴马政府还强调要和私营部门共同承担安全责任，并提出了具体要求，产业领导者有责任积极参与信息分享，要承担其积极开发更安全的软件和设备的责任，要保证避免将危险引入美国的基础设施。

第三，信息边疆治理的国际规范和合作伙伴。单靠美国自身的意志和能力还无法对信息边疆展开维护，即使美国在技术、经济实力等方面占据无可比拟的优势，美国的信息边疆的治理仍然需要国际合作和规范。毕竟网络空间已扩张至全世界，信息技术基础设施以物理的方式存在于其他国家的主权管辖范围内。对于网络空间的国际规范，美国毫无疑问想在其中起主导作用。其欲指导规范的建立并将这些规范推广开来，必须寻求国际伙伴的支持，首先就是寻求其盟国的支持，尤其是西方盟国。"我们必须首先谋求与'志同道合'的国家一起，签订含义清晰的协定，并以此为出发点，扩大国际社会对信息技术空间行为规范的理解。"② 其次，在现有的国际组织中积极推行这些规范，提升国际社会对这些规范的认识和理解，以便达成共识。在这方面，美国有强大的议题设置能力和利用其主导性的经济优势地位影响他国的能力。比如，现在美国已经在对外援助中将网络安全问题带上，在对发展中国家的金融支付中也将美式的网络规范绑定，美国在世界银行的代表也被要求在审议与发展中国家合作计划时，必须确认该计划对提升美国认定的网络安全有益。最后，以制裁来增强规范的"威信"，对潜在的违规者实施劝阻、威慑及遏制。在这方面，美国可充分利用国际组织及盟国体系对犯规者实施制裁。

第四，大力推广美式价值观。奥巴马上台后的第一份《国家安全战

---

① The White House, International Strategy for Cyberspace: Prosperity, Security, and Openness in a Networked World, May 2011, p. 12.

② The White House, International Strategy for Cyberspace: Prosperity, Security, and Openness in a Networked World, May 2011, p. 12.

略》报告中所界定的美国的国家利益就包含推广美国的价值观。而新技术，尤其是互联网技术是推广美式价值观的一把利器。希拉里·克林顿在提出"互联网自由"概念时讲道："互联网已经成为 21 世纪的公共场所，如同全球的公民广场、课堂、市场、咖啡馆以及夜总会一样，所有我们20 亿以及还在时刻增加的网民，对互联网上面发生的事情都会产生影响，同时也受其影响。"① 自 2008 年以来，美国已经通过一项公开程序发放了超过 2000 万美元的竞争性项目，由技术和政策专家进行跨机构评估，支持其他国家非政府组织利用技术手段对抗政府的"互联网压制行为"。2011 年还追加了 2500 万美元以开发技术，提供工具和培训，在互联网上对符合美国价值观的组织及行为提供帮助。②

第五，信息边疆中的军事安全保障。网络空间的出现及其作用的凸显，使得美国将其看作继陆地、海洋、空中、太空之后的第五维空间。美国战略司令部还在其下特意成立了网络司令部。同时，美国的空军、海军、海军陆战队以及陆军相继成立与网络相关的军事机构。2009 年，空军组建了第 24 部队。第二年，海军创建了美国舰队网络司令部，海军陆战队创建了网络司令部，陆军创建了陆军网络司令部（第二集团军）。而美国"网络事务小组"的成立，便于对各个军种的专业化网络部队进行领导，同时与美国政府、企业及国际伙伴合作，应对日益严重的网络挑战。除了机构设置，美国还基于信息时代下长远发展的需要，积极培养美国军队若干方面的能力：一是在网络空间中感知全球态势的能力；二是美国军队在信息技术空间中自由行动的能力，包括组织入侵和剥夺对方在信息技术空间自由行动的能力；三是在网络空间领域内以及通过网络空间领域提供与其他领域协同作战的能力。需要指出的是，美国国防部为了在全

---

① Hillary Rodham Clinton, Remarks on Internet Freedom, Washington, D. C., January 21, 2010. http：//www. state. gov/secretary/rm/2010/01/135519. html.

② 杨剑：《数字边疆的权力与财富》，上海人民出版社，2012，第 139 页。

球获取其想获取的情报，可以"操作设于 88 个国家中的 1.5 万个网络，亦即分布在 4000 处设施中的 700 万件计算机设备。这些先进的设备能够帮助美国准确有效地预测和察觉国家安全方面的威胁并及时做出反应"①。

第三节　美国超主权性边疆架构对国家发展的影响

通过对利益边疆以及信息边疆的成功构建，美国将其国家意志和力量投射到他国的领土范围之上，成功构建起超主权性边疆架构。超主权性边疆架构的构建反过来又对美国的疆域、经济、科技、军事实力以及美国的全球霸权产生了深远的影响。

一　对美国疆域规模和结构的影响

"冷战"结束以来，独霸世界的美国通过在全球范围内构建全球化时代的超主权边疆架构，极大程度地扩大了美国疆域的规模，改变了美国疆域的结构。

作为在全球化快速推进条件下所控制和影响的领土外利益空间，美国的利益边疆所涉及的范围遍及全球，美国边疆是名副其实的全球边疆。它通过首屈一指的军事力量控制着全球重要的战略要地、战略通道，利用各种国际政治经济组织以及自身雄厚的经济实力、强大的政治和文化影响力，在全球主导议题的设置，发挥其无与伦比的影响力，对关涉其国家核心利益的国家和地区，施加影响甚至控制，从而在他国范围内实现美国的国家利益，构建起全球性的利益边疆。这极大程度地扩大了美国的疆域规模。

---

① Kristin M. Lord Travis Sharp, ed. *America's Cyber Future*：*Security and Prosperity in the Information Age*, Report of the Center for New American Security, June 2011, p. 12.

同时，信息边疆的成功构建更将美国的疆域规模扩到极致。如果说，利益边疆的构建将美国的边疆拓展到世界许多重要地理空间，那么，信息边疆的构建则将美国的边疆拓展至非地理性的网络虚拟空间。并且，随着科技的飞速发展，有着扩张传统的美国对超主权边疆架构进一步完善的动力不会消失，追求疆域规模不断扩大的动力只会增强而不会减弱，当然，前提是美国保持住全球霸主的地位。

超主权边疆架构的成功构建使得美国疆域的结构更为复杂，不仅包括陆地疆域、海洋疆域、空中疆域等主权性疆域，还包括太空疆域、利益疆域以及信息疆域等非主权性疆域。前者是硬性的疆域，基于主权原则，受主权的排他性管辖；而后者则是软性的疆域，不受本国主权的管辖，基于实力或影响力原则。这两种类型的疆域又交织在一起，共同组成美国独霸时期软硬结合的庞大规模的疆域，使得美国的疆域结构异常复杂。

二　对美国经济的影响

超主权性边疆架构的构建对美国的经济既产生了促进作用，也存在负面影响。二者之间存在巨大差别的关键是构建超主权性边疆架构的策略和方式，克林顿政府构建超主权性边疆架构的策略和方式注重参与、合作，促进了美国的经济发展；而小布什政府则一意孤行，甚至不顾盟友的反对，采取"单边主义"和"先发制人"的方式构建超主权性边疆架构，严重阻碍了美国的经济发展，甚至导致美国经济大幅倒退。

克林顿政府对利益边疆和信息边疆的构建促进了美国的经济发展。其对利益边疆的构建方式是"参与和扩展"，通过积极地对外接触，广泛而审慎地参与国际事务，实现美国的经济发展。在这种方式下，美国经济逐渐恢复了活力，提升了国际竞争力，实现了长期的经济繁荣。美国经济进入了持续发展的快车道，如果包含1992年在内，美国这次的经济增长周期长达9年，超过了历史记录。在整个克林顿政府时期，美国经济呈现出史无前例的"一高两低"的理想状态，即高增长、低失业、低通胀，打破了高速增长与低通胀不可兼得的传统运行模式，使得传统的经济学无法解释该现象，只得用"新经济"来指称。同时，随着美国经济活力的恢复，美国经济的国际竞争力迅速攀升，从 1994 ~ 2000 年，美国经济的国际竞争力几乎年年居全球首位，美国经济重新在全球经济格局中独占鳌头，经济总量在全球经济总量中的比重直线上升，2000 年已经高达 30%，重新成为名副其实的超级经济大国。

信息边疆的成功构建对美国经济发展的影响，可从生产工具的角度来理解。计算机技术和互联网技术的飞速发展催生了无形的信息边疆，在这个过程中，不仅产生了新型资源，而且使旧有的资源重新得到整合与配置，进而推动其他领域生产效率的提升。此外，信息技术产品生产是新的"经济活动工具"。20 世纪 90 年代，美国经济持续发展的一个重要原因是"美国投入历史性的新的'经济活动工具'的生产过程，几乎将这样一种生产完全垄断"[1]。因此，"新经济"时代的美国，信息技术推动经济的发展不能仅用技术进步及应用推动生产效率的提升这样原有的逻辑来阐释，而应该更深刻地认识和理解信息技术本身就是一种全新的极其重要的"经济活动工具"。信息技术之于美国经济，"应当看作工具本身的大规模甚至超大规模的生产和销售，从而使其影响力拓展到社会生产生活的各个领域"[2]。

信息边疆构建过程中产生的计算机和网络的结合是人类经济史上一次前所未有的工具革命。这次革命不仅深刻地影响了人类的生产，还影响了人类的流通和服务，带来了生产、流通以及服务领域的质变。具体而言，这次革命不仅改变了人类的生产生活方式，还改变了人们之间的经济往

---

[1]　杨剑：《数字边疆的权力与财富》，上海人民出版社，2012，第 117 页。
[2]　杨剑：《数字边疆的权力与财富》，上海人民出版社，2012，第 117 页。

来、财富分配以及消费的方式，更构建起生产者与消费者之间错综复杂的网络关系，将全球各个角落都紧密地联系在一起，使得全人类的非直接性生产的经济活动都离不开计算机网络。

计算机网络的出现，引发了全世界人们对其的好奇和期望，更催生了对这种"经济活动工具"强大的需求市场。美国作为该工具的初创者、生产者及供给者，通过满足这种巨大而迫切的需求，推动了美国经济持续一个时代的发展。在这个所谓的"新经济"时代，信息技术产业短时间就跃升为美国的支柱产业。1995~1998年，信息技术产业在美国国民经济增长中的贡献率高达33%。在信息技术领域，核心产业就业人数就高达380万人，加上相关产业和其他经济部门中程序员、网络技术人员，总就业人数达到910万人，而汽车、飞机、铁路、航天等制造业加在一起，就业人数不过152万人。[①]

反观小布什政府，其对利益边疆的经略则阻碍了美国的经济发展，甚至使美国的经济大幅倒退。由于"9·11"事件，小布什政府最看重国家安全利益而开展全球反恐，采取"单边主义"和"先发制人"的方式经略利益边疆，消耗着美国的经济实力，尤其是其发动的阿富汗战争和伊拉克战争。本书仅以后者为例加以说明。伊拉克战争是美国绕开联合国，将"单边主义"和"先发制人"发挥到极致的一场非正义战争。在战事的主要阶段，美国投入了40多万兵力，采用价值高昂的武器设备，悍然发动伊拉克战争，并推翻萨达姆政权，耗费巨大。而主要战事结束以后，美军迟迟不能撤军，2010年8月31日之前，美国一直保持15万左右的兵力驻扎在伊拉克，以维持社会秩序，并且支付巨额的战后重建及人道主义救援的费用。诺贝尔经济学奖得主斯蒂格利茨和比尔米斯教授在《三万亿美

---

① 黄仁伟、吴雪明：《试析信息技术对美国"新经济结构"的影响》，《世界经济研究》1999年第6期。

元的战争——伊拉克战争的真实成本》中指明，伊拉克战争至少消耗掉美国3万亿美元，相当于美国全年GDP的1/5。这一费用已经超过美国越南战争12年花费之和，是朝鲜战争的两倍多。[①]

伊拉克战争给美国经济乃至国家实力造成了严重的损耗。第一，它使美国政府减少了国内经济的投入，损耗了国家实力。由于战争耗费巨大，美国政府不得不削减社会开支，如福利待遇、教育经费等，减弱了美国的核心竞争力。为了削减开支，美国国防部裁撤了联合司令部，并冻结国防部的人员编制，这被广泛认为"省小钱，吃大亏"的举措，势必降低美军的办事效率及军事实力。[②] 第二，伊拉克战争是导致2008年金融危机的重要原因。战争开始后，为鼓励家庭信贷、扩大消费，美联储除了降低利率，还降低了借贷标准，格林斯潘把利率降到接近历史最低点，实际上是在鼓励家庭采取可变利率抵押贷款。较低的初始利率允许家庭借更多的钞票以供房贷，这使得美国人的消费水平远远超过他们的实际收入。于是，美国家庭储蓄率自大萧条时期以来首次变成负值。当利率终将摆脱低水平上升时，成千上万进行可变利率抵押的美国人发现他们的抵押贷款还款额上升，他们将还不起贷款，甚至失去房子。这必然增加金融风险。[③]

三　对美国科技的影响

信息革命起源于美国，与美国信息边疆的构建息息相关，它开启了人类历史上一个崭新的时代，彻底改变了人们认识世界、改造世界的方式。在信息边疆的构建及治理过程中，美国科技实力得以增强；借由信息边疆

[①] 〔美〕斯蒂格利茨、比尔米斯：《三万亿美元的战争——伊拉克战争的真实成本》，卢昌崇译，中国人民大学出版社，2010，第1～2页。
[②] 《环球时报》2010年8月11日。
[③] 〔美〕斯蒂格利茨、比尔米斯：《三万亿美元的战争——伊拉克战争的真实成本》，卢昌崇译，中国人民大学出版社，2010，第108～109页。

构建者及初创者的地位优势，美国牢牢把控住信息网络空间的霸权。

第一，对计算机语言的垄断。美国是计算机的发明者，英语自然成为计算机的首选语言，随着计算机及互联网在全球的推广使用，英语就成了全球网络信息流通的主要语言载体。英语本身只是众多语言当中的一种，却由于和互联网的结合，日益成为美国网络信息霸权的工具。美国对计算机语言的垄断，不仅有利于提高其科技水平，而且有助于维护其科技霸主地位。

第二，远超其他国家的信息网络技术。计算机和互联网都起于美国，作为二者的创始国和推广国，美国拥有无与伦比的科技优势。1969 年，美国军方成功研制阿帕网，这是互联网的雏型。随着信息边疆的构建，互联网由美国走向全世界，在该过程中，美国一直牢牢把控核心的信息网络技术。不管是电缆光线，还是路由器，无论是硬件设施，还是软件研发，包括顶级服务器及全球信息高速公路的主要干线，美国都把控着。此外，美国还扮演着世界警察角色，对他国网络进行监控和干扰。总之，美国以强大的经济和人才优势控制着信息领域的核心技术，掌握着制定国际标准的实际权力，并遵循本国的利益需要来进行技术壁垒构筑，[1] 捍卫美国信息科技霸主的地位。

第三，远超其他国家的信息产业凸显美国信息超级大国的地位。2000 年，在全球信息产业中，美国中央处理器的产量占 92%，系统软件产量占 86%，IT 产业投资占 41.5%。美国的电子商务额占全球总额的 75%，商业网站占全球总数的 90%，世界性大型数据库的 70% 设在美国，13 台顶级域名服务器有 10 台设在美国。美国在 IT 领域遥遥领先于世界各国，包括其他主要发达国家。[2]

第四，为加强对信息边疆的治理，美国推出"智慧星球"计划。该

---

① 黄凤志：《知识霸权与美国的世界新秩序》，《当代亚太》2003 年第 8 期。
② 唐小松、黄忠：《中国网络外交的现状与对策研究》，《国际问题研究》2009 年第 4 期。

计划旨在通过技术设计和安排，将计算机网络技术和人们的日常工作、生活联系在一起，将信息技术渗透社会的各个方面，包括交通设施、电力电网等，推动计算机网络技术和社会的融合，促成物联网的形成，在此基础上，发挥云计算技术的作用，最终实现人类社会的智能化飞跃。简而言之，就是要实现人类生产生活的"智能化"。作为新型的网络系统，"智慧星球"需要云计算技术的支持，美国的全球性企业如IBM、谷歌、微软等可提供技术性支持。"智慧星球"计划的提出及实施，一方面推动了美国的高科技发展，另一方面反映了美国对引领时代潮流和未来科技发展的重视，美国前瞻性的制度设计和安排，将推动美国科技实力的提升。

四 对美国军事实力的影响

军事霸权是美国建立国际新秩序的撒手锏。美国追求绝对领先的军事技术和绝对优势的军事实力，并以此为威慑，通过对其所界定的敌对国家和势力进行不对称的战争，扫清建立国际新秩序的障碍。20世纪90年代以来，美国利用信息技术的绝对领先地位，大力推行新军事革命，用大量现代高技术武器特别是信息武器装备美军，使美军在常规领域具有了压倒性的优势，形成了对第三世界国家超出1代至2代（即15～30年）、对盟国超出0.5代至1代的装备优势，奠定了美国世界第一军事强国的地位。为了追求绝对的军事优势和绝对的国家安全，布什政府在2001年12月13日宣布退出1972年美苏签订的反导条约，并加快研制和全面部署国家导弹防御系统（NMD），以强化战略威慑力量。2003年美国的国防预算高达4174亿美元，占全球军费总支出的47%。[①]《美国国家安全战略》报告指出美国将保持世界上最强大的军事力量，不允许任何国家对其第一军事大国地位构成威胁；美国必须保持打败敌人的能力，不管敌人是一个国家还

---

① 黄凤志：《东北亚地区均势安全格局探析》，《现代国际关系》2006年第10期。

是其他力量。海湾战争、科索沃战争、阿富汗战争和伊拉克战争是美国在"冷战"后为建立国际新秩序所进行的四场局部战争。在战争中，美国的霸权得到了空前的强化，美国建立国际新秩序的目标有了实质性的进展。

为了在全球构建和维护其利益边疆和信息边疆，美国极为重视军事实力的提升与超常领先，掌权的现实主义者们认为要在全球格局中掌权称霸，必须保持超强的军事力量以能够在全球范围内投射其国家战略力量，施展其战略能力，从而实现其战略目标。因此，美国的军费居高不下，大大超过其他国家，维持了其在海、陆、空、天、电等各领域的军事领先地位，令其他任何国家望尘莫及。为维护美国利益边疆而发动的阿富汗战争以及伊拉克战争，一方面消耗了美国的军事力量，使得美国的军事实力受到一定程度的衰减，反映了美国领导人战略上的失策；另一方面在这两次战争中美国快速而强大的军事投射能力、立体化的先进作战装备、合理的技战术运用、富有高科技的信息化作战方式，证明了美国军事实力的超强状态。除此以外，为维护遍布全球的利益边疆，美国相应地维持了遍及全球的军事基地网络，在欧洲、亚太地区、大中东地区、大西洋、印度洋等重要地区维持其强大的军事存在，凸显了美国超强的军事实力。

五　对美国全球霸权的影响

苏联解体之后，美国取得了全球霸权，经历了布什政府以及克林顿政府的国家治理，美国的全球霸权一度达到顶峰，尤其是经历了克林顿政府时期的发展以后。克林顿政府对利益边疆和信息边疆的构建及治理，夯实了美国的全球霸权基础，巩固了美国的全球霸权地位。克林顿时期，美国长达 9 年的持续经济增长造就了美国的繁荣，形成了美国经济史上令人称奇的"新经济"时代。而伴随着"参与和扩展"战略的逐步实施，美国在全球逐渐扩张其美式民主，其所倡导的政治制度及其价值观被许多国家接受和模仿。除此以外，美国的"参与和扩展"战略强调与他国的接触、协商以及合作，非但没有降低美国在国际上的影响力，而且由于软硬实力的综合运用，美国对其他国家的影响和渗透力更强，对国际事务的主导能力更强，对国际秩序的把控反而更有效。综合美国的经济实力、政治影响力以及对国际秩序的影响力，美国的霸权地位在克林顿时代更为稳固。

可是，由于小布什政府的战略判断和决策失误，尤其是其奉行"单边主义"和"先发制人"，悍然发动伊拉克战争，美国的霸权地位被削弱，表现在以下三个方面。

首先，对国际事务的主导能力减弱。小布什政府在利益边疆的维护上奉行"单边主义"和"先发制人"，主要利用其硬实力，而对软实力的运用不够重视。可即使美国经济实力、政治影响力及把控国际事务的能力都很强，单凭硬实力也经不起战略选择错误而造成的国家实力的消耗。一味地倚仗自身超强的实力而采取"单边主义"及"先发制人"的行动，避开联合国单干，既不合法，也不合理，以至于美国的盟友都对其行为多有指谪。处理国际事务，如果缺乏他国的配合，将难以收到好的效果。朝核问题上的"六方会谈"，伊朗核问题，对缅甸、津巴布韦等国制裁的失败等，都证明美国主导国际事务的能力在减弱。这种减弱，与其说是外部力量导致，不如说是其自身的战略决策错误以及国家力量使用方式错误造成的。随着全球化的快速推进以及国际格局朝向多极化趋势发展，小布什政府逆历史潮流及趋势的行为，势必削弱其对国际事务的发言权、国际议题的选择及设置权以及国际社会中游戏规则的制定权。

其次，美国的政治和经济实力下降。美国为了维护利益边疆，追求国家利益，采取各种措施扩张美式民主。可是美式民主并非适合任何国家，加上美国扩张民主的方式存在问题，使得民主扩展收效甚微，削弱了美式民主的吸引力。巴勒斯坦引进美式民主却导致哈马斯执政，泰国引入美式民主却造成政局不稳，洪都拉斯实行美式民主却导致军事政变等，都证明美式民主并非其他国家的灵丹妙药。第三波民主化浪潮的退去以及美国在全球扩张美式民主的失败，削弱了美国的政治影响力。人们对美式民主的认知更加理性，对美国的霸权主义行径认识得更加透彻。

不仅政治实力下降，美国的经济实力也被削弱。小布什政府悍然发动阿富汗战争和伊拉克战争，将美国拖入战争的泥沼，极大程度地消耗了美国的经济实力。这种消耗不仅表现在财富上，更体现在对美国经济发展的深远影响上，并成为导致 2008 年全球性金融危机的重要间接因素，造成美国经济的衰退。之前对美国经济模式抱有好感甚至正在模仿的国家，开始产生质疑甚至动摇。从苏联解体到 2008 年，美国的自由市场经济模式一度受到热捧，尤其是经历了"新经济"时代的发展，美国经济发展模式的吸引力达到顶峰，但由于维护利益边疆的战略及方式不当，其经济发展模式的吸引力大幅下降。

最后，美国的国际形象急剧恶化。小布什政府为了谋求在大中东地区的国家利益，维护其利益边疆，悍然发起两场战争，尤其是伊拉克战争对美国的国际形象造成了极大损害。究其原因，主要是其"单边主义"、"先发制人"以及"黩武主义"三者综合带来的恶果。美国在国际上大力宣扬民主、和平、人权，自己却避开联合国做着完全违背民主、和平、人权的事情，其虚伪、霸道、黩武、傲慢等特点暴露殆尽，使得全球反美情绪高涨，反美活动此起彼伏，美国成了国际社会遭人唾骂和怨恨的对象，就连之前的盟友都和美国划清界限，指责美国。美国皮尤研究中心通过对 16 个国家的调查发现，2/3 国家的民众对美国持负面态度，接近 70% 的美国普通民众则认为，世界各国不喜欢美国。[①]

---

① 《美国国际形象急剧下降，滥用硬实力惹众人厌》，《人民日报》2005 年 6 月 29 日。

第六章
美国边疆架构与国家发展互动的回顾与总结

美国的历史很短，发展至今也仅有 200 多年。在短暂的历史当中，美国的国家发展和边疆架构呈阶段性向前发展。重要的是，美国的边疆架构和国家发展在发展进程中均受对方影响，构成了一幅二者互动的历史图卷。这幅图卷需要在分章阐释的基础之上，进行总体性的概括和梳理，从而将美国的边疆架构和国家发展互动的进程凝练地展现出来。

第一节　美国边疆架构与国家发展互动的回顾

从 1776 年《独立宣言》发表起至 2020 年，美国已经走过了 244 年的历史。在这两个多世纪的时光长河中，自从美国构建起初始的边疆架构——陆地边疆架构之后，美国边疆架构与国家发展之间的互动就阶段性地展开来。

第一阶段，1776～1898 年。这是美国国家发展与边疆架构互动的初始阶段。从历史演变的逻辑来看，美国作为一个国家被建立起来，是二者互动的逻辑起点。从建立起，美国就是一个具有世界眼光的国家，在建国先贤们的努力下，确定了孤立主义的外交原则。孤立于欧洲的政治纷争及战争之外，使得美国能够集中精力谋求国家发展。而当时国家发展的迫切需要催生出美国的陆地边疆架构,陆地边疆架构反过来又推动美国的国家发展。

1783 年,美国通过浴血奋战,最终逼迫英国签订了《巴黎和约》。在《巴黎和约》中,英国承认了美国的主权,同时对美国的领土范围做了明文规定,才使得美国在现代主权国家意义上真正建立起来。可是,美国虽然在政治上获得了独立,却面临严重的经济问题。美国在经济上仍然依附于原来的宗主国英国以及西欧。为了应对内外困局,尤其是谋求国家经济发展,美国开始展开其陆地边疆架构的构建。首先,边疆拓展,美国相继将路易斯安那、佛罗里达、得克萨斯、俄勒冈、格兰得河以北墨西哥的全部领土、今亚利桑那南端希拉河流域的大块土地、阿拉斯加等地区纳入美国的版图,使得美国的疆域面积剧增,从大西洋沿岸一直扩张到太平洋沿岸。同时,边疆扩张的过程也是美国现实形态边疆形成的过程,美国现实形态的陆地边疆就是通过西进运动实现的。其次,针对新获取的土地,美国进行了制度设计和政策安排,从吸引移民、提高劳动力的素质和技术水平、吸引投资、布局产业、发展交通、处理州与联邦关系、促进民主政治以及整合族际关系等方面开展了有效的陆地边疆治理,促进了边疆地区的全面发展。最后,基于西进运动以及有效的边疆治理,美国历史学家特纳形成了美国的陆地边疆观念,并提出了著名的"边疆假说",揭示了边疆对于美国发展所具有的重大意义。

在美国陆地边疆架构构建的过程中以及构建成功以后,美国的国家发展都深受其影响。从积极的影响来看,首先,陆地边疆扩张使得美国的疆域规模迅速扩大,从 1776 年的 90 多万平方公里迅速扩展到 1867 年的 935 万平方公里。不仅如此,美国的人口规模随着边疆扩张也迅速扩大,从 1790 年第一次人口普查时的 392.9 万人增长到 1890 年的 6305.6 万人。其次,促进了美国经济的飞速发展,为美国在 19 世纪末实现全球工业产值第一的成就奠定了坚实的基础。再次,推动了美国民主政治的建构和发展，还为美国赢得了良好的地缘政治环境。最后，支撑了美国北方取得内战的胜利。从消极影响来看，在陆地边疆架构形成过程中，美国洗刷不掉的污点就是对印第安人采取驱赶和屠杀政策，这种暴行酿成了美国巨大的历史悲剧。此外，在陆地边疆架构构建过程中，还产生了严重的生态问题。

第二阶段，从 1898～1945 年。这是美国的海洋边疆架构与国家发展互动的阶段。从历史的逻辑演变来看，第一阶段国家发展与陆地边疆架构的互动，与第二阶段海洋边疆架构与国家发展的互动产生了勾连，即第一阶段互动的逻辑终点是第二阶段互动的逻辑起点。在第二阶段，海洋边疆架构与国家发展的互动基于 19 世纪末美国所取得的国家发展成就，这是第二阶段互动的逻辑起点。在国家发展的基础之上以及进一步的国家发展需要所提供的动力推动下，美国开启了边疆架构的调整与创新，即海洋边疆架构的构建，而海洋边疆架构的构建又推动了美国的国家发展。

在海洋边疆架构构建之前，美国在陆地边疆架构及其他因素的影响下，取得了巨大的国家发展成就：赢得南北内战实现了国家统一，资本主义发展至垄断资本主义阶段，工业总产值超过英国位居世界第一，成为世界第一工业强国。这种综合性的国家发展成就为美国开展海洋边疆架构的构建提供了坚实的政治、经济及地缘基础。同时，美国进一步的国家发展需要是构建海洋边疆架构的动力。伴随着资本主义世界由自由资本主义向垄断资本主义的过渡，各主要资本主义强国纷纷加大对殖民地争夺的力度，当美国通过内战解决了国家统一问题而想在世界殖民浪潮中分一杯羹的时候，发现世界已被列强瓜分殆尽。美国国内垄断资本主义的发展，需要开拓新的商品销售市场、资本投资市场以及抢占原材料产地，加之1893 年发生的严重经济危机，共同构成了美国海外扩张的动力，推动美国构建海洋边疆架构的进程。

在构建过程中，美国的"新天定命运说"和马汉的"海权论"给美国开拓海洋边疆提供了理论基础，美国国内的干涉主义思潮兴起，在理论的刺激和指引下以及思潮的影响下，美国升级海军军备，以新技术装备海军，革新海军管理体制，提升海军队伍，增强了美国的海上力量。在此基础上，美国选准时机，发动对西班牙的战争，并取得最后的胜利。通过此次战争，美国将菲律宾、波多黎各、关岛、古巴、夏威夷、巴拿马运河、海地、多米尼加等纳入美国的海洋边疆架构中。海洋边疆架构形成以后，又经历了两次世界大战期间的发展。以打赢两次世界大战为重点，美国前瞻性地制定和调整海洋边疆战略并有效实施，推动海洋边疆架构稳步发展。在此过程中，美国以各种方式获取海外军事基地，积极扩建海军，增强了美国的海权力量。

海洋边疆架构的构建及其发展，促进了美国的国家发展。第一，扩大了美国的疆域规模，优化了美国的疆域结构，陆海一体的疆域结构得以形成。第二，陆海一体的疆域结构有利于美国保障其国土安全。在海洋边疆架构构建的进程中，美国所抢夺的海洋边疆都只是一个个战略据点，是美国保障国家安全的前沿阵地，当这些战略据点彼此形成联系、有机配合、连点成线，便形成了前沿防御圈，构成保障美国国家安全的重要屏障。第三，促进了美国的经济发展。除了将海洋边疆本身当作美国本土以外的投资场所、商品销售市场以及廉价的原材料产地以谋取巨额利润之外，美国还以海洋边疆为跳板，在更大范围去追求国家经济利益。第四，推动美国的国家转型，使美国从北美陆地强国转型为海陆复合型强国。第五，提升了美国的国际地位，使美国从海权大国发展为海权强国，进而登顶成为海权霸主。

第三阶段，从1945～1991年。这个阶段是美苏争霸时期，是美国立体化边疆架构建构成功并与国家发展展开互动的阶段。从历史的逻辑演变来看，在第二阶段中，海洋边疆架构促进了美国的国家发展，使得美国的国家发展处于新的历史阶段，这又构成了冷战时期立体化边疆架构构建的逻辑起点和基础。国家发展的状况为边疆架构的立体化提供了基础和动力，借此美国开始了构建空中边疆和太空边疆的进程，二者成功构建即标志着美国立体化边疆架构的形成，而立体化边疆架构又促进了美国的国家发展。

在立体化边疆架构构建之前，美国在海洋边疆架构及其他因素的影响下，取得了巨大的国家发展成就：不仅成为世界首屈一指的政治强国，还成为全球排名第一的经济强国，军事实力和科技实力也荣登全球首位。全面而超强的国家实力使得美国登上了资本主义世界的霸主地位。这种前所未有的国家发展成就，给美国构建立体化边疆架构提供了最坚实的政治、经济及人才技术基础。而此时美国已不满足于做资本主义世界的霸主，其国家发展的进一步目标是称霸全球，而要实现这一目标就必须在冷战中战胜苏联，立体化边疆架构的构建有利于该战略目标的实现。

在构建空中边疆的过程中，意大利军事战略家杜黑的《制空权论》以及美国的"空军之父"米切尔的空权思想构成了空中边疆构建的理论基础。而有关空中边疆的国际法的制定和推行，使得美国的空中边疆构建有了国际法依据。基于理论和国际法之上，美国大力发展空军来管控空中边疆，并开始建设早期预警系统，加强战略空军海外军事基地的部署，提高空军的国防预算。高边疆的构建则起于艾森豪威尔政府的外层空间政策，经过肯尼迪政府时期的外太空探索，到了里根政府时期，格雷厄姆率领团队提出了高边疆理论。在此基础上，里根政府制定了国家战略，从"星球大战"计划和"太空工业化"两个方面来实施。自此，美国的立体化边疆架构成功构建起来。

美国立体化边疆架构的构建及其发展，促进了美国的国家发展。首先，影响了美国的疆域，使美国的疆域形态更为丰富，包括了陆地疆域、海洋疆域、空中疆域以及太空疆域这四种形态。美国的疆域规模也直接扩大了，更实现了美国疆域结构的优化。其次，美国陆、海、空、太空四元一体的立体化疆域结构的形成，以及在这四维空间中，美国依凭自身超强的综合实力尤其是军事实力配置先进的军事力量，为美国的国家安全提供了立体化的安全保障。再次，美国立体化边疆架构的构建，尤其是高边疆战略的实施，极大程度上消耗了苏联的国力，一定程度上助推美国赢得美苏争霸。最后，还促进了美国的经济及科技的发展。

第四阶段，从 1991 年至奥巴马政府时期。这个阶段为美国独霸时期，也是全球化快速推进的时代，美国超主权性边疆架构建构成功，并与国家发展进行互动。从历史的逻辑演变来看，冷战时期立体化边疆架构促进了美国的国家发展，使得美国的国家发展获得新的历史成就，这种成就构成了美国独霸时期超主权性边疆架构构建的逻辑起点和基础。国家发展的状况为超主权性边疆架构的构建提供了基础和动力，借此美国开始了构建利益边疆和信息边疆的进程。二者成功构建即标志着美国超主权化边疆架构的形成，而超主权边疆架构又促进了美国的国家发展。

在超主权性边疆架构构建之前，美国在立体化边疆架构及其他因素的影响下，取得了巨大的国家发展成就：登上了全球霸主的宝座，军事实力、科技实力都居世界第一。虽然由于和苏联争霸而使经济发展受到影响，但美国经济实力还是居全球首位。独霸全球的国家发展成就，给美国构建超主权边疆架构提供了最坚实的经济、政治、军事以及科技基础。而此时美国的国家发展目标是维持全球霸主地位，变单极时刻为单极时代，在全球化快速推进的时代背景下，超主权边疆架构的构建有利于该目标的实现。

超主权边疆包括利益边疆和信息边疆。美国利益边疆构建的逻辑起点是有效地维持美国的全球霸权，在此基础上，构建认知层面的利益边疆，即认定利益边疆的范围，再制定相应的战略，并采取合适的方式和手段加以实施，从而构建起现实层面的利益边疆，以实现美国散布于全球范围的国家利益。利益边疆的构建及其发展，经历了克林顿政府、小布什政府以及奥巴马政府时期。在各个时期，美国基于对利益边疆的构建将全球分成三大块：欧亚大陆、美洲、非洲。三人的执政理念及所面临的内外情势不一样，对国家利益的认知和界定存在差异，从而导致利益边疆的构建和调整存在显著的区别。总而言之，利益边疆的构建和调整既有成功之处，也有失败的地方。信息边疆的构建由美国的政治精英、技术精英和企业精英合力完成。政治精英立法、出台政策、组建机构，技术精英提供技术支撑和制定技术标准，企业精英则将信息边疆及行业标准推向全球，并从中获取巨额的财富。

　　美国超主权边疆架构的构建及其发展，促进了美国的国家发展。首先，影响了美国疆域的规模和结构，超主权边疆架构的成功构建使得美国疆域实现了软硬结合。其次，影响了美国经济实力。克林顿政府对利益边疆和信息边疆的构建有力地促进了美国的经济发展，而小布什政府对利益边疆的构建则极大程度地阻碍了美国的经济发展，甚至将美国的经济拖入衰退境地。再次，影响了美国的科技实力，信息边疆的构建推动了美国高新技术尤其是信息技术的飞速发展。最后，影响了美国的全球霸权地位。克林顿政府时期美国的全球霸主地位得到加强，而小布什政府时期美国的全球霸主地位被削弱。

　　在以上四个阶段，美国边疆架构与国家发展互动紧密、环环相扣，形成了"螺旋上升"式的互动模式。虽然存在二者的消极互动，但积极互动占主导。它推动了美国的跨越式发展，使美国从当初英国的殖民地一跃成为当今世界的霸主。

第二节　美国边疆架构与国家发展互动的总结

　　自此，我们梳理了美国边疆架构与国家发展互动的整个历史进程，对于二者不断的互动助推美国成为全球唯一超级大国的事实，应该保持清醒的头脑，既不夸大边疆架构的作用，也不贬低其影响，而应客观理性分析，从中得出对于构建边疆架构和推动国家发展的有益启示。

第一，从国家发展的高度重视边疆。边疆是国家疆域中的边缘性部分，它的存在及发展会对国家发展产生重要作用。美国从建国起就重视边疆，重视边疆对国家发展的重要作用。在整个美国边疆架构与国家发展互动的历史进程中，可以发现，美国都是从国家发展的角度和高度来看待边疆，将边疆置于国家发展的框架中来看待和审视的。这种对边疆的重视又始终和国家利益紧密相连。陆地边疆架构时代，美国占主导性的边疆观念来自美国历史学家特纳，他在"边疆假说"中将美国发展的决定性因素归结为边疆，认为边疆的拓殖决定美国的发展。这种边疆观念在当时的美国很有市场，深刻地影响了学界和政界对边疆的认知。而到了海洋边疆架构时代，美国海权战略家马汉的《海权论》又将海洋边疆的重要性凸显出来，推动美国加快发展海上力量，最后争夺到海洋霸权。空权时代，杜黑的《制空权论》横空出世，又刺激了美国大力发展空军以促进国家的发展。之后，格雷厄姆的高边疆理论又将太空边疆的重要性凸显出来，美国又通过"星球大战"计划和"太空工业化"来实施高边疆战略，从而促进美国在冷战时期的国家发展，并最终助推美国赢得美苏争霸。全球化快速推进时代，美国又重视起利益边疆和信息边疆的构建。因此，美国对边疆的重视是贯穿美国历史始终的，在不同的时代重视不同类型的边疆，且上升到理论的高度，从而有效地发挥各种边疆理论对美国边疆实践的指导作用。这种理论不管是自创还是引进，不管是在边疆实践开展之前就形成，还是形成于边疆实践之后，总之，只要对国家发展有益，能够促进国家发展，美国就会加以重视和利用，并用其来指导实践。

因此，从美国边疆架构与国家发展的互动中得出第一个启示，就是必须重视边疆。重视边疆对于国家发展的重要作用，将边疆置于国家发展的框架中来审视，避免仅仅从稳定和军事的意义上看待边疆，虽然这两个方面的意义也非常重要。实际上，对处于全球化快速推进时代的任何一个国家，边疆都是一块发展潜力巨大的区域。一方面，边疆地区一般物产丰饶、资源丰富；另一方面，边疆地区还毗邻他国，在国家疆域结构中具有独特的地缘优势。在经济全球化快速推进的今天，之前被贴上"贫穷""落后"等标签的边疆，很有可能成为国家发展的前沿阵地，成为与他国开展经济文化交流往来的桥头堡。当然，边疆之于国家的发展，不仅仅具有经济意义，还有文化、政治、安全等方面的重要意义。

同时，重视边疆不能太单一化，不能只重视某一种或某几种边疆形态，而应该整体看待。整体看待不意味着平均用力，而应结合国家发展的需要及边疆的具体情况有所侧重。此外，还应该重视边疆理论的指导作用。不管是自我创新，还是外来引进，一定要有理论意识，重视边疆理论的构建、完善、创新，并积极发挥边疆理论对边疆实践方面的指导意义。

第二，前瞻性地调整边疆架构。边疆架构的僵化和滞后会严重阻碍国家发展。美国在调整边疆架构的前瞻性方面，值得借鉴。当初美国在开展陆地边疆开拓时，就将目光投向了海洋，并前瞻性地调整边疆战略，制定海洋边疆战略，大力推行海洋边疆扩张，使边疆架构对美国的国家发展起到了极大的推动作用。美国正是在这种边疆架构的前瞻性调整中积蓄力量，打败西班牙，夺取海洋边疆的。这种前瞻性主要相对于本国的国家发展而言。当然，如果有实力和条件在其他国家之前调整边疆架构，第一个占据某种新形态的边疆，那么这种调整肯定会获得巨大的战略意义。比如，美国的高边疆、利益边疆以及信息边疆：这些新形态的边疆，美国都是领先于其他国家先构建起来的，因此获得了巨大的战略优势，推动了美国的快速发展。但是这种历史性第一个构建新形态边疆，是需要超强的国家综合实力、高瞻远瞩的视野和特殊的历史机遇，才能成功的。

任何大国都应该从美国对边疆架构的前瞻性调整中得到启示。在关注陆地边疆、海洋边疆、空中边疆等传统性主权边疆的同时，务必要重视太空边疆、利益边疆、信息边疆。应该结合本国的现实发展情况来审视自身的边疆架构，并对其加以调整或创新，应该顺势而为，积极主动地将决定未来国家发展的空间有效地纳入已有的边疆架构中，制定并实施相应的边疆战略，以发挥边疆架构对国家发展的助推作用。

第三，在全球化时代下，任何国家都可以构建自己的利益边疆。利益边疆是全球化快速推进背景下，一个国家能够控制或施加有效影响的领土外利益空间。早在20多年前，美国就开始通过经济、政治、军事、文化等各种手段构建其利益边疆，维护其遍及全球的国家利益，如经济利益、政治利益、安全利益、战略利益等。经过20多年的发展，美国的利益边疆思维愈发成熟。虽然在小布什政府期间，美国维护利益边疆采取的"单边主义"和"先发制人"的方式，给美国的霸权地位造成了不利的影响。但换个角度想，失败所付出的代价的确是巨大的，可对于美国来讲，积累了经验。随后的奥巴马政府运用"巧实力"来纠错并谋求美国的国家发展。美国对利益边疆的拓展及维护是任何想融入全球化时代的国家都必须要认真考量和积极应对的。

利益边疆的构建与维护对于全球化时代下的国家发展意义重大。全球化时代背景下，国家发展外向度越来越高，对外国资源的依赖程度越来越高，本国的海外利益逐渐凸显。海外战略物资运输通道、战略资源所在地区、本国资本在海外的安全、海外国人的安全等等都是本国的海外利益所在，都需要采取恰当的方式来维护，甚至需要通过建立军事基地或投射军事力量来有效维护。利益边疆没有好坏之分，但构建和维护利益边疆的方式存在优劣之别。这从克林顿政府和小布什政府对利益边疆的构建和维护的重大区别就可见端倪，"多边主义"对"单边主义"，"协商与合作"对"先发制人"，所产生的效果截然不同，前者有利于维护美国的利益边疆，后者则对美国利益边疆的维护产生了消极影响。因此，在全球化快速推进的时代，构建和维护本国的利益边疆，要注重协商与合作，要树立共赢意识，因为利益边疆是超越于本国主权的管辖而在他国领土上的存在。

第四，必须构建并维护好信息边疆，并将其与传统边疆有机结合起来。美国是信息革命的发源地，是信息边疆的创建者。从美国的构建和维护其信息边疆的进程中，可以发现信息边疆之于国家发展的重要意义所在。

在全球化时代和知识经济时代，信息技术至关重要，信息边疆受到的安全威胁日益增多，信息边疆对国家发展所起的作用也日益增强。信息技术具有很强的渗透性，对人们的生产生活已经将持续产生巨大的影响。这些都提醒着我们不仅要重视信息边疆，更要积极制定信息边疆战略，并加以有效实施，以发挥其对国家发展的助推作用。一方面，我们要高度认识信息边疆在知识经济时代的重要性；另一方面，必须大力研发高精尖技术，掌握关键性的核心技术，信息边疆的构建和维护主要依赖的就是技术性手段。缺乏技术实力，在美国所主导的信息社会中就会缺乏发言权，就会受制于人。除此以外，还要积极参与全球信息网络安全规则以及信息社会中游戏规则的制定。在某种程度上讲，信息边疆是一种战略性边疆，它不仅关系眼前的国家利益，更关系到国家的长远发展，所产生的影响也是全面而深远的。

第七章　结论

美国用 200 多年的时间，就从一个他国的殖民地发展成全球唯一的超级大国。这其中，边疆及边疆架构起到了非常重要的作用。不仅是国家发展成果令人吃惊，在每个阶段，美国的发展都可用跨越性来描述。从弹丸之地迅速扩展成横跨两大洋的大国并问鼎西半球，从海洋大国发展成海权强国乃至海权霸主，从资本主义世界霸主经历冷战而登上全球霸主的宝座，其所取得的成就是令人惊叹的。在这种惊叹当中，本人试着从边疆的角度来审视美国如何变成现在这般强大。

通过研究发现，美国是一个有强烈边疆情结的国度。它本身就是英国的海外边疆，在建国以后，通过西进运动获得飞速发展。19 世纪末通过美西战争夺取海洋边疆，"二战"时关注空中边疆，加上肯尼迪政府的新边疆、里根的高边疆，到如今的信息边疆、利益边疆，可以说，边疆精神已经成为美国精神体系中一个重要的组成部分，有时候它等同于一种开拓精神，已经积淀成一种文化。美国的快速发展和这种边疆精神、边疆文化、边疆拓展息息相关。此外，通过研究，得出如下主要的结论。

第一，边疆架构是构建物，且会随着国内外情势的不断变化而发展。作为国家疆域中的边缘性部分，陆地边疆是为了实现国家的有效治理而构建起来的，并非任何国家都有陆地边疆，只有那些疆域辽阔且疆域的边缘区与核心区存在异质性的国家，才会从国家治理的角度将疆域的边缘性区域区分出来，并采取特殊的措施开展陆地边疆治理。因此，作为由边疆观念、边疆理论、边疆的确定和调整、边疆战略及边疆治理所构成的边疆架构，更不会自动生成，必须依靠执政者基于客观条件而主观构建才能形成。从国家治理或国家发展的角度出发，执政者形成对边疆的看法，划分现实形态的边疆，构建边疆理论，制定边疆战略，开展边疆治理，从而构建起本国的边疆架构。陆地边疆架构构建起来以后，还会随着时代的变化、国内外情势的改变以及科技的发展变化，对边疆架构进行调整和创新，如开拓及维护海洋边疆、空中边疆、太空边疆、利益边疆、信息边疆从而推动国家边疆架构的发展。

第二，美国边疆架构的发展脉络分明。为了解决建国以后所面临的国家发展的内部矛盾，推动经济的发展，谋求良好的地缘政治条件，美国构建起初始性边疆架构——陆地边疆架构。1898 年的美西战争，标志着美国开启了构建海洋边疆架构的进程。到第一次世界大战之前，美国的海洋边疆架构构建成功，使得美国的海陆一体的边疆架构得以形成。两次世界大战期间，美国进一步调整并构建其海洋边疆架构。第二次世界大战结束以后，美国又将目光投向了空中及太空，积极构建起空中边疆以及高边疆，这些新形态的边疆与陆地、海洋边疆有机结合，形成了立体化边疆架构。1991 年底，苏联解体，美苏争霸结束，美国又开始了边疆架构的调整和创新，构建起超主权边疆架构。因此，从边疆架构的角度来审视，美国的历史在某种程度上就是一部边疆架构的构建及其发展演变的历史，其阶段清晰、脉络分明。

第三，美国的国家发展呈现阶段性、跨越式特点。国家发展描述的是国家整体性进步的状态，不仅包括经济发展，还包括政治、军事、科技等多方面的综合性发展。1776 ~ 1898 年是美国从北美小国发展成北美陆权强国的过程。1898 ~ 1945 年，美国经历了美西战争、两次世界大战，从北美陆权强国发展为世界海权霸主。1945 ~ 1991 年的历史，见证了美国称霸全球的国家发展历程。而 1991 年至今，美国的国家发展始终围绕着维持单极时代做文章。美国国家发展的这四个阶段，特征鲜明，从北美陆权强国发展成世界海权霸主，从世界海权霸主发展为全球霸主，再到美国的单极时代。前一阶段是后一阶段发展的基础，而后一个阶段实现了对前一阶段的跨越，从而推动美国在短短的 200 余年中迅速发展成为当今世界唯一的超级大国。

第四，美国的边疆架构与国家发展呈"双螺旋式"互动。美国边疆架构的构建及其发展脉络分明，美国的国家发展呈阶段性、跨越式特点，通过研究发现，这二者之间存在紧密联系，呈现"双螺旋式"互动关系。美国的初始性边疆架构——陆地边疆架构的构建就是为了回应美国国家发展的诉求，包括解决内部矛盾、推动经济发展以及谋求良好的地缘政治条件。而陆地边疆架构的构建推动美国成为北美陆权强国。在这种国家发展成就的基础之上，为实现进一步的国家发展，美国又积极构建并发展海洋边疆架构，助力美国发展为世界海权霸主。基于新的国家发展成就，以及追求进一步的国家发展，美国开启构建空中边疆及高边疆，最终实现边疆架构立体化，并助推美国称霸全球。为了保持全球霸主地位，实现美国的单极时代，美国又前瞻性地构建起利益边疆和信息边疆，最终形成了超主权边疆架构。而超主权性边疆架构反过来对美国维持霸主地位起到了一定的支撑作用。美国的边疆架构与国家发展就是这样在历史长河中实现"双螺旋式"互动，推动着彼此快速向前发展。需要指出的是，二者之间的"双螺旋式"互动，并非总是良性的，也伴随着不良的互动，比如美国陆地边疆架构的构建所带来的印第安人问题及生态问题，小布什政府对利益边疆的构建削弱了美国的全球霸主地位，但综观美国历史，边疆架构与国家发展的良性互动占据主导地位是毋庸置疑的。

参考文献

一 中文论文

1. 曹百华：《美国崛起中的海权因素初探》，《当代亚太》2006 年第 5 期。

2. 曾唯一、滕涌：《前期清朝治边特点初探》，《三峡学刊》1994 年第 2、3 合期。

3. 陈宝森：《评克林顿政府的国内外经济政策》，《美国研究》1994 年第 2 期。

4. 陈德照：《冷战后国际局势中的若干问题》，《世界经济与政治》1993 年第 12 期。

5. 陈积敏、罗建波：《奥巴马政府对非外交评析》，《现代国际关系》2013 年第 3 期。

6. 陈耀武、赵继峰、徐卫东：《论毛泽东的治边方略与现代化建设》，《新疆社会科学》2004 年第 1 期。

7. 陈迎春：《战略边疆：助推中国和平发展的切入点》，《世界地理研究》2011 年 6 月第 20 卷第 2 期。

8. 成崇德：《清代前期边疆通论（上）》，《清史研究》1996 年第 3 期。

9. 丁洪：《美国在世界经济地位中的评估》，《世界经济》1995 年第 10 期。

10. 丁则民：《"边疆学说"与美国对外政策》，《世界历史》1980 年第 3 期。

11. 丁则民：《美国"自由土地"与特纳的边疆学说》，《吉林师大学报》（哲学社会科学版）1978 年第 3 期。

12. 杜文忠：《边疆的概念与边疆的法律》，《中国边疆史地研究》2003 年 12 月第 13 卷第 4 期。

13. 段牧云：《美国"边疆史学派"创始人特纳及其理论》，《美国研究参考资料》1986 年第 10 期。

14. 樊恭嵩：《拓展战略边疆：中国国防建设的历史使命》，《空军政治学院学报》1997 年第 1 期。

15. 饭岛孝：《美国科学技术的政策动向》，《世界科学》1991 年第 4 期。

16. 冯峰、湛园庭：《拉美裔移民对美国大选的影响及美国移民政策的调整》，《拉丁美洲研究》2008 年第 6 期。

17. 高国荣：《20 世纪 30 年代美国南部大平原沙尘暴起因初探》，《世界历史》2004 年第 1 期。

18. 龚淑林：《美国第二次工业革命及其影响》，《江西大学学报》（哲学社会科学版）1988 年第 1 期。

19. 韩毅：《论"西进运动"的性质及其历史作用》，《辽宁大学学报》1984 年第 5 期。

20. 何宏非：《试论肯尼迪的"新边疆"》，《世界历史》1985 年第 6 期。

21. 何奇松：《脆弱的高边疆：后冷战时代美国太空威慑的战略困境》，《中国社会科学》2012 年第 4 期。

22. 胡为雄：《民族国家与全球化》，《北京行政学院学报》2004 年第 4 期。

23. 黄凤志：《知识霸权与美国的世界新秩序》，《当代亚太》2003 年第 8 期。

24. 黄杰：《国家建设模式的类型和中国国家建设模式的选择》，《比较政治学研究》2012 年第 1 期。

25. 黄培昭：《克林顿政府的中东政策》，《阿拉伯世界》1995 年第 4 期。

26. 黄仁伟、吴雪明：《试析信息技术对美国"新经济结构"的影响》，《世界经济研究》1999 年第 6 期。

27. 江心学：《冷战后的美国经济安全》，《解放军外语学院学报》1998 年第 3 期。

28. 姜德琪：《近代美国西部开发中的法律运用》，《广西社会科学》2003 年第 12 期。

29. 姜德琪：《美国西部开发的政治影响分析》，《史学集刊》2002 年第 3 期。

30. 蒋湘泽：《特纳的"边疆论"历史观批判》，《中山大学学报》1964 年第 2 期。

31. 李剑鸣：《美国印第安人保留地制度的形成与作用》，《历史研究》1993 年第 2 期。

32. 李伟：《对军事影响与日俱增的高边疆理论》，《中国国情国力》2003 年第 4 期。

33. 李仲元：《马汉的海权理论述评》，《海军工程大学学报（综合版）》2004 年第 1 期。

34. 厉以宁：《美国边疆学派"安全活塞"理论批判》，《北京大学学报》（人文科学）1964 年第 3 期。

35. 刘飞涛：《奥巴马政府对非"巧实力"外交》，《国际问题研究》2010 年第 1 期。

36. 刘一健、吕贤臣：《论海权的历史发展规律》，《中国海洋大学学报》（社会科学版）2007 年第 2 期。

37. 刘永涛：《马汉及其"海权"理论》，《复旦大学学报》1996 年第 4 期。

38. 刘中民：《崛起与错失——海权强国兴衰的历史解读》，《海洋世界》2007 年第 10 期。

39. 陆儒德：《实施海洋强国战略的若干问题》，《海洋开发与管理》2002 年第 1 期。

40. 马大正：《关于当代中国边疆研究中的几个问题》，《当代中国史研究》2004 年 7 月第 11 卷第 4 期。

41. 门洪华：《中国和平崛起的国际战略框架》，《世界经济与政治》2004 年第 6 期。

42. 庞之浩：《决胜高边疆——21 世纪的航天技术大竞争》，《国际展望》2001 年第 5 期。

43. 邱惠林：《美国印第安悲剧的悖论分析》，《西南师范大学学报》（哲学社会科学版）1999 年第 2 期。

44. 邱建群：《试论美国政府在西部开发中的重要作用》，《社会科学战线》2001 年第 4 期。

45. 石庆环：《从"大陆边疆"到"全球边疆"——美国走向世界的历史进程》，《辽宁大学学报》（哲学社会科学版）2005 年第 4 期。

46. 王崇兴：《"二战"前美国南部工业化落后原因探析》，《北方论丛》2003 年第 6 期。

47. 王西华：《全球化时代的国家利益边疆与积极防御战略的转换》，《南京政治学院学报》2011 年第 3 期。

48. 王莺莺、孙巧成：《大国开始重新认识非洲》，《国际问题研究》1996 年第 31 期。

49. 郗润昌：《冷战结束与大国开拓天疆》，《数量经济技术经济研究》1996 年第 4 期。

50. 郗润昌：《美国的高技术与高边疆战略》，《国际技术经济研究学报》1988 年第 3 期。

51. 肖华锋:《试论 19 世纪上半叶美国交通建设》,《东北师大学报》(社会科学版) 1992 年第 2 期。

52. 徐蓝:《试论第二次世界大战后国际秩序的建立与发展》,《世界历史》2003 年第 6 期。

53. 杨成:《利益边疆:国家主权的发展性内涵》,《现代国际关系》2003 年第 11 期。

54. 杨生茂:《"新边疆"是美帝国主义侵略扩张政策的产物》,《南开大学学报》(哲学社会科学版) 1965 年第 1 期。

55. 伊育新、吕国营:《美国西部开发的历程及启示》,《理论月刊》2000 年第 5 期。

56. 于沛:《从地理边疆到"利益边疆"——冷战结束以来西方边疆理论的演变》,《中国边疆史地研究》2005 年第 2 期。

57. 俞晓萍、黄润、于华友:《从高边疆战略看未来外层空间的争夺》,《四川师范大学学报》(自然科学版) 1996 年第 1 期。

58. 元潞:《肯尼迪和美国侵略政策的"新边疆"》,《世界历史》1961 年第 10 期。

59. 张芬梅:《美国人口经济的历史考察》,《徐州师范学院学报》1988 年第 2 期。

60. 张敏谦:《冷战后时代美国的科技战略选择》,《世界经济与政治》1993 年第 3 期。

61. 张世明、龚胜泉:《"边疆"一词在世界主要法系中的镜像:一个语源学角度的考察》,《中国边疆史地研究》2004 年 6 月第 14 卷第 2 期。

62. 张文木:《阿富汗战争与不对称世界格局》,《战略与管理》2002 年第 2 期。

63. 张小路:《美国的西部开发运动及其模式》,《社会科学战线》2002 年第 2 期。

64. 张晓林：《"马汉"与〈海权对历史的影响（1660~1783）〉》，《军事历史研究》1995 年第 3 期。

65. 张永恒、张娟：《美国西进运动立法与西部大开发立法之借鉴》，《新疆师范大学学报》（哲学社会科学版）2005 年第 2 期。

66. 张宗涛：《马汉及其"海权论"》，《军事历史》1993 年第 6 期。

67. 周瑾：《从 NAFTA 内美墨之间的不平衡看美洲经济一体化》，《国际观察》2000 年第 6 期。

68. 周平：《边疆在国家发展中的意义》，《思想战线》2013 年第 2 期。

69. 周平：《国家的疆域：性质、特点及形态》，《四川大学学报》（哲学社会科学版）2015 年第 1 期。

70. 周平：《国家视阈里的中国边疆观念》，《政治学研究》2012 年第 2 期。

71. 周平：《国家治理须有政治地理空间思维》，《探索与争鸣》2013 年第 8 期。

72. 周平：《论边疆的国家属性——我国边疆若干基本问题析论》，《云南行政学院学报》2014 年第 6 期。

73. 周平：《论中国的边疆政治及边疆政治研究》，《思想战线》2014 年第 1 期。

74. 周平：《全球化时代的疆域与边疆》，《中国边疆史地研究》2014 年第 3 期。

75. 周平：《我国边疆概念的历史演变》，《云南行政学院学报》2008 年第 4 期。

76. 周平：《我国边疆治理的转型与重构》，《云南师范大学学报》（哲学社会科学版）2010 年 3 月第 42 卷第 2 期。

77. 周平：《我国的边疆与边疆治理》，《政治学研究》2008 年第 2 期。

78. 周平：《我国的边疆治理研究》，《学术探索》2008 年第 2 期。

79. 周平:《中国边疆观的挑战与创新》,《云南师范大学学报》(哲学社会科学版) 2014 年 3 月第 46 卷第 2 期。

80. 周平:《中国的边疆治理:族际主义还是区域主义?》,《思想战线》2008 年第 3 期。

81. 周平:《中国的崛起与边疆架构创新》,《云南师范大学学报》(哲学社会科学版) 2013 年 3 月第 45 卷第 2 期。

82. 周平:《中国应该有自己的利益边疆》,《探索与争鸣》2014 年第 5 期。

83. 朱听昌、刘菁:《争夺制天权:美国高边疆战略的发展历程及其影响》,《军事历史研究》2004 年第 3 期。

84. 主父笑飞、赵景芳:《美国信息战略探析》,《现代国际关系》2006 年第 7 期。

二　中文著作

1.《80 年代苏联经济问题》, 时事出版社, 1985。

2.《辞源》, 商务印书馆合订本, 1989。

3.《当代汉语词典》, 中华书局, 2009。

4.《古今汉语词典》, 商务印书馆, 2000。

5.《现代汉语词典》, 商务印书馆, 1997。

6. 白建才、戴红霞、代保平:《美国:从殖民地到惟一超级大国》, 三秦出版社, 2005。

7. 蔡祖铭:《美国军事战略研究》, 军事科学出版社, 1993。

8. 常冬为:《美国档案——影响一个国家命运的文字》, 中国城市出版社, 1998。

9. 畅征:《美国独霸全球的 20 年》, 中国经济出版社, 2012。

10. 陈乐民、周弘:《欧洲文明的扩张史》, 东方出版中心, 1999。

11. 陈其人、王邦佐、谭君久：《美国两党制剖析》，商务印书馆，1984。

12. 陈舟、邓碧波：《马汉》，云南教育出版社，2009。

13. 丛胜利：《英国海上力量：海权鼻祖》，海洋出版社，1999。

14. 邓蜀生：《世代悲欢美国梦》，中国社会科学出版社，2001。

15. 邓蜀生：《伍德罗·威尔逊》，上海人民出版社，1982。

16. 丁则民主编《美国通史（第三卷）：美国内战与镀金时代（1861～19世纪末）》，人民出版社，2002。

17. 东北师范大学地理系主编《世界地理》（下册），北京师范大学出版社，1984。

18. 恩格斯：《自然辩证法》，人民出版社，1984。

19. 樊亢、宋则行：《外国经济史·近现代》第2册，人民出版社，1980。

20. 高冬明：《美国战争机器：1607～1945》，社会科学文献出版社，2014。

21. 葛伟民：《网络效应：互联网发展对全球经济的影响》，上海社会科学出版社，2004。

22. 顾关福编著《战后国际关系》，时事出版社，2003。

23. 郭少川：《民族国家与国际秩序》，首都师范大学出版社，1998。

24. 郭圣铭：《西方史学史概要》，上海人民出版社，1983。

25. 哈里·杜鲁门：《杜鲁门回忆录》（第1卷），三联书店，1974。

26. 韩庆娜：《武力与霸权：冷战后美国对外军事行动》，人民出版社，2014。

27. 韩毅：《美国工业现代化的历史进程（1607～1988）》，经济科学出版社，2007。

28. 韩毅等著《美国经济史（17～19世纪）》，社会科学文献出版社，2011。

29. 郝雨凡：《无形的手》，新华出版社，2000。

30. 何顺果：《美国边疆史——西部开发模式研究》，北京大学出版社，1992。

31. 何顺果：《美国史通论》，学林出版社，2001。

32. 何顺果：《美利坚文明论》，北京大学出版社，2008。

33. 和平、俞景华等著《全球化与国际政治》，中央编译出版社，2008。

34. 胡鞍钢、门洪华主编《解读美国大战略》，浙江人民出版社，2003。

35. 胡国成主编《透视美国——近年来中国的美国研究》，中国社会科学出版社，2002。

36. 胡思远、戴金宇著《现代美国空军》，国防大学出版社，1995。

37. 华人杰、曹毅风、陈惠秀主编《空军学术思想史》，解放军出版社，1992。

38. 黄安年：《美国的崛起》，中国社会科学出版社，1992。

39. 黄立军：《信息边疆——无影无形的"第五边疆"》，新华出版社，2003。

40. 黄绍湘：《美国通史简编》，人民出版社，1979。

41. 姜守明：《从民族国家走向帝国之路》，南京师范大学出版社，2000。

42. 金涛：《世界民族关系概论》，中央民族大学出版社，1996。

43. 库钦斯基：《资本主义世界经济史研究》，三联书店，1955。

44. 李道揆：《美国政府和美国政治》，商务印书馆，1999。

45. 李剑鸣、章彤编：《美利坚合众国总统就职演说全集》，陈亚丽、吴金平、顾中行等译，天津人民出版社，1996。

46. 李景鹏：《权力政治学》，黑龙江教育出版社，1995。

47. 李庆余：《美国外交史——从独立战争至2004年》，山东画报出版社，2008。

48. 李少军：《国际战略报告》，中国社会科学出版社，2005。

49. 李少军：《国际政治学概论》（第二版），上海人民出版社，2005。

50. 李寿祺：《利益集团与美国政治》，中国社会科学出版社，1998。

51. 梁茂信：《美国移民政策研究》，东北师范大学出版社，1996。

52. 梁亚滨：《称霸密码：美国霸权的金融逻辑》，新华出版社，2011。

53. 列宁：《帝国主义是资本主义的最高阶段》，《列宁选集》第 2 卷，人民出版社，1960。

54. 刘从德：《地缘政治学：历史、方法与世界格局》，华中师范大学出版社，1998。

55. 刘娟：《美国海权战略的演进》，社会科学文献出版社，2014。

56. 刘绪贻、李存训：《美国通史（第五卷）：富兰克林·D. 罗斯福时代（1929－1945）》，人民出版社，2002。

57. 刘绪贻、杨生茂：《美国的独立和初步繁荣》，人民出版社，1992。

58. 刘绪贻、杨生茂：《美国内战与镀金时代》，人民出版社，2002。

59. 刘绪贻等主编《美国通史（第 6 卷）：战后美国史 1945～2000（上）》，人民出版社，2002。

60. 陆南泉、姜长斌主编《苏联剧变深层次研究》，中国社会科学出版社，1999。

61. 罗曼：《信息政策》，科学出版社，2005。

62. 罗荣渠：《现代化新论》，北京大学出版社，1993。

63. 罗艳华：《美国输出民主的历史与现实》，世界知识出版社，2009。

64. 马大正：《中国边疆经略史》，中州古籍出版社，2000。

65. 马克思：《资本论》（第 1 卷），人民出版社，1975。

66. 梅孜编译《美国国家安全战略报告汇编》，时事出版社，1996。

67. 梅孜编译《美国总统国情咨文选编》，时事出版社，1994。

68. 尼古拉·查强、沈伟烈、蒲宁：《地缘战略与大国安全》，解放军出版社，2012。

69. 倪世雄等：《当代西方国际关系理论》，复旦大学出版社，2001。

70. 钮先钟：《战略家》，广西师范大学出版社，2003。

71. 潘振强主编《国际裁军与军备控制》，国防大学出版社，1996。

72. 沈伟烈主编《地缘政治学概论》，国防大学出版社，2004。

73. 石庆环：《二十世纪美国文官制度与官僚政治》，东北师范大学出版社，2003。

74. 孙关宏等主编《政治学概论》，复旦大学出版社，2004。

75. 孙健：《网络经济学导论》，电子工业出版社，2001。

76. 谭融：《美国利益集团政治研究》，中国社会科学出版社，2000。

77. 王恩涌、沈伟烈等：《政治地理学——时空中的政治格局》，高等教育出版社，2003。

78. 王沪宁主编《政治的逻辑——马克思主义政治学原理》，上海人民出版社，2004。

79. 王辑思、徐辉、倪峰主编《冷战后的美国外交（1989～2000）》，时事出版社，2008。

80. 王建华等编译《美国历届总统就职演说精选》，江西人民出版社，1995。

81. 王浦劬等：《政治学基础（第二版）》，北京大学出版社，2006。

82. 王荣：《〈美国国家安全战略报告〉研究》，时事出版社，2014。

83. 王铁崖主编《国际法》，法律出版社，1995。

84. 王玮、戴超武：《美国外交思想史（1775～2005年）》，人民出版社，2007。

85. 王希：《原则与妥协：美国宪法的精神与实践》，北京大学出版社，2000。

86. 王晓德：《梦想与现实》，中国社会科学出版社，1995。

87. 吴楚克：《中国边疆政治学》，中央民族大学出版社，2005。

88. 吴晖：《资源战争：世界，美国控》，团结出版社，2013。

89. 萧石忠主编《美国海军与海军陆战队》，人民出版社，2004。

90. 严维明：《比较美国学》，西安交通大学出版社，1980。

91. 杨光斌：《政治学导论（第二版）》，中国人民大学出版社，2004。

92. 杨剑：《数字边疆的权力的财富》，上海人民出版社，2012。

93. 杨生茂、陆镜生：《美国史新编》，中国人民大学出版社，1990。

94. 杨生茂编《美国历史学家特纳及其学派》，商务印书馆，1984。

95. 杨生茂主编《美国外交政策史，1775～1989》，人民出版社，1991。

96. 杨雪冬：《全球化：西方理论前沿》，社会科学文献出版社，2002。

97. 于建嵘：《岳村政治》，商务印书馆，2005。

98. 于沛、孙宏年、章永俊、董欣洁：《全球化境遇中的西方边疆理论研究》，中国社会科学出版社，2008。

99. 余志森等：《美国通史（第四卷）：崛起和扩张的年代（1898～1929）》，人民出版社，2001。

100. 俞正梁：《当代国际关系学导论》，复旦大学出版社，1996。

101. 张广智：《西方史学史》，复旦大学出版社，2005。

102. 张西明：《新美利坚帝国》，中国社会科学出版社，2003。

103. 张友伦、陆镜生、李青等《美国的独立和初步繁荣（1775～1860）》，人民出版社，2002。

104. 张友伦：《美国的独立和初步繁荣》，人民出版社，1993。

105. 张友伦：《美国社会的悖论》，中国社会科学出版社，1999。

106. 张友伦：《美国西进运动探要》，人民出版社，2005。

107. 张植荣：《中国边疆与民族问题》，北京大学出版社，2005。

108. 章示平：《中国海权》，人民日报出版社，1998。

109. 赵锦元、戴佩丽主编《世界民族通览》（上、下册），中央民族大学出版社，2000。

110. 赵一凡主编《美国的历史文献》，生活·读书·新知三联书店，1989。

111. 郑保国：《美利坚霸权透析》，中央编译出版社，2011。

112. 郑汕：《中国边疆学概论》，云南人民出版社，2012。

113. 周丕启：《合法性与大战略：北约体系内美国的霸权护持》，北京大学出版社，2005。

114. 周平：《多民族国家的族际政治整合》，中央编译出版社，2012。

115. 周平：《民族政治学（第二版）》，高等教育出版社，2007。

116. 周平：《民族政治学二十三讲》，中央编译出版社，2014。

117. 周平等著《中国边疆治理研究》，经济科学出版社，2011。

118. 周平主编《政治学导论》，云南大学出版社，2002。

119. 朱明权：《领导世界还是支配世界？——冷战后美国国家安全战略》，天津人民出版社，2005。

120. 朱明权：《美国国家安全政策》，天津人民出版社，1996。

121. 资中筠：《战后美国外交史》，世界知识出版社，1995。

三　中文译著

1. 〔法〕托克维尔：《论美国的民主（上卷）》，董果良译，商务印书馆，2011。

2. 〔法〕托克维尔：《论美国的民主（下卷）》，董果良译，商务印书馆，2011。

3. 〔美〕A. T. 马汉：《海权对历史的影响》，安常荣、成忠勤译，解放军出版社，1998。

4. 〔美〕J. 艾捷尔：《美国赖以立国的文本》，赵一凡等译，海南出版社，2000。

5. 〔美〕J. 布卢姆等：《美国的历程》，杨国标、张儒林译，商务印书馆，1988。

6. 〔美〕阿尔弗雷德·F. 赫尔利著：《美国空军之父——威廉·米切

尔》，陈伯江等译，军事科学出版社，1992。

7. 〔美〕阿伦·米利特、彼得·马斯洛斯金：《美国军事史》，军事科学
院外国军事研究所译，军事科学出版社，1989。

8. 〔美〕阿瑟、林克等：《1900 年以来的美国史》，刘绪贻等译，中国社
会科学出版社，1983。

9. 〔美〕埃里·杜里：《民族主义》，张明明译，中央编译出版社，2002。

10. 〔美〕埃里克·方纳：《美国自由的故事》，商务印书馆，2002。

11. 〔美〕埃里克·霍布斯鲍姆：《民族与民族主义》，李金梅译，上海人
民出版社，2000。

12. 〔美〕艾伦·布林克利：《美国史（1492～1997）》，邵旭东译，海南
出版社，2009。

13. 〔美〕安东尼·D. 史密斯：《全球化时代的民族与民族主义》，龚维
斌等译，中央编译出版社，2002。

14. 〔美〕安东尼·吉登斯：《民族—国家与暴力》，胡宗泽、赵力涛、王
铭铭译，生活·读书·新知三联书店，1997。

15. 〔美〕奥多·索伦森：《肯尼迪》，复旦大学经济研究所译，上海译文
出版社，1981。

16. 〔美〕保罗·肯尼迪：《大国的兴衰》，蒋葆英等译，中国经济出版
社，1992。

17. 〔美〕本尼迪克特·安德森：《想象的共同体——民族主义的起源与
散布》，吴叡人译，上海人民出版社，2003。

18. 〔美〕彼得·施威策尔：《里根政府是怎样搞垮苏联的》，殷雄译，新
华出版社，2001。

19. 〔美〕兹比格纽·布热津斯基：《大棋局：美国的首要地位及其地缘
战略》，中国国际问题研究所译，上海人民出版社，1998。

20. 〔美〕查尔斯·A. 比尔德、玛丽·R. 比尔德：《美国文明的兴起

（上卷）》，许亚芬译，商务印书馆，2012。

21. 〔美〕戴维·伊斯顿：《政治生活的系统分析》，王浦劬译，华夏出版社，1999。

22. 〔美〕丹尼尔·J. 布尔斯廷：《美国人——建国的历程》，谢延光、林勇军、陆绶英、朱明权译，上海译文出版社，1997。

23. 〔美〕丹尼尔·奥·格雷厄姆：《高边疆——新的国家战略》，张建志等译，军事科学出版社，1988。

24. 〔美〕杜赞奇：《从民族国家拯救历史》，王宪明等译，江苏人民出版社，2009。

25. 〔美〕福克纳：《美国经济史》，王锟译，商务印书馆，1964。

26. 〔美〕哈克：《美国资本主义之胜利》，陈瘦石译，商务印书馆，1946。

27. 〔美〕韩德：《美利坚独步天下：美国是如何获得和动用它的世界优势的》，马荣九、牛悦、孙力舟等译，上海人民出版社，2011。

28. 〔美〕汉密尔顿等：《联邦党人文集》，程逢如等译，商务印书馆，2012。

29. 〔美〕汉斯·J. 摩根索：《国家间政治——寻求权力与和平的斗争》，徐昕等译，北京大学出版社，2006。

30. 〔美〕赫伯特·斯坦：《美国总统经济史——从罗斯福到克林顿》，吉林人民出版社，1997。

31. 〔美〕吉尔伯特·C. 菲特、吉姆·E. 里斯：《美国经济史》，司徒淳、方秉铸译，辽宁出版社，1981。

32. 〔美〕加布里埃尔·A. 阿尔蒙德、小 G. 宾厄姆·鲍威尔：《比较政治学：体系、过程、政策》，曹沛林等译，上海译文出版社，1987。

33. 〔美〕加里·M. 沃尔顿、休·罗考夫：《美国经济史》，王钰、钟红英等译，中国人民大学出版社，2011。

34.〔美〕加里·纳什等:《美国人民——创建一个国家和一种社会（上卷）1492～1877年》（第6版），刘德斌译，北京大学出版社，2008。

35.〔美〕杰拉尔德·冈德森:《美国经济史新编》，杨宇光等译，商务印书馆，1994。

36.〔美〕杰里尔·A.罗赛蒂:《美国对外政策的政治学》，周启明等译，世界知识出版社，1997。

37.〔美〕卡罗尔·卡尔金斯编《美国扩张与发展史话》，王岱等译，人民出版社，1984。

38.〔美〕拉尔夫·亨·布朗:《美国历史地理》，秦士勉译，商务印书馆，1973。

39.〔美〕莱斯利·里普森:《政治学的重大问题——政治学导论》，刘晓译，华夏出版社，2001。

40.〔美〕雷·艾伦·比林顿:《向西部扩张》（下册），周小松等译，商务印书馆，1991。

41.〔美〕理查德·霍夫施塔特:《美国政治传统及其缔造者》，崔永禄、王忠和译，商务印书馆，1994。

42.〔美〕罗伯特·卡根:《危险的国家：美国从起源到20世纪初的世界地位（下）》，袁胜育等译，社会科学文献出版社，2011。

43.〔美〕罗纳德·里根:《里根自传》，张宁译，世界知识出版社，1991。

44.〔美〕马汉:《海权论》，萧伟中、梅然译，中国言实出版社，1997。

45.〔美〕麦乔治·邦迪:《美国核战略》，褚广友等译，世界知识出版社，1991。

46.〔美〕欧文·拉铁摩尔:《中国的亚洲内陆边疆》，唐晓峰译，江苏人民出版社，2010。

47.〔美〕塞缪尔·埃·莫里森等:《美利坚共和国的成长》，南开大学历史系美国史研究室译，天津人民出版社，1991。

48. 〔美〕塞缪尔·亨廷顿：《变革社会中的政治秩序》，李盛平、杨玉生译，华夏出版社，1988。

49. 〔美〕塞缪尔·亨廷顿：《我们是谁？——美国国家特性面临的挑战》，程克雄译，新华出版社，2005。

50. 〔美〕塞缪尔·亨廷顿等：《现代化：理论与历史经验的再探讨》，张景明译，上海译文出版社，1995。

51. 〔美〕沙伊贝、瓦特、福克纳：《近百年美国经济史》，彭松建、熊必俊、周维译，中国社会科学出版社，1983。

52. 〔美〕施密特、谢利、巴迪斯：《美国政府与政治》，梅然译，北京大学出版社，2005。

53. 〔美〕斯蒂格利茨、比尔米斯：《3 万亿美元的战争——伊拉克战争的真实成本》，卢昌崇译，中国人民大学出版社，2010。

54. 〔美〕斯皮克曼：《和平地理学》，刘愈之译，商务印书馆，1965。

55. 〔美〕托马斯·R. 戴伊、L. 哈蒙·奇格勒：《美国民主的讽刺》，张绍伦译，河北人民出版社，1997。

56. 〔美〕托马斯·杰弗逊：《杰弗逊选集》，朱曾汶译，商务印书馆，2011。

57. 〔美〕威廉·曼彻斯特：《光荣与梦想：1932～1972 年美国实录》，朱协译，商务印书馆，1986。

58. 〔美〕威廉·米切尔：《空中国防论》，李纯、华人杰译，解放军出版社，2005。

59. 〔美〕沃尔特·博伊恩著《跨越苍穹：美国空军史（1947～1997）》，郑道根译，军事谊文出版社，2000。

60. 〔美〕西奥多·索伦森：《肯尼迪》，复旦大学世界经济研究所译，上海译文出版社，1981。

61. 〔美〕约翰·斯帕尼尔：《第二次世界大战后美国的外交政策》，段若石译，商务印书馆，1992。

62. 〔美〕约翰·伊肯伯里：《自由主义利维坦：美利坚世界秩序的起源、危机和转型》，赵明昊译，上海人民出版社，2013。

63. 〔美〕詹姆斯·柯比·马丁等著《美国史（上）》，范道丰、柏克等译，商务印书馆，2012。

64. 〔美〕詹姆斯·柯比·马丁等著《美国史（下）》，范道丰、柏克等译，商务印书馆，2012。

65. 〔意〕朱利奥·杜黑：《制空权》，曹毅风、华人杰译，解放军出版社，1986。

66. 〔英〕M. 阿库斯特：《现代国际法概论》，汪瑄等译，中国社会科学出版社，1981。

67. 〔英〕厄内斯特·盖尔纳：《民族与民族主义》，韩红译，中央编译出版社，2002。

68. 〔英〕哈·麦金德：《历史的地理枢纽》，林尔蔚、陈江译，商务印书馆，1985。

69. 〔英〕杰弗里·帕克：《地缘政治学：过去、现在和未来》，刘从德译，新华出版社，2003。

70. 〔英〕杰弗里·帕克：《二十世纪的西方地理政治思想》，李亦鸣等译，解放军出版社，1992。

71. 〔英〕劳特派特：《奥本海国际法（上卷·平时法·第一分册)》，王铁崖、陈体强译，商务印书馆，1981。

72. 〔英〕伊恩·布朗利：《国际公法原理》，曾令良、余敏友译，法律出版社，2002。

73. 〔英〕詹宁斯、瓦茨修订：《奥本海国际法》第1卷第2分册，王铁崖等译，中国大百科全书出版社，1998。

四　英文文献

1. *History*, 1660 – 1783, Little, Brown and Company, Boston, 1890.

2. Alfred T. Mahan, *The Influence of Sea Power upon History*, *1660 – 1783*, Boston: Little, Brown and Company, 1898.

3. Alfred T. Mahan, "The United States Looking Outward", *The Interest of America in Sea Power—Present and Future*, Boston: Little, Brown and Company, 1898, p. 13.

4. *Annual Report of the Secretary of the Navy for* 1898.

5. *Annual Report of the Secretary of the Navy for* 1903.

6. Alfred T. Mahan, *Sea Power and Its Relations to the War of 1812*, Boston: Little, Brown and Company, 1905.

7. *Annual Report of the Secretary of the Navy for* 1910.

8. David Starr Jordan, *Concerning Sea Power*, World Peace Foundation, Boston, 1912.

9. *Annual Report of the Secretary of the Navy for* 1913.

10. *Annual Report of the Secretary of the Navy for* 1914.

11. *Annual Report of the Secretary of the Navy for* 1915.

12. Norman Angell, *The World's Highway*, New York, George H. Doran Company, 1915.

13. Annual Report of the Secretary of the Navy for 1917.

14. Annual Report of the Secretary of the Navy for 1918.

15. William Oliver Stevens and Allan Westcott, *A History of Sea Power*, New York, George H. Doran Company, 1920, Preface, V.

16. Frederic J. Turner, *The Significance of the Frontier in American History*, The Frontier in American History, NewYork, 1920.

17. Avery Craven, "The 'Turner Theories' and the South", *Southern History*, Vol. 5, No. 3 (Aug. , 1939) .

18. Murray Kane, "Some Considerations on the Frontier Concept of Frederick Jackson Turner," *The Mississipi Valley Historical Review*, Vol. 27, No. 3 (Dec. , 1940) .

19. Gordon Carpenter O'Gara, *Theodore Roosevelt and the Rise of the Modern Navy*, Princeton: Princeton University Press, 1942.

20. "Days to Come," *Time*, Vol. 46, No. 9, August 27, 1945.

21. Wendell H. Stephenson, "*The influence of Woodrow Wilson on Frederick Jackson Turner*," *Agricultural History*, Vol. 19, No. 4 (Oct. , 1945) .

22. Arnold Wolfers, "The Atomic Bomb in Soviet – American Relations," in Bernard Brodie, *Absolute Weapon: Atomic Power and World Order*, New York: Harcourt, Brace, 1946.

23. George W. Pierson, "Recent Studies of Turner and the Frontier Doctrine", *The Mississipi Valley Historical Review*, Vol. 34, No. 3.

24. Lee Benson, "The Historical Background of Turner's Frontier Essay", *Agricultural History*, Vol. 25, No. 2.

25. Earl Pomeroy, *Pacific Outpost: American Strategy in Guam and Micronesia*, Stanford University Press, 1951.

26. Forest G. Hill, "National Policy and Western Development in North America: Discussion", *The Journal of Economic History*, 1956, 16 (4) .

27. Gene M. Gressley, "The Turner Thesis: A problem in Historiography", *Agricultural History*, Vol. 32, No. 4.

28. Charles Vevier, "American Continentalism: An Idea of Expansion, 1845 – 1910," *The American Historical Review*, 1960, 65 (2) .

29. Jerome B. Wiesner, *Report to the President Elect of the Ad Hoc Committee on space*,

12 January 1961, in House, Defense Space Interests, 18.

30. Daniels Josephus, Edited by E. David Cronon, *The Cabinet Diaries of Josephus*, *Daniels*, 1913 – 1921, Lincoln: University of Nebraska Press, 1963.

31. The Problem of the West, Frontier and Section, Selected Essays of F. J. Turner, 1961.

32. D. C. North, *Growth and Welfare in the American Past*, A New Economic History, New Jersy, 1966.

33. Gerald D. Nash. "Research Opportunities in the Economic History of the South After the 1880", *The Journal of Southern History*, Vol. 32, No. 3, August 1966.

34. John Carl Parish, *The Persistence of the Westward Movement and Other Essay*, New York, 1968.

35. Ray A. *Bil l l ngton*, *American Frontier Heritage*, Albuquerque: University of New Mexico Press, 1974.

36. Ray A. *Bil l l ngton*, *Westward Expansion*: *A History of the American frontier*, New York: Macmillian Publish, 1974.

37. Ray A. Billington, *The Far Western Frontier*: 1830 – 1860, New York, 1956; Westward Expansion, *A History of the American Frontier*, New York, 1974.

38. Robert Seager, A. T. Mahan, *The Man and His Letters*, Annapolis: Naval Institute Press, 1975.

39. Charles S. Campbell, Jr. , *The Transformation of American Foreign Relations*, 1865 – 1990, New York: Harper & Row, 1976.

40. Ken Booth, *Navies and Foreign Policy*, London, 1977.

41. F. Merk, *History of the Westward Movement*, New York, 1980.

42. Richard Jensen, "On Modernizing Frederick Jackson Turner: The Historiography of Regionalism", *The Western Historical Quarterly*, Vol. 11, No. 3 (Jul. , 1980) .

43. John Opie, "Frederick Jackson Turner, The Old West, and the Formation of A National Mythology ", *Environmental Review: ER*, Vol. 5, No. 2 (Autumn, 1981) .

44. Robert L. Iawson, *The History of Naval Air Power*, New York: Crown, 1985.

45. Compiled by the Arms Control Association, *Star Wars Quotes*, July 1986.

46. Edward L. Beach, *The United States Navy: 200 Years*, New York: Holt, 1986.

47. Willian Cronon, "Revisiting the Vanishing Frontier: The Legacy of Frederick Jackson Turner", *The Western Historical Quarterly*, Vol. 18, No. 2 (Apr. , 1987) .

48. George Modelski and William R. Thompson, *Seapower in Global Politics*, 1494 – 1993, Houndmills: The Macmillan press ltd. , 1988.

49. Richard E. Welch, Jr. , *The Presidences of Grover Cleveland*, Lawrence: University Press of Kansas, 1988.

50. Jeremy Atack, *Tenants and Yeoman in the 19th Century*, Agriculture History, 1988.

51. Reginald Horsman, "The Dimensions of an 'Empire for Liberty': Expansion and Republicanism, 1775 – 1825", *Journal of the Early Republic*, 1989.

52. Futrell, Robert Frank, *Ideas, Concepts, Doctrine: Basic Thinking in the United States Air Force* 1907 – 1960, Air University Press, 1989.

53. Donald K. Pickens, "*The Turner Thesis and Republicanism: A Historiographical*

Commentary", *The Pacific Historical Review*, Vol. 61, No. 3 (May, 1992).

54. Eric Grove, *The Future of Sea Power*, Naval Institute Press, Maryland, 1990.

55. John L. Larson, "Grasping for the Significance of the Turner Legacy: An Afterword", *Journal of the Early Republic*, Vol. 13, No. 2 (Summer, 1993).

56. Malcolm J. Rohrbough, "Frederick Jackson Turner and the Significance of the Public Domain in American History", *Journal of the Early Republic*, Vol. 13, No. 2 (Summer, 1993).

57. Anthony Lake, "From Containment to Enlargement", John Hopkins University, School of Advanced International Studies, Washington, D. C., Sep. 21, 1993.

58. AI Gore GII Buenos Aires Speech, http://www.interesting – people. Org/archives/interesting – people/199403/msg00113. html.

59. *A National Security Strategy of Engagement and Enlargement*, Washington, D. C.: The White House, July 1994.

60. Central Intelligence Agency, The World Year book 1995; Bureau of E – conomic Analysis, U. S. Department of Commerce, The World Almanac and the Book of Facts 1997.

61. Warren A. Trest, *Air Force Roles and Missions: a History and Museums Program*, Washington, D. C. 1998.

62. Warren A. Trest, *Air Force Roles and Missions: a History and Museums Program*, Washington, D. C. 1998.

63. Ivan Musicant, *Empire by Default: The Spanish – American War and the Dawn of the American Century*, New York: Holt, 1998.

64. *A National Security Strategy for a New Century*, Washington, D. C. : The White House, May 1997.

65. *A National Security Strategy for a New Century*, Washington, D. C. : The White House, December 1999.

66. Linda D. Kozaryn, " Albright Says Kosovo Matters to United States ", February 8, 1999.

67. Jeffrey R. Cooper. 2000. *The Cyber Frontier and America at the Turn of the 21 st Century: ReopeningFrederick Jackson Turner's Frontier*, First Monday, July 3, 2000, Vol. 5, No. 7.

68. Jeffrey R. Cooper, *The Cyber Frontier and America at the Turn of the 21 st Century: Reopening Frederick Jackson Turner's Frontier*, First Monday, July, 2000.

69. Jeffrey R. Cooper, *The Cyber Frontier and America at the Turn of the 21 st Century: Reopening Frederick Jackson Turner's Frontier*, First Monday, July 3, 2000, Vol. 5, No. 7 .

70. Norman Friedman, *Seapower as Strategy: Navies and National Interests*, Annapolis: Naval Institute Press, 2001.

71. *The National Security Strategy of the United States of America*, Washington, D. C. : The White House, September 2002.

72. Geoffrey Till, *Seapower: A Guide for The Twenty – first Century*, London: Frank Class Inc. , 2004.

73. Henry F. Pringle, *Theodore Roosevelt: A Biography*, Whitefish: Kessinger Publishing, 2005.

74. Alden T. Royce, " *Burma in Turmoil*, " Nova Science Publishers, Silkworm Books, 2006.

75. *The National Security Strategy of the United States of America*, Washington,

D. C. : The White House, March 2006.

76. Daniel Volman, *Africa: Africom to Continue Under Obama*, http://allafrica. com/stories/20090611088. html.

77. Ashley South, "*Ethnic Politics in Burma*", New York, Routledge, 2009.

78. *Remarks by the President to the Ghanaian Parliament*, July 11, 2009, http://www. whitehouse. gov/the – press – office/remarks – president – ghanaian – parliament.

79. Alexander Dukalskis, "*Stateness Problems or Regime Unification? Explaining Obstacles to Democratization in Burma/Myanmar*", Democratization, Vol. 16, No. 5 October 2009.

80. R. H. steckel, *The Economic Foundations of East – West Migration during the 19th Century*, Explorations in Economic History, 20.

81. *National Security Strategy*, Washington, D. C. : The White House, May 2010.

82. Johnnie Carson, *U. S. Policy in Sub – Saharan Africa*, Testimony Before the House Committee on Foreign Affairs Subcommittee on Africa and Global Health, March 24, 2010, http://www/state/gov/p/af/rls/rm/2010/139002/html.

83. The White House, *U. S. Strategy toward Sub – Saharan Africa*, June 2012,

84. The White House, *Inaugural Address by President Barack Obama*, January 21, 2013, http://www. whitehouse. gov/the – press – office/2013/01/21/inaugural – address – president – barack – obama.

85. Tom Lasseter, "*U. S. , Russia Agree to Missile Cuts, but Tensions Remain*," McClatchy, July 6, 2009.

86. *Leveraging Partnerships to Increase Access to Power in Sub – Saharan Africa*, USAID. http://www. usaid. gov/sites/default/files/documents/1860/power – africa – overview. pdf, 2014 – 05 – 22.

图书在版编目（CIP）数据

美国的边疆 / 李朝辉著. -- 北京：社会科学文献
出版社，2020.10
ISBN 978 - 7 - 5201 - 6782 - 6

Ⅰ.①美… Ⅱ.①李… Ⅲ.①地缘政治学 - 研究 - 美
国 Ⅳ.①D771.2

中国版本图书馆 CIP 数据核字（2020）第 114131 号

美国的边疆

著　　者 / 李朝辉

出 版 人 / 谢寿光
责任编辑 / 王　展

出　　版 / 社会科学文献出版社（010）59367127
　　　　　　地址：北京市北三环中路甲 29 号院华龙大厦　邮编：100029
　　　　　　网址：www.ssap.com.cn
发　　行 / 市场营销中心（010）59367081　59367083
印　　装 / 天津千鹤文化传播有限公司

规　　格 / 开 本：787mm × 1092mm　1/16
　　　　　　印 张：20.75　字 数：284 千字
版　　次 / 2020 年 10 月第 1 版　2020 年 10 月第 1 次印刷
书　　号 / ISBN 978 - 7 - 5201 - 6782 - 6
定　　价 / 88.00 元